BAEDEKER SMART

Italien

MAIRDUMONT – www.baedeker.com

Wie funktioniert der Reiseführer?

Wir präsentieren Ihnen Italiens Sehenswürdigkeiten in sechs Kapiteln. Jedem Kapitel ist eine spezielle Farbe zugeordnet. Um Ihnen die Reiseplanung zu erleichtern, haben wir alle wichtigen Sehenswürdigkeiten jedes Kapitels in drei Rubriken gegliedert: Einzigartige Reiseziele sind in der Liste der »TOP 10« zusammengefasst und zusätzlich mit zwei Baedeker-Sternen gekennzeichnet. Ebenfalls bedeutend, wenngleich nicht einzigartig, sind die Sehenswürdigkeiten der Rubrik »Nicht verpassen!«. Eine Auswahl weiterer interessanter Ziele birgt die Rubrik »Nach Lust und Laune!«.

Das Magazin

Rom

Der Nordwesten

Der Nordosten

Mittelitalien

Süditalien

Sizilien & Sardinien

Touren

Praktische Informationen

Anhang

Magische Momente

Kommen Sie zur rechten Zeit an den richtigen Ort
und erleben Sie Unvergessliches.

Natur und Kultur im Überfluss: der Herakles-Tempel im Valle dei Templi (Sizilien)

Entspannung und Erholung pur: Bootstrip zu den Robinson-Buchten an der Steilküste des Golfo di Orosei (Sardinien)

1

2

3

4

5

6

7

8

9

10

★★ Baedeker Topziele

Unsere TOP 10 helfen Ihnen, von der absoluten Nummer eins bis zur Nummer zehn, die wichtigsten Sehenswürdigkeiten einzuplanen.

❶ ★★ Venedig

Einmal im Leben sollte man die Stadt in der Lagune besuchen – ein unvergessliches Erlebnis, nicht nur im Maskentreiben während des Karnevals (S. 100).

❷ ★★ Rom – Petersdom

Eine der größten und bedeutendsten Kirchen der Welt an einem riesigen, von Kolonnaden gesäumten Platz: der Nabel der christlichen Glaubenswelt (S. 38).

❸ ★★ Rom – Vatikanische Museen

Kunst, so weit das Auge reicht, im größten Museumskomplex der Erde – mit Michelangelos Sixtinischer Kapelle als Höhepunkt (S. 41).

❹ ★★ Florenz

Ein wahres Museum der Renaissance, das einen schier überwältigt mit prächtigen Bauten und herrlichen Kunstwerken – sowie dem Charme der Gässchen (S. 126).

❺ ★★ Sorrent & Amalfiküste

Italiens spektakulärste Küste mit idyllischen Örtchen auf steil abfallenden, schroffen Felsen über dem tiefblauen Meer (S. 152).

❻ ★★ Verona

Ob Aida oder Nabucco – kaum anderswo genießt man so authentisch das Geburtsland der Oper wie in der Stadt von Romeo und Julia (S. 106).

❼ ★★ Siena

Einer der anmutigsten mittelalterlichen Plätze Europas ist die Piazza del Campo, überragt vom Turm des Palazzo Pubblico (S. 130).

❽ ★★ Lago di Como

In seinen sanften Fluten spiegeln sich bewaldete Hügel und elegante Villen – manche davon sind zum Glück Hotels, wo man sich verwöhnen lassen kann (S. 72).

❾ ★★ Pompeji & Vesuv

Einst versunken in der Asche des Vulkans, ist am Vesuv die Welt der alten Römer wieder auferstanden und begeistert mit schönsten Mosaiken und Wandgemälden (S. 154).

❿ ★★ Parco Nazionale del Gran Paradiso

Italiens ältester Nationalpark – halb im Aostatal, halb im Piemont gelegen – erstreckt sich rund um den 4000er-Gipfel Gran Paradiso. Eine rund ums Jahr attraktive Alpenlandschaft – am schönsten, wenn im Frühsommer die Bergwiesen blühen (S. 76).

Frühling schickt sein blaues Band: Blick über Nago-Torbole auf den Lago di Garda (Gardasee)

Ein Gefühl für Italien bekommen ...

Erleben, was das Land ausmacht, sein einzigartiges Flair spüren. So, wie die Italiener selbst.

Wo die Zitronen blühen

Vom oft noch bis weit ins Frühjahr hinein schneebedeckten Brenner geht die Fahrt hinab ins gelobte Land, wo Oleander und Zitronen blühen. Ab Rovereto werden die Häuser bunter, ragen formschöne Zypressen in den samtblauen Himmel: Hier sind wir nun also im heiteren Süden und sehen uns schon bald empfangen von Palmen, die in sanfter Mittelmeerluft fächeln: *Buon giorno, Italia!*

Markttreiben

Italiens mediterrane Aromen erleben Sie intensiv auf seinen quirligen, üppigen Märkten, ob auf Roms Campo de' Fiori, der Piazza delle Erbe in Verona oder in irgendeinem verträumten Provinzstädtchen; ein Fest für alle Sinne ist das, selbst das muntere Feilschen: *»Due etti di parmigiano ... sono cinque Euro.« – »Due cinquanta per un etto? Troppo caro!«*
So klingt es, wenn der Kundin 2,50 Euro für 100 Gramm *(un etto)* Parmesan unverschämt erscheinen.

In Piazza

Als Mittelpunkt der Geselligkeit verströmen Italiens Plätze Charme, zudem handelt es sich oft um architektonische Schmuckstücke. Beste Beispiele dafür sind die elegante Piazza della Signoria in Florenz, die Piazza del Campo in Siena, die Piazza Navona in Rom: Lässt man sich dort nieder, bei hausgemachtem Gelato und Campari, fehlt einem nichts mehr. Gratis dazu gibt es stets das eine oder andere kleine Straßentheater – italienisches Alltagsleben, das oftmals erst spätabends seinen ganz eigenen Reiz entfaltet, wenn beste Freundinnen in fest aneinander geschmiegten Dreiergruppen staunenswert sicher über das Kopfsteinpflaster stöckeln und selbst auf dem tagsüber meist hoffnungslos überlaufenen Markusplatz in Venedig immer mal wieder ein Pärchen ein Tänzchen wagt.

Dachlandschaften

Erklimmt man etwa in Siena an der Piazza del Campo die Torre del Mangia des Palazzo Pubblico, schweift der Blick über ein Labyrinth roter Ziegeldächer und den Dom bis in die idyllische Landschaft der Toskana. Oder besucht man in Mailand die Dachterrasse des Doms, reicht der Blick an schönen Tagen über die Dächer der Stadt hinweg bis zu den Alpen. Hier wie da und noch an vielen anderen urbanen Aussichtspunkten gilt: Schöner als hier lassen sich italienische Kultur und Natur, die Anmut und Geschichte des Landes kaum spüren und genießen.

Caffè

Morgens, mittags, abends: Immer wieder führt der Weg in eine Caffè-Bar, wo Sie Ihre Lebensgeister mit Espresso, Cappuccino oder Latte macchiato erfrischen, akustisch begleitet vom Zischen der Dampfdüsen und dem temperamentvollen Parlando des Barista mit seinen Gästen: Italien pur!

Pasta-Himmel

Italiens Speiselokale sind Tempel des leiblichen Genusses, von der einfachen Trattoria bis zum Luxus-Restaurant. Hier wie da reicht der Reigen von köstlichen Antipasti bis zu leckersten Desserts. Niemals fehlen darf: Pasta, meist regionaltypisch zubereitet. Und häufig sitzt man unterm Sternenhimmel, während die Gabel in die Pasta taucht. Oder am Strand, im Sonnenuntergang, während vom Grill der Duft der Doraden herüberweht.

Prada, pelle, alimentari

Mit Erinnerungen allein im Gepäck kommt keiner aus Italien zurück, dafür bereitet das Einkaufen hier zu viel Vergnügen – bei den sündhaft teuren Edel-Adressen von Prada & Co. an der berühmten Via dei Condotti in Rom genauso wie bei Streifzügen durch Lädchen in schmalen Gassen, wo man aparte Mode zu akzeptablen Preisen erwirbt, außerdem exzellente Lederwaren *(pelle)*, geschmackvolles Kunsthandwerk und geschmacklich vielfältige Lebensmittel *(alimentari)*, von Pasta über Dolci bis zum Wein.

Vespa-sianisches Schlaflied

Sanft berauscht von einem geschmeidigen Chianti oder kraftvollen Barolo wohlig in Schlummer sinken, während vor der offenen Balkontür der Nachtwind in den Bäumen rauscht (oder das Meer). Von Weitem hören wir kurz das Dröhnen einer Vespa, die bergauf röhrt, dann fast wieder Stille. Nur ein Hund schlägt an, gefolgt vom Glockenschlag der Kirche an der Piazza. Was für ein schöner Tag das war, voller Eindrücke und Bilder: die Fahrt durch Dörfchen und Olivenhaine, der See im Sonnenlicht, frische Feigen auf dem Markt. Zum Abendessen gab es *Tagliatelle ai funghi porcini*, Nudeln mit Steinpilzen, serviert vom schmucken Ober, zum Schluss einen Grappa, spendiert vom Padrone: *»Buona notte, e alla prossima!«*

Mit der Vespa gen Süden brausen, um wie hier am Gardasee die Sonne zu putzen, …

… oder wie hier in Atrani an der Amalfiküste Pasta unter freiem Himmel zu genießen.

Hinein ins Reiseabenteuer: Schon bald nach dem Brenner und der faszinierend gezackten Bergwelt Südtirols lockt am Lago di Garda italienisches Dolcefarniente vom Feinsten.

Das Magazin

Italien ist überreich an Kunst, Kultur und Natur, ein Hort der sinnlichen Genüsse und ein Sehnsuchtsort für alle, die das pralle Leben lieben.

Seite 12–29

Ein Staat entsteht

Weit zurück reicht die Geschichte der Apennin-Halbinsel, recht jung ist dagegen die des heutigen Nationalstaats, der erst anderthalb Jahrtausende nach dem Fall Roms im Jahr 476 entstand.

Im Mittelalter und in der Renaissance war Italien von mächtigen Stadtstaaten dominiert wie Pisa, Venedig, Florenz und Genua im Norden sowie Neapel im Süden; hinzu kam der einflussreiche Kirchenstaat (in Rom). Alte Spannungen zwischen den Parteien wirken bis in die italienische Politik unserer Tage nach. Ab der Mitte des 16. Jhs. erlangten fremde Mächte wie das Kaiserreich Österreich-Ungarn die Oberhand, Italien geriet zum Spielball europäischer Politik.

Der Palazzo del Quirinale in Rom, die einstige Sommerresidenz von Papst Gregor XIII., ist heute Sitz des italienischen Staatsoberhauptes.

Risorgimento – der Kampf um die Unabhängigkeit

Erste Impulse erhielt die bürgerliche Freiheits- und nationale Einigungsbewegung des *risorgimento* (»Wiedererstehen«) durch die Französische Revolution 1789 und Napoleon. Nach dem Italienfeldzug (1796/97) des französischen Eroberers gründete dieser mehrere Vasallen-Staaten und führte im Jahr 1804 den Code civil ein – ein Gesetzbuch zum Zivilrecht, mit dem allen (männlichen) Bürgern wichtige Ideale der Französischen Revolution (Freiheit, Gleichheit, Brüderlichkeit) garantiert werden sollte. Nach seiner Niederlage bei Waterloo wurde 1815 auf dem Wiener

Kongress die Restauration alter Verhältnisse eingeleitet. So erhielten die Habsburger nicht nur ihre Besitztümer im Norden Italiens zurück – deren spanisch-bourbonische Linie wurde zu Königen von Neapel und Sizilien erhoben.

Das patriotische Risorgimento war in sich ganz uneinheitlich: Während Camillo Benso Graf von Cavour, der Ministerpräsident des Königreichs Sardinien, eine monarchistische Lösung unter der Führung Savoyen-Piemonts anstrebte, scharte im Süden der Freiheitskämpfer Giuseppe Garibaldi republikanische Gesinnungsgenossen um sich. Andere favorisierten gar ein geeintes Italien unter vatikanischer Kuratel.

Italien wird Monarchie

Volksaufständen der 1820er- und 1830er-Jahre folgte 1848/49 der erfolglose Erste Italienische Unabhängigkeitskrieg Savoyen-Piemonts gegen Österreich; erst der zweite führte zehn Jahre später (als Teil des Französisch-Österreichischen Krieges und mit Frankreich als Verbündetem) zu territorialem Gewinn. Als Garibaldi im Jahr 1860 siegreich gegen Neapel zu Felde zog, erschien ein geeintes Italien erstmals als realistisch. Per Plebiszit votierte nun auch der Süden des Landes für einen Anschluss an Savoyen-Piemont, im März 1861 wurde in Turin Vittorio Emanuele II. zum König Italiens (außer Venetien, Rom und Südtirol) gekrönt.

Parlamentarische Republik

Schulter an Schulter mit Preußen eroberte Italien im Dritten Unabhängigkeitskrieg 1866 Venetien von Österreich zurück und vereinnahmte (als die päpstliche Schutzmacht Frankreich 1870 gegen Preußen unterlag) auch den Kirchenstaat. Nach Turin und Florenz wurde 1871 Rom Hauptstadt des neuen Italien. Als Folge des Ersten Weltkriegs erhielt Italien Triest und Trentino-Alto Adige (um Bozen) und damit in etwa seine jetzigen Grenzen. Nach dem faschistischen Intermezzo unter Benito Mussolini (1922–1943) und der Abschaffung der Monarchie wurde im Jahr 1947 die Neue Republik Italien ausgerufen.

Italien kulinarisch: A Tavola!

Gut essen ist eine der Lieblingsbeschäftigungen der Italiener: Davon zeugen sonntägliche Speisen in großer Familienrunde, die Sorgfalt, mit der man auf bestsortierten Märkten einkauft, sowie ungemein verführerische Feinkostläden.

Die italienische Küche ist unvergleichlich, was ihre regionale Vielfalt anbelangt sowie die Ausrichtung an Produkten, die die Jahreszeit und Region hervorbringen. Ein italienischer Küchenchef geht der Frische halber oft zweimal täglich einkaufen. Die Rezepte sind meist einfach, basieren auf dem Zusammenspiel bester Zutaten. Außerhalb größerer Städte, wo auch internationale Küche angeboten wird, beschränkt man sich auf Spezialitäten der jeweiligen Gegend. Natürlich gibt es Ausnahmen, aber Pasta und Pizza bekommen Sie überall.

Vini italiani

Beim Wein ist es nicht anders. Meist trinkt man die schlichteren Landweine der Region: *rosso* (rot), *bianco* (weiß) oder *spumante* (Schaumwein) – oft wachsen die Reben auf dem gleichen Boden wie das, was man auf dem Teller hat. Manche italienischen Spitzenweine, wie Barolo, Brunello oder Amarone, genießen Weltruf.

Im Nordwesten

Als Spezialitäten Nordwestitaliens locken etwa *risotto milanese* und *osso buco* (geschmorte Beinscheiben vom Kalb) aus Mailand, der Hauptstadt der Lombardei, die weißen Trüffeln des Piemont und Pesto, die berühmte ligurische Pasta-Sauce aus Olivenöl, Basilikum, Pinienkernen und geriebenem Käse. An der Küste gibt es reichlich frischen Fisch, im Landesinnern als Beilage eher Polenta oder Reis als Pasta. Unter den Weinen finden sich illustre Namen wie Barolo und Barbera (im Piemont) aber auch der schlichtere Bardolino – ein prickelndes Gläschen Asti ist an heißen

Während zum Frühstück oftmals ein Espresso reicht, wird mittags gern ausführlicher (und exquisiter) geschlemmt. Pasta ist immer dabei, und zum Dessert gibt's Käse oder was Süßes.

Tagen eine köstliche Erfrischung. Und selbst hochkarätige Restaurants führen auf ihrer Karte meist auch preiswertere offene Weine aus der regionalen Umgebung *(vini locali)*.

Im Nordosten

In Venedig kommen bevorzugt Fisch und Meeresfrüchte auf den Tisch, wie man sie in den Gewässern der Lagune und der Adria fängt – *seppia* (Tintenfisch), *sarde* (Sardinen) oder *orata* (Brasse) –, oft serviert als *fritto misto* (kleine Fische und in Ringe geschnittene Tintenfische, frittiert). Neben Reis und Polenta serviert man dazu Gemüsespezialitäten wie *carciofi* (Artischocken) und *radicchio di Treviso* (ein herb-bitteres Blattgemüse). Kulinarische Hauptstadt Italiens bleibt Bologna, bekannt für Mortadella, Schinken und Parmesan. Die Küche der dortigen Region Emilia-Romagna basiert auf Butter und Sahne, was wohl auf

Habsburger Einfluss zurückgeht, und diejenige Südtirols kennt Spezialitäten wie *canederli* (Knödel), *goulash* (Gulasch) oder Apfelstrudel. Bekannte Tropfen des Nordostens sind Prosecco, Lambrusco sowie der Franciacorta, ein edler Schaumwein aus der Gegend, die ebenso heißt.

In Mittelitalien

Beste Zutaten, einfach zubereitet – so lautet die lukullische Zauberformel Mittelitaliens: Fleisch vom Grill, hervorragendes Brot und Schafskäse verwöhnen den Gaumen, besonders in der Toskana auch Bohnen in vielen Varianten (als Suppe oder Eintopf). Eine leckere Vorspeise sind *crostini*, geröstetes Brot mit unterschiedlichem Belag. Freunde deftigen Rindfleischs greifen nach *bistecca alla fiorentina* (T-Bone-Steak), auch erhältlich als *tagliata* auf Rucola mit Parmesan.

Umbriens Küche ist bodenständig, mit Schinken, Pecorino-Käse, Salami oder kleinen braunen Linsen. Auf dem Speiseplan stehen aber auch schwarze oder weiße Trüffel *(tartufi)*, am besten frisch über eine Portion Pasta gehobelt. Gute Weine gedeihen im toskanischen Chianti, darunter herausragende wie Brunello di Montalcino und Vino Nobile di Montepulciano, während Umbrien mit leichtem weißen Orvieto und schweren Roten aus Montefalco aufwarten kann. Die regionalen Rotweine passen ausgezeichnet zu Wildgerichten.

La dolce vita

Auf Desserts legt man in italienischen Restaurants oft weniger Wert – besser aufgehoben sind Süßschnäbel oft in *pasticcerie* (Bäckereien/Konditoreien), wo es eine Fülle von Kuchen, Gebäck und Keksen (aus besten Zutaten) gibt. Vom einfachen Hefeteilchen bis zu raffiniert zubereiteten Spezialitäten mit Schokocreme und Früchten sucht man sich an der Theke aus, was man an Ort und Stelle verzehren möchte. Oder man lässt sich eine Auswahl zum Mitnehmen zusammenstellen.

Im Süden

In der Hauptstadt Rom sind gastronomisch alle Regionen Italiens und internationale Küche vertreten, vor allem aber die typisch deftige Kost aus Latium, mit knoblauchbetonten Innereien wie *trippe* (Kutteln) oder *lingua* (Zunge). *Abbacchio* (Lamm) gehört zu den Spezialitäten wie *saltimbocca alla romana* (Kalbsschnitzel mit Schinken und Salbei). Bekannteste Weine der Region sind Frascati aus den Castelli Romani oder Est! Est! Est! aus Montefiascone (Provinz Viterbo): »Das ist er!«, soll der Diener einer hochgestellten Persönlichkeit gleich dreimal an die Tür geschrieben haben, als er im Auftrag seines Herrn auf der Suche nach dem besten Wein war.

Neapel, Hauptstadt Kampaniens, ist die Urheimat der Pizza und einer einfallsreichen Küche, die neben ausgezeichnetem Olivenöl und Meerestieren Tomaten und viel frisches Gemüse verwendet sowie Käsespezialitäten wie Mozzarella und Ricotta bietet. Fleisch spielt kaum eine Rolle, im Landesinnern ist die Auswahl an Gerichten oft begrenzt, doch von frischer, hoher Qualität. Bemerkenswerte Weine werden in der Provinz Apulien angebaut, darunter die robusten Roten Primitivo di Manduria und Salice Salentino.

Sizilien und Sardinien

Arabische, normannische und spanische Invasoren hinterließen kulinarische Spuren auf Sizilien, dessen Klima sich ideal für den Anbau von Obst und Gemüse eignet. Neben frischem Fisch und Meeresfrüchten erwarten einen hier ausgefallene *antipasti* und an Straßenständen knusprige Kroketten, Schmalzgebackenes oder *Arancini* – pikant gefüllte und frittierte Reisbällchen.

Fisch spielt auch auf Sardinien eine große Rolle, eine Spezialität ist der *Pecorino Sardo* – der beste (Schafs-) Käse Italiens, gerne gereicht mit dem papierdünnen Fladenbrot *carta di musica*. Beide Inseln genießen zudem einen exzellenten Ruf bezüglich Gebäck und Süßspeisen. Besonders lecker sind die sizilianischen *cannoli*: Teigröllchen gefüllt mit Ricotta-Vanillecreme und Schokoladenstückchen oder kandierten Früchten, die auch der *Cassata*-Eiscreme ihre ganz besondere Note verleihen. Aus Sizilien kommen ferner der Süßwein Marsala und der Amaro, ein Kräuterlikör.

Marsalaprobe in Marsala auf Sizilien: In der Enoteca La Sirena Ubriaca in der Via Giuseppe Garibaldi 39 wird dem Gast so mancher gute Tropfen serviert.

Sangeslust und Sanges-kunst: Grande Opera

Unter der nüchternen Bezeichnung »Opera in musica« (»musikalisches Werk«) entstand um 1600 in Italien das, was heute »ganz große Oper« ist.

Grandiose Inszenierungen garantieren Musentempel wie das La Fenice in Venedig sowie …

Erste Opern im heutigen Sinn entstanden Ende des 16. Jhs. am Hof der Medici in Florenz – als früheste gilt »La Dafne« (1597), als älteste erhaltene »L'Euridice« (1600), beide von Jacopo Peri (Libretti: Ottavio Rinuccini). Anlässlich des Geburtstages von Francesco Gonzaga IV. in Mantua entstand Claudio Monteverdis Opern-Debüt »L'Orfeo« (1607). In der Folge bildete sich neben der Opera seria (ernste Oper) die volkstümliche Variante der Opera buffa (komische Oper) heraus, die in den nun entstehenden Opernhäusern – als Erstes eröffnete im Jahr 1637 das Teatro San Cassiano in Venedig – große Erfolge feierte.

Berühmte Komponisten, renommierte Opernhäuser
Gepräge und Sprache der Oper blieben lange italienisch – noch im 19. Jh. kamen entscheidende Impulse von hier: Dafür stehen die Namen berühmter Komponisten wie Gioachino Rossini (1792–1868), Gaetano Donizetti (1797–1848), Giuseppe Verdi (1813–1901) und Giacomo Puccini (1858–1924). Italiens berühmteste Bühne, das 1778 in Mailand eröffnete Teatro alla Scala, erlebte viele Uraufführungen illustrer Werke von Rossini, Verdi und Puccini und erstrahlt nach der Renovierung in schönstem Glanz. Ähnliches gilt für das 1792 eröffnete Teatro La Fenice in Venedig mit seiner legendären Akustik. Auch Neapel hat mit dem bereits 1735 eröffneten Teatro San Carlo Erstrangiges zu bieten.

Legendäre Sängerinnen und Sänger
Naturgemäß brachte das Geburts- und Heimatland der Oper auch unvergleichliche Stimmen hervor. Zur Legende wurde der neapolitanische Tenor Enrico Caruso (1873–1921), zum populärsten Sänger Luciano Pavarotti (1935–2007). Eine der bedeutendsten Sopranistinnen ihrer Zeit (neben Maria Callas) war die »Engelsstimme« Renata Tebaldi (1922–2004), gefolgt von Mirella Freni (1935–2020) und Katia Ricciarelli (*1946), während die temperamentvolle Cecilia Bartoli (*1966) heute das Publikum nicht nur durch ihre Bühnenpräsenz begeistert, sondern auch als Intendantin Erfolge feiert.

... die Mailänder Scala (rechts). Unvergleichlich ist die Atmosphäre auch in der Arena di Verona.

Italienische Kunst: Farbe, Form & Licht

Die Welt verdankt Italien ein reiches künstlerisches Erbe: makellose antike Plastik, meisterliche Sakralkunst des Mittelalters, revolutionäre Renaissance sowie dramatisches Barock – neben Genies wie Leonardo da Vinci oder Michelangelo.

Noch vor den Römern schufen hier Etrusker und Griechen Gemälde und Skulpturen (um 800–300 v. Chr.). Aus dieser Zeit und der römischen Antike findet man in italienischen Museen, neben marmornen Skulpturen, prächtige Wandgemälde und Metallobjekte. Die Römer selbst, große Erfinder im Bereich der Architektur, hinterließen Meisterwerke in der von ihnen perfektionierten Mosaiktechnik.

Mosaik im Baptisterium von Florenz

Mittelalter (um 400–1500)

Reich verzierte, stilisierte Figurenmosaike auf Goldgrund zählen zu den Höhepunkten byzantinischer Kunst und setzten Maßstäbe für die Gotik, die in Italien Künstler vom Range Cimabues (Unterkirche in Assisi), dessen Schülers Giotto di Bondone (Wegbereiter der Renaissance) oder Paolo Venezianos hervorbrachte, sowie die Sieneser Schule mit Duccio di Buoninsegna, Simone Martini, Lippo Memmi und Pietro Lorenzetti.

»Wiedergeburt« der Antike

Um das Jahr 1420 setzte in Italien mit der Früh-Renaissance eine Rückbesinnung auf Kultur und Kunst der Antike ein. Mit deren neuem Welt- und Menschenbild identifizierte sich die wohlhabende Führungsschicht (Händler, Bankiers und Adel) und wollte es in der Kunst repräsentiert sehen. Dort trat die bisherige Dominanz religiöser Themen zugunsten säkularer Vielfalt zurück, die mit Porträts und Landschaften die Öl- und Freskenmalerei eroberte (oft als Wandschmuck von Palästen). Ein kreativer Schub erfasste, ausgehend vom Florenz der Medici bis nach Venedig und Rom, alle Bereiche der bildenden Kunst. Intensive anatomische Studien vermittelten neue Impulse bei der Darstellung des menschlichen Körpers, und die Wiedergabe der Szenerie erhielt deutlich realistischere Züge durch Einführung der Zentralperspektive. In dieser Hinsicht wirkte Masaccio als Vorreiter, während Donatello die plastische Darstellungsweise der menschlichen Figur prägte. Wichtige Maler der Früh-Renaissance waren zudem Sandro Botticelli, Domenico Ghirlandaio, Filippo Lippi und Piero della Francesca.

Als Hoch-Renaissance bezeichnet man die Blütezeit der Kunst von etwa dem Jahr 1490 bis zum Sacco di Roma (der Plünderung Roms durch Truppen Karls V.) 1527. Sie wird beherrscht von Michelangelo und Leonardo da Vinci, die als Allround-Genies in Architektur, Skulptur und Malerei wirkten, wovon ihre Meisterwerke im Petersdom und vielerorts in Florenz zeugen. In den Kirchen und Palästen von Florenz und Rom trifft man auch auf die teils monumentalen Gemälde Raffaels, während sich das Werk des international erfolgreichen Tizian besonders mit Venedig verbindet.

Manierismus und Barock

Im Zuge politischer Wirren wich um 1520 der für die Renaissance typische Optimismus einer skeptischeren Haltung, die künstlerisch in den artifiziellen Stil des Manierismus mündete, wie ihn Rosso Fio-

Zu den bedeutendsten Kunstwerken im Petersdom zählt Michelangelos berühmte Pietà.

rentino, Jacopo da Pontormo oder Parmigianino vertraten. Er war geprägt von einer gewissen Geziertheit in Kolorit, Komposition und Figurenhaltungen, die der Venezianer Jacopo Tintoretto mit vielerlei Einflüssen zu verbinden wusste. Um 1600 trieb Caravaggio manieristische Prinzipien auf dramatischen Helldunkel-Bildern ins Extrem. Diese Bilder verweisen bereits auf den von der Gegenreformation geprägten Stil des Barock. Er zeichnet sich kompositorisch durch ein hohes Maß an Aktion, Bewegung und einen wahren Farbrausch aus. Licht und Schatten kamen zur Steigerung der realistischen wie allegorischen Effekte zum Einsatz und illusionistische Effekte groß in Mode. In der Bildhauerei verwendete man zur Steigerung der Wirkung oft mehrere Marmorblöcke verschiedener Tönung und gelangte zu einer

Denkmalschutz in Nöten

Fast 60 Mio. Touristen besuchen jährlich die vielfach zum Welterbe der UNESCO zählenden Sehenswürdigkeiten und Kunstschätze Italiens: aus konservatorischer Sicht ein wahrer Albtraum! Die Mammut-Aufgabe von Ausgrabung und Erhalt antiker Stätten ist ein unablässig diskutiertes Thema im Lande. So spricht man etwa in Pompeji und Herculaneum schon von einer »zweiten Zerstörung« dieser in der Antike untergegangenen Städte: Die Vulkanasche, die sie einst begrub, schützte sie nämlich auch vor schädlichen Witterungseinflüssen, während sie nach der Freilegung Sonne, Wind und Regen preisgegeben waren und nun dem unaufhörlichen Besucherstrom standhalten müssen. Die in Millionenhöhe fließenden Eintrittsgelder reichen für wenig mehr als die Aufrechterhaltung des Status quo, was nicht nur die Wissenschaft bedauert: Dass noch viele Schätze ungehoben, noch lange nicht alle Fragen geklärt sind, zeigte zuletzt 2018 die Entdeckung einer Inschrift, die belegen könnte, dass der Vesuv zwei Monate später als bisher angenommen Pompeji verschüttete, am 24. Oktober 79 statt am 24. August.

Fresko im Thermopolium des Vetutius Placidus in Pompeji

Moderne Rahmen für moderne Kunst: Mario Bottas MART in Rovereto, Zaha Hadids MAXXI in Rom

natürlich wirkenden und zugleich schwungvollen Wiedergabe von Gewändern – ein opulenter Stil, der sich in Rom, Neapel, Palermo, aber auch im apulischen Lecce bewundern lässt. Aus Neapel stammte der begnadete Bildhauer Gian Lorenzo Bernini, der das Bild des barocken Rom maßgeblich prägte.

Von Rokoko bis Klassizismus

Verspielter als im Barock gab man sich im Rokoko mit seinem Faible für florale Motive und pastorale Idyllen in der Malerei, in der auch das Porträt immer beliebter wurde. Bedeutendster italienischer Maler dieser Epoche war der Venezianer Giovanni Battista Tiepolo, Meister groß angelegter Deckenpanoramen mit festlichen Szenen, gefolgt von dem gleichfalls aus Venedig stammenden Giovanni Antonio Canal (gen. Canaletto), der mit stimmungsvollen Veduten berühmt wurde. Um 1800 brachte der Klassizismus eine Abkehr vom opulenten Formenspiel des Barock und Rokoko und setzte ihm einen am klassisch-antiken Ebenmaß orientierten, schlichten Gestus entgegen, wie er vollendet in den Skulpturen Antonio Canovas zum Ausdruck kam – auch er ein Venezianer.

Der Weg in die Moderne

Ein bedeutender italienischer Repräsentant der Moderne ist Amedeo Modigliani aus Livorno, der mit eleganten Akten und Porträts Aufsehen erregte. Internationalen Einfluss entfalteten um das Jahr 1910 der Futurismus (mit Giacomo Balla, Carlo Carrà, Umberto Boccioni, Gino Severini) oder die ins Surreale tendierende Pittura metafisica um Giorgio de Chirico und dessen Bruder Alberto Savinio. Einen lebendigen Bezug zur zeitgenössischen Kunst dokumentiert u. a. regelmäßig die Biennale in der Lagunenstadt Venedig.

Das Erbe des antiken Rom

Als im Jahr 476 der letzte weströmische Kaiser abgesetzt wurde, war dies das Ende eines Imperiums, das zu Glanzzeiten von Britannien bis an den Nil und im Osten bis an den Euphrat reichte. Von seinen kulturellen Leistungen zehrt Europa bis heute.

Latein wurde im gesamten Römischen Reich gesprochen und lebte in Europa bis ins Mittelalter fort als Idiom der Kleriker und Gelehrten. Für die romanischen Sprachen wie Italienisch, Französisch, Spanisch, Portugiesisch oder Rumänisch (samt regionalen Dialekten) bildete Latein die Grundlage. Durch die Kolonisation Amerikas und Afrikas etablierte es sich auch außerhalb Europas.

Das lateinische Alphabet wurde weitgehend verbindlich für den westlichen Kulturkreis. Es geht zurück auf die Kulturnation der Etrusker, die vor den Römern einen Großteil Norditaliens und Korsikas beherrschten, mit der (nach ihnen benannten) Toskana als Kernland. Von den 26 Buchstaben des etruskischen Alphabets übernahmen die Römer 21 und ergänzten X und G für lateinische Laute. Im 1. Jh. v. Chr., als die hellenischen Kolonien an Rom fielen, kamen Y und Z aus dem griechischen Alphabet hinzu. Im

Der Tempel der Vesta (links im Bild) war das zentrale Heiligtum auf dem Forum Romanum.

Mittelalter integrierte man noch ein W und verlieh damit dem Alphabet die bis heute gültige Form. Dass in Botanik und Zoologie vorwiegend lateinische Bezeichnungen üblich sind, verdankt sich dem Fortleben des Lateins als Sprache der Wissenschaft bis in die frühe Neuzeit. Besonders in Physik und Medizin blieb hingegen auch altgriechisches Vokabular geläufig.

Religion

Die Götterwelt der Römer entsprach anfangs weitgehend jener der Griechen, mit Jupiter (Zeus) als oberstem

Der Tempel des Castor und des Pollux (rechts) erinnert an die Söhne des Zeus.

Gott. Später gab es Anleihen bei den Religionen unterworfener Völker, wie dem aus dem Iran stammenden Mithras-Kult. Nach zunächst grausamer Verfolgung des Christentums im Römischen Reich erfolgte um 330 die Konstantinische Wende, die ihm im ganzen Imperium den Weg als die führende Glaubensgemeinschaft ebnete.

Ingenieurwesen

Von den Griechen übernahmen die Römer die Konstruktion von Bogen und Kuppel, entwickelten sie aber technisch weiter. Sie entwarfen Brücken, Aquädukte und frei tragende Tonnengewölbe, die bis heute überdauerten. Ein Meilenstein in der Geschichte der Bautechnik gelang den Römern mit der Erfindung des Betons, der, flüssig in Formen gegossen, durchhärtete – ein schnelleres und preiswerteres Verfahren als der Bau mit Stein/Ziegel und Marmor.

Rechtswesen und Staatsführung

Das im 6. Jh. vom oströmischen Kaiser Justinian I. als Corpus Iuris Civilis kodifizierte Rechtssystem ist eine originäre Leistung der Römer, die ihren Anfang nahm bei den Zwölftafelgesetzen der frührepublikanischen Zeit. Viele ihrer Prinzipien herrschen noch im heutigen Zivilrecht vor; im modernen Staatsrecht blieb der Primat der Verfassung gegenüber der Legislative, Judikative und Exekutive erhalten – um das Jahr 1787 festgeschrieben auch als Gebot der Gewaltenteilung in der Verfassung der Vereinigten Staaten von Amerika.

Italienische Architektur: Symphonien in Stein

Einen wesentlichen Reiz Italiens macht seine Architektur aus – stattliche Palazzi, prächtige Kirchen, elegante Villen und die typischen farbig getünchten Wohnhäuser fügen sich im ganzen Land zu malerischen Ensembles.

Aus der Antike (6. Jh. v. Chr. bis 5. Jh. n. Chr.) überdauerten monumentale öffentliche Bauten nach griechischem Vorbild. Die Römer schufen erstmals echte Gewölbe und städtebauliche Ensembles, erfanden Kuppel (Pantheon), Verschalungstechnik und Beton. Der frühchristliche Kirchenbau ab dem 4. Jh. folgte der antiken Basilika, einer öffentlichen Halle mit gerundeter Apsis am Ostende.

Blick von der Kuppel des Petersdoms auf den Petersplatz

Romanik und Gotik

Die Romanik (11.–13. Jh.) prägte lombardische, toskanische, römische oder venezianische Sonderformen. Neu im Kirchenbau waren die Erweiterung der Apsis durch einen Chor sowie die Gliederung durch Pfeiler und Stützen. Typisch für den toskanischen Stil (Proto-Renaissance) sind die Schaufassaden und Marmorverkleidungen der Kirchen in Pisa, Lucca oder Florenz).

Die Gotik (13.–15. Jh.) mit ihren lichten, hoch strebenden Innenräumen, den Spitzbögen, filigranen Pfeilerbündeln und Kreuzrippengewölben wurde im Norden adaptiert und fand im Fassadenschmuck opulenten Ausdruck – bei den Domen von Mailand, Siena oder Orvieto. Daneben entstanden als Ausdruck selbstbewusster Stadtkommunen höchst anspruchsvolle Palazzi.

Früh- und Hochrenaissance

Die Renaissance (15.–17. Jh.) mit ihrer Rückbesinnung auf die

Antike brachte neue sakrale und profane Architekturformen hervor, die Symmetrie und Proportion betonten: in der Palastarchitektur, bei öffentlichen Gebäuden und Landhäusern (Palladio-Villen). Als führend gilt die Stadt Florenz. Die Baukörper weisen klare Gliederungen auf, zurückgehend auf simple Elemente – Rundbogen, Gewölbe, Portal, Gesimse, Säulenstellungen. In aufstrebenden Kommunen und Fürstentümern wie Florenz, Venedig, Urbino und Mantova entstanden städtebauliche Gesamtensembles mit großzügigen Plätzen, Höfen, Treppenanlagen, Kolonnaden und Raumfluchten.

Barock bis Klassizismus

Rom verkörpert symptomatisch den dynamischen Baustil des Barock (17./18. Jh.): großspurig, selbstbewusst, mit reichem Ornat und stadtplanerischen Großprojekten, die Gebäude in ein Ensemble fügen. Der Kirchenbau folgt dem Ideal des Gesamtkunstwerks, wobei sich Bauglieder durchdringen, Architektur, Skulptur und Malerei gegenseitig steigern. Als Reaktion auf die formalen Exzesse des Barock kehrte der Klassizismus (18./19. Jh.) wieder zu viel schlichteren Formen und antiken Schmuckelementen zurück.

Moderne und Postmoderne

Der Genueser Renzo Piano ist einer der führenden Architekten unserer Tage. Sein futuristisches Auditorium Parco della Musica in Rom muss den Vergleich nicht scheuen mit Richard Meiers lichtdurchflutetem Museumsanbau für die Ara Pacis oder Zaha Hadids MAXXI (beide ebenfalls in Rom).

Villa Rotonda bei Vicenza: Über ihren Architekten Palladio wurde gesagt, bei ihm sei alles Proportion, alles Symmetrie, alles nachtwandlerisch guter Geschmack.

Am Ufer entlang durch die Ewige Stadt: Wo der Fluss um die Kurve fließt, am »Tiberknie«, wurde Rom einst gegründet.

Rom

Diese Stadt ist wie ein Geschichtsbuch, durch das man spazieren kann. Dabei quillt sie über vor Lebenslust und zieht alle in den Bann.

Seite 30–63

Erste Orientierung

Stilvolle Moderne begegnet in Rom einer über zweitausend Jahre alten Geschichte: Die italienische Hauptstadt ist eine chaotische Metropole von faszinierender Magie.

Rom wurde auf sieben Hügeln beidseits des Tevere (Tiber) erbaut, zunächst am Ostufer des Flusses, wo großartige Monumente klassischer Antike erhalten blieben. Ringsum reihen sich die frühesten christlichen Gotteshäuser und großen Basiliken der Stadt, während sich weiter westlich das mittelalterliche Rom erstreckt, mit schmalen Gassen und sonnenüberfluteten Plätzen. Im Norden wiederum entstanden auf den Fundamenten antiker Paläste herrliche Palazzi, Plätze, Brunnen und Kirchen im Stil von Renaissance und Barock. Die jenseits des Tibers nördlich vom Viertel Trastevere gelegene Città del Vaticano – ein selbstständiger Miniatur-Staat als Machtbasis des Katholizismus – birgt eine Fülle an Kunstschätzen.

Rom erschließt sich nicht sofort – selbst wer hier einen ganzen Monat verbringt, kratzt gerade an seiner Oberfläche. Daher sollten Sie sich auf einige Hauptsehenswürdigkeiten beschränken und ansonsten abseits ausgetretener Pfade das Flair der Stadt auf sich wirken lassen, wobei es auch viel zu entdecken gibt.

TOP 10

- 2 ★★ Basilica di San Pietro/Petersdom
- 3 ★★ Musei Vaticani/Vatikanische Museen

Nicht verpassen!

- 11 Colosseo/Kolosseum
- 12 Foro Romano/Forum Romanum
- 13 Pantheon

Nach Lust und Laune!

- 14 Castel Sant'Angelo/Engelsburg
- 15 Museo Nazionale delle Arti del XXI Secolo (MAXXI)
- 16 Museo e Galleria Borghese
- 17 Piazza di Spagna & Scalinata di Trinità dei Monti
- 18 Fontana di Trevi
- 19 Palazzo Massimo alle Terme
- 20 Santa Maria Maggiore
- 21 San Giovanni in Laterano
- 22 San Clemente
- 23 Capitolino/Kapitol
- 24 Piazza Navona
- 25 Piazza Campo de' Fiori
- 26 Trastevere
- 27 Tivoli (30 km östlich)
- 28 Ostia Antica (23 km südwestlich)

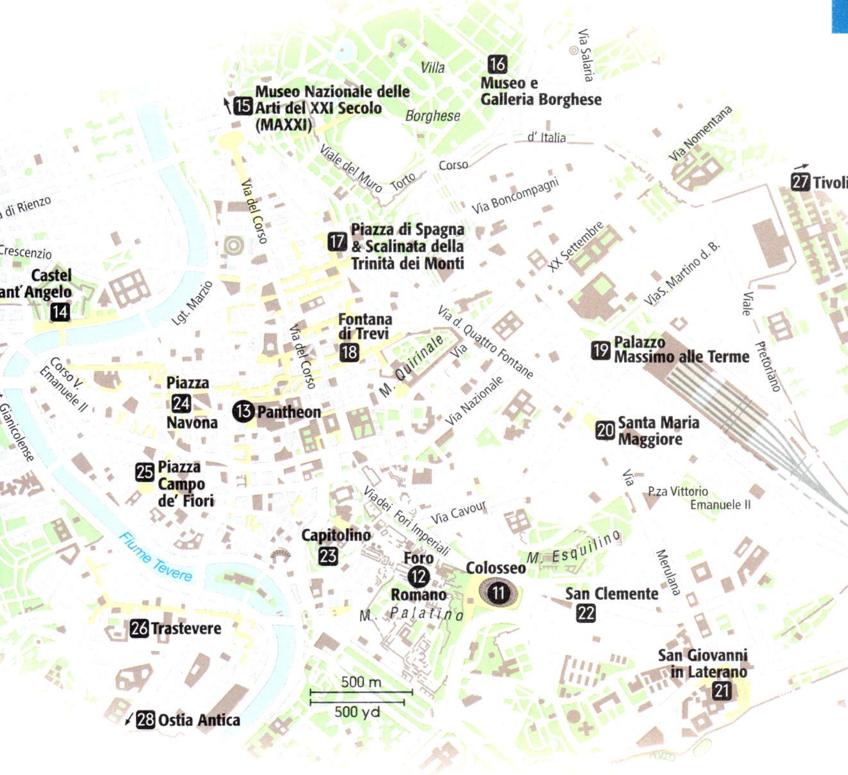

Villa
Borghese
16 Museo e Galleria Borghese
15 Museo Nazionale delle Arti del XXI Secolo (MAXXI)
Via Salaria
d' Italia
Via Nomentana
Corso
Viale del Muro Torto
Via Boncompagni
27 Tivoli
a di Rienzo
Via del Corso
17 Piazza di Spagna & Scalinata della Trinità dei Monti
XX Settembre
ViaS. Martino d. B.
Crescenzio
Castel
ant'Angelo
14
Lgt. Marzio
Fontana di Trevi
18
Via d. Quattro Fontane
Via
Viale
19 Palazzo Massimo alle Terme
Pretoriano
M. Quirinale
Corso V. Emanuele II
Piazza
24
Navona
13 Pantheon
Via Nazionale
20 Santa Maria Maggiore
Gianicolense
25 Piazza Campo de' Fiori
Via
P.za Vittorio Emanuele II
Viadei Fori Imperiali
Via Cavour
Capitolino
23
Fiume Tevere
Foro
12
Romano
Colosseo
11
M. Esquilino
Merulana
San Clemente
22
M. Palatino
26 Trastevere
San Giovanni in Laterano
21
500 m
500 yd
28 Ostia Antica

Mein Tag wie im Film

Von Fellinis »La dolce vita« bis zum »Illuminati«-Thriller nach Dan Brown oder Paolo Sorrentinis mit einem Oscar prämierten Film »La Grande Bellezza«: Die ewige Stadt bietet ganz großes Kino – erleben Sie's selbst!

9 Uhr: Sightseeing wie Audrey

Die Szene aus der Filmromanze »Ein Herz und eine Krone«, in der Audrey Hepburn als Prinzessin incognito mit dem von Gregory Peck gespielten Reporter auf einer Vespa Rom entdeckt, hat sich Generationen von Cineasten ins Gedächtnis gebrannt. Machen Sie es wie die Hepburn, gehen Sie auf einem Roller auf Tour.

Sie könnten sich eine Vespa samt Fahrer mieten. Ein geeigneter zentraler Treffpunkt mit dem Fahrer wäre der Largo Argentina. Oder lassen Sie sich gleich vom Hotel abholen. Das ist entspannter: Sie können sich ganz auf die Schönheiten Roms konzentrieren (Anbieter: www.getyourguide.de).

Etwa drei Stunden lang geht es kreuz und quer durch die Altstadt und am Tiberufer entlang zu den schönsten Panoramaplätzen.

13 Uhr: Mediterrane Leichtigkeit

Lassen Sie sich am Tiberufer Höhe Ponte Sisto absetzen. Ganz in der Nähe liegt das Pianostrada in der Via delle Zoccolette 22 (Sa/So ab 12.30 Uhr, sonst nur abends, Mo geschl.), ein trendig-schönes Lokal mit lauschigem Innenhof. Hier starten Sie Ihren Tag noch einmal neu, und zwar herrlich entspannt bei moderner mediterraner Küche (mit vegetarischen und veganen Optionen).

14.30 Uhr: Wo Sophia Marcello den Kopf verdrehte

Nur zehn Minuten Fußweg, und Sie sind auf der 24 Piazza Navona, dem elegantesten aller römischen Plätze.

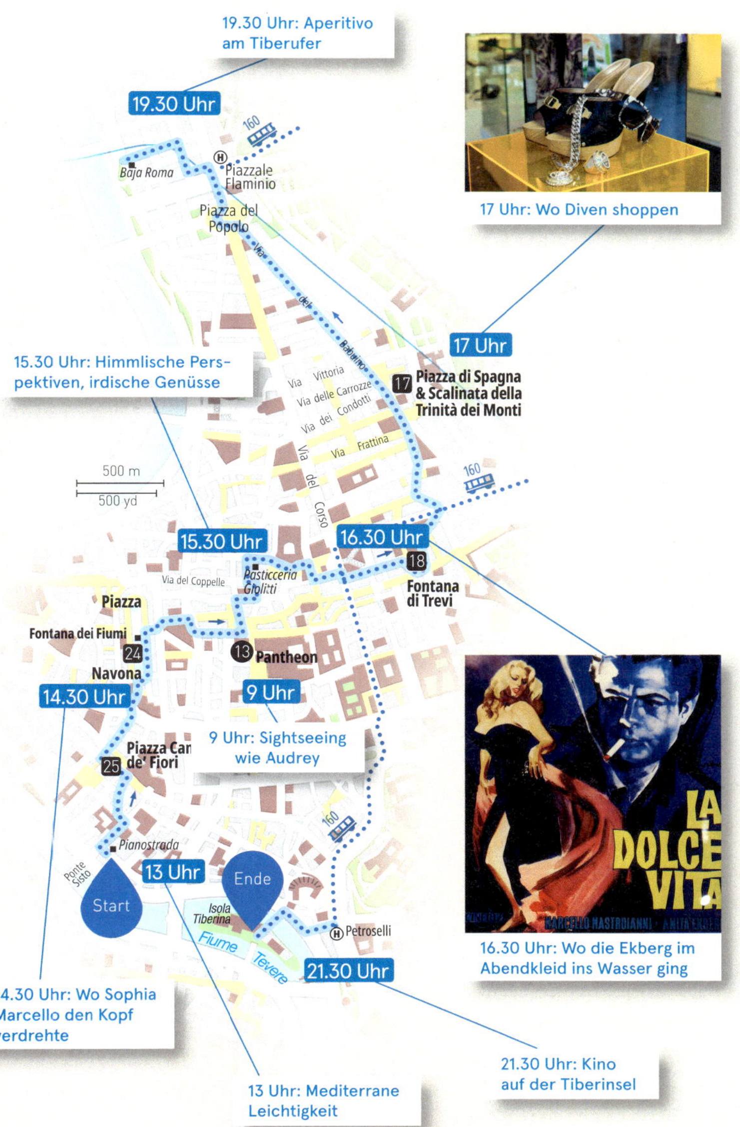
19.30 Uhr: Aperitivo am Tiberufer
19.30 Uhr
160
Baja Roma
Piazzale Flaminio
Piazza del Popolo
Via del Babuino
17 Uhr: Wo Diven shoppen
17 Uhr
15.30 Uhr: Himmlische Perspektiven, irdische Genüsse
Via Vittoria
Via delle Carrozze
Via dei Condotti
Via Frattina
Via del Corso
17 Piazza di Spagna & Scalinata della Trinità dei Monti
500 m
500 yd
160
15.30 Uhr
16.30 Uhr
Via del Coppelle
Pasticceria Giolitti
18 Fontana di Trevi
Piazza Navona
Fontana dei Fiumi
24
13 Pantheon
9 Uhr
14.30 Uhr
9 Uhr: Sightseeing wie Audrey
25 Piazza Campo de' Fiori
160
Pianostrada
Ponte Sisto
13 Uhr
Start
Ende
Isola Tiberina
Fiume Tevere
Petroselli
21.30 Uhr
LA DOLCE VITA
MARCELLO MASTROIANNI · ANITA EKBERG
16.30 Uhr: Wo die Ekberg im Abendkleid ins Wasser ging
14.30 Uhr: Wo Sophia Marcello den Kopf verdrehte
13 Uhr: Mediterrane Leichtigkeit
21.30 Uhr: Kino auf der Tiberinsel

Unterwegs in Rom wie einst Audrey Hepburn und Gregory Peck in »Ein Herz und eine Krone«. Der Filmklassiker von William Wylers hieß im Original »Roman Holiday«.

Kaum ein hier gedrehter Film kommt ohne diese Kulisse aus, weder »Der talentierte Mr. Ripley« mit Matt Damon noch Vittorio de Siccas »Gestern, heute, morgen«, in dem Sophia Loren als schöne Prostituierte u. a. Marcello Mastroianni betört.

15.30 Uhr: Himmlische Perspektiven, irdische Genüsse

Treten Sie ein ins ⓭ Pantheon, einst Tempel der Götter, heute eine Kirche und natürlich auch Filmschauplatz (z. B. im Thriller »Illuminati«). Die Perfektion antiker Baukunst überwältigt. Erfrischung bietet anschließend die Pasticceria Giolitti (Via Uffici del Vicario 40). Dorthin strömen die Römer nun schon seit mehr als hundert Jahren. Hier lohnt sich das Schlangestehen.

16.30 Uhr: Wo die Ekberg im Abendkleid ins Wasser ging

Die Szene ist weltberühmt: Die Schwedin Anita Ekberg aalt sich des Nachts im ⓲ Trevi-Brunnen und lockt ihren Filmpartner Marcello Mastroianni sirenenhaft ins Wasser. Prickelnde Erotik in Fellinis »La dolce vita«. Den Schauplatz müssen Sie gesehen haben, auch wenn er als Top-Attraktion fast rund um die Uhr von Touristen belagert wird.

17 Uhr: Wo Diven shoppen

Via Condotti, Via Frattina, Via delle Carrozze und Via Vittoria –

Links: Zwischenstopp an der Piazza Navona
Oben: Rom als Shoppingpflaster für Diven

unterhalb der ⑰ Piazza di Spagna liegen Roms legendäre Einkaufsstraßen mit noblen Designerboutiquen und Ateliers. Ob von der Stange oder maßgeschneidert: Mit dem nötigen Budget bekommen Sie hier edle Hüllen, die den Körper für jeden Anlass in Szene setzen. Liz Taylor, Ava Gardener – auch diese Diven haben dieses Shoppingpflaster geliebt. Ob mit oder ohne Kaufabsichten: Lassen Sie sich treiben, atmen Sie dieses Flair!

19.30 Uhr: Aperitivo am Tiberufer

Hätte es die Bar am Tiberufer in den 1950er-Jahren schon gegeben, wären Hepburn und Peck in »Ein Herz und eine Krone« sicher hier eingekehrt. Die Tiberterrasse des Baja Roma (Lungotevere Arnaldo da Brescia, Fr/Sa bis 2, sonst bis 1 Uhr) ist ein romantischer Ort, um bei einem Glas Wein laue römische Sommernächte zu erleben.

21.30 Uhr: Kino auf der Tiberinsel

Die seit der Antike durch Brücken mit den Ufern verbundene Tiberinsel wird an Sommerabenden zum Freilichtkino, das internationale Qualitätsfilme (meist OmU) zeigt (ab Piazzale Flaminio mit dem Bus 160 Richtung Montagnola bis Petroselli, dann 5 min Fußweg): Sehen und Genießen unterm Sternenhimmel.

❷ ★★ Basilica di San Pietro

Was und warum?	Der Petersdom ist eine der größten und bedeutendsten christlichen Kirchen der Welt
Wann?	Frühmorgens, bevor sich lange Warteschlangen bilden
Wie lange?	Dom 45 Minuten, mit Kuppelaufstieg 1,5 Std.
Was noch?	Mittwochs um 10 Uhr hält der Papst, wenn er nicht auf Reisen ist, seine Generalaudienz

Nach christlicher Überlieferung starb Petrus, der Lieblingsjünger Jesu, in Rom den Märtyrertod. Dort, wo man sein Grab vermutet, wurde in den 20er- und 30er-Jahren des 4. Jhs. unter Kaiser Konstantin eine erste Basilika errichtet.

Diese Basilika stand – immer wieder restauriert und prächtig ausgeschmückt – rund 1000 Jahre lang, verfiel aber zusehends im 14. Jh., als die Päpste im Exil in Avignon residierten. Nach dem Ende des Exils wurde von Papst Nikolaus V. 1452 ein Neubau in Auftrag gegeben, der aber erst 1506 konkrete Formen annahm. Nachdem diverse Baumeister, u.a. der berühmte Renaissance-Maler Raffael, die Arbeiten geleitet hatten, übernahm 1547, mit 72 Jahren, Michelangelo die Leitung der Arbeiten. Der geniale Künstler entwarf die monumentale

Auf dem Petersplatz: die Basilica di San Pietro, flankiert von Berninis Kolonnaden

Kuppel des Petersdoms. Im Jahr 1564, noch kurz vor Michelangelos Tod, war sie dann schließlich nahezu fertig.

Im Petersdom: Über der Vierung mit Berninis Baldachin (links im Bild) wölbt sich die größte Kuppel Roms.

Steine zum Schauen

Was aber wäre der Dom ohne den Platz, der ihm erst seine erhabene Wirkung verleiht? Im 17. Jh. legte Barockbaumeister Bernini die Piazza San Pietro als eindrucksvolle Kulisse für die Zusammenkunft von bis zu 300 000 Menschen an. Gerahmt wird sie von zwei halbkreisförmigen Kolonnaden mit insgesamt 284 Säulen und 88 Pfeilern aus Tavertin, dem hellen Kalkstein aus dem nahegelegenen Tivoli. 140 Heiligenfiguren krönen die Balustrade – jede davon 3,5 m groß.

In der Mitte des Platzes ragt ein ägyptischer Obelisk auf: Der Steinpfeiler – für die alten Ägypter ein Symbol für die Verbindung von Erde und Götterwelt – wurde schon zu Zeiten von Kaiser Caligula (1. Jh. nach Chr.) nach Rom gebracht und schmückte in der Antike den Circus des Nero, der sich auf dem Gebiet des heutigen Vatikan erstreckte. 1586 wurde der Obelisk auf päpstlichen Wunsch vor dem Petersdom wiederaufgerichtet – eine logistische Meisterleistung, die vier Monate in Anspruch nahm.

Vom Mittelbalkon des Doms werden neue Päpste und Heiligsprechungen verkündet, das ganz rechts gelegene der fünf Portale, die Porta Santa, ist nur während eines Heiligen Jahres (alle 25 Jahre) geöffnet. Die mittleren Portale (1433–45) entstammen wie andere Kunstschätze noch der alten Basilika. Der gewaltige dreischiffige Innenraum (185 m Länge, 119 m Kuppelhöhe) bietet Platz für rund 60 000 Gläubige.

Dem Dom aufs Dach steigen

Berühmteste Skulpturengruppe im Innern ist Michelangelos »Pietà« (1498/99) – seit einem Attentat von 1972 wird Marias Beweinung des toten Christi durch Panzerglas geschützt. Einige Jahre zuvor, 1964, hatte der Vatikan die Figurengruppe auf große Ozeanreise geschickt – zur Internationalen Weltausstellung nach New York.

Unter Michelangelos Domkuppel zu stehen ist ein faszinierendes Gefühl. Steigern kann man es noch, wenn man die Kuppel erklimmt und das grandiose Stadtpanorama genießt.

Die Vierung unter der Kuppel dominiert der Hochaltar, überdacht von Berninis bronzenem Baldacchino (1624–33). Der rechte Fuß der Statue des Thronenden Petrus (13. Jh.) an einem Pfeiler rechts wurde durch ungezählte Berührungen buchstäblich abgeschliffen.

In der Apsis hinter dem Hochaltar leuchtet Berninis kunstvolle Cattedra di San Pietro (1656–65), die bronzene Umfassung eines Thrones, der angeblich dem hl. Petrus diente (in Wahrheit aber wohl aus dem 9. Jh. stammt).

Am Ende des rechten Seitenschiffs gelangen Sie per Treppe oder Lift zur Dachterrasse. Von dort führen weitere Stufen zu Tambour und Galerie und schließlich eine steile, enge Wendeltreppe bis zur Laterne an der Spitze.

KLEINE PAUSE

Meiden Sie die überteuerten Restaurants direkt an der Piazza und lassen Sie sich gute bodenständige Küche im **Rione XIV Bistro** (Tel. 06 45 63 28 97, mittags, Fr/Sa auch abends, So geschl.) im nahen Borgo Pio 21 schmecken.

214 B4 Piazza San Pietro
06 69 88 37 31 www.vatican.va
tgl. außer Mi April–Sept. 7–19, Okt.–März 8–17 Uhr Dom: frei; Kuppelbesuch mit Lift 10 €, zu Fuß 8 €

Ottaviano-San Pietro
40 oder 62 bis Via della Conciliazione, 64 bis Nähe der Piazza San Pietro; 19, 23, 32, 49, 81, 492, 590, 982 und 990 bis Piazza del Risorgimento

③ ★★ Musei Vaticani

Was?	Vatikanische Museen – größter Museumskomplex der Welt
Warum?	Eine geballte Dröhnung Kunst und Kunstgeschichte
Wann?	In der Nebensaison (Nov.–Feb.) ist der Andrang nicht so stark, ansonsten ist es hier immer proppenvoll
Wie lange?	Für den gesamten Museumskomplex mindestens zwei Tage

Bei manchen Päpsten mag purer Geltungsdrang die Sammelleidenschaft beflügelt haben, bei anderen echte Liebe zur Kunst. Das Resultat ist in jedem Falle atemberaubend: Im winzigen Vatikanstaat sind Kunstwerke höchsten Ranges vereint, kaum irgendwo sonst auf der Welt ist die Kunstdichte pro Quadratmeter so hoch wie hier.

Einen ersten Höhepunkt bildet im Gabinetto dell'Apoxyomenos die römische Kopie der gleichnamigen griechischen Skulptur (4. Jh. v. Chr.): ein Athlet, der nach dem Wettkampf seine Haut von Schweiß, Staub und Öl reinigt. Weitere Meisterwerke beherbergt der kleine Innenhof Cortile Ottagono, darunter die berühmte Darstellung des trojanischen Priesters Laokoon (um 50 v. Chr.) und seiner Söhne im Kampf ge-

Die Galerie des Braccio Nuovo im Museo Chiaramonti ließ Papst Pius VII. im Jahr 1807 für antike Skulpturen errichten.

gen zwei Seeschlangen. Durch die angrenzende Sala degli Animali (Tierskulpturen des 18. Jhs.) geht es in die Galleria delle Statue mit der Skulptur des Apollon Sauroktonos, die den Gott als »Echsentöter« zeigt (römische Kopie eines griechischen Originals des 4. Jhs. v. Chr.), und dem Leuchterpaar der Candelabri Barberini (2. Jh.) aus der Villa Adriana bei Tivoli. Im Obergeschoss gelangen Sie durch die Galleria dei Candelabri (Kandelaber) und die Galleria degli Arazzi (Wandteppiche) zur Galleria delle Carte Geografiche, wo ab 1580 auf päpstliches Geheiß angefertigte Karten verschiedener italienischer Regionen zu sehen sind.

Wände wie ein Bilderbuch

Die vier »Räume« (it. *stanze*) sind fast zur Gänze ausgeschmückt mit einem umfangreichen Freskenzyklus, den Papst Julius II. 1508 bei Raffael in Auftrag gab und der erst 1520 postum von dessen Schülern vollendet wurde. Zuerst (1508–11) entstanden für die »Stanza della Segnatura« (für das Höchste Gericht des Hl. Stuhls) anspielungsreiche Allegorien von Theologie, Philosophie (»Schule von Athen«), Poesie und Recht, gefolgt von der »Stanza di Eliodoro« (1512–14) mit der »Vertreibung des Heliodor aus dem Tempel«, der »Begegnung Leos I. mit Attila« (wobei der Kirchenführer auf dem Esel Leo X. ähnelt) sowie der Befreiung Petri aus dem Kerker.

Themen der Wandgemälde in der Stanza dell'Incendio (1514–17) sind die »Kaiserkrönung Karls des Großen«, der »Schwur Leos III.«, die »Schlacht von Ostia« und der »Brand des Borgo«. Vieles wurde von Schülern nach Entwürfen Raffaels ausgeführt, ebenso die vier großen Fresken zum Leben Kaiser Konstantins in der »Stanza di Costantino« (1517–24).

Für die päpstlichen Gemächer im Vatikan, die sogenannten Stanzen, schuf Raffael »Die Schule von Athen« (1510–1511).

Sehenswert sind auch die reizvollen Wandgemälde von der Hand Fra Angelicos in der nahen Cappella di Niccolò V.

Das berühmteste Fresko der Welt

Bauherr und Namensgeber der Sixtinischen Kapelle war Papst Sixtus IV. (1471–1484), der ihre Wände zwischen 1480 und 1483 von bedeutenden Künstlern ausmalen ließ, darunter

Perugino, Domenico Ghirlandaio und Sandro Botticelli. Im Jahr 1508 beauftragte Papst Julius Michelangelo, die 520 m² große Decke der Kapelle auszumalen: Wie hatte sich der Florentiner doch zunächst gegen diesen Auftrag gewehrt! Michelangelo verstand sich durch und durch als Baumeister und Bildhauer und verspürte keinerlei Drang, sich jahrelang mit Pinsel und Farben unter dem Gewölbe der päpstlichen Kapelle zu betätigen. Erst unter Androhung von Kerkerhaft nahm er den Auftrag an – und schuf mit seinen alttestamentarischen Szenen, die Erschaffung Adams durch göttliche Berührung im Mittelpunkt, das berühmteste Fresko der Welt. Mit seinen von dynamischer Lebendigkeit strotzenden Figuren sorgte er für eine künstlerische Revolution.

Absolutes Highlight einer Besichtigung der Musei Vaticani ist die Cappella Sistina, in der das Konklave zur Papstwahl stattfindet.

Michelangelos später entstandenes Jüngstes Gericht (1536–41) an der Altarwand zeigt Gottvater als Weltenrichter. Unten sieht man die Toten, die sich aus den Gräbern erheben. Während die Seligen links zum Himmel aufsteigen, stürzen rechts die Verdammten in die Hölle (einer von ihnen legt schützend die Arme um sich). Im Zentrum thront Christus, umgeben von seiner Mutter Maria, Aposteln und Heiligen.

KLEINE PAUSE

Es lohnt ein Abstecher in die **Trattoria Vaticano Giggi** (Via Catone 10, Tel. 06 39 73 05 51, So nur mittags), die einige Schritte vor der Vatikanringmauer liegt. Hier gibt's bodenständige römische Küche zu fairen Preisen.

214 B4 ✉ Vaticano
☎ 06 69 88 49 46
🌐 www.museivaticani.va
April–Okt. Mo–Do 8.30–18.30, Fr/Sa bis 22.30, sonst Mo–Sa 8.30–18.30 Uhr, Fei geschl. 17 €; am letzten So im Monat frei Ottaviano San Pietro oder Cipro Musei Vaticani
19, 23, 32, 49, 492 oder 990 bis Piazza del Risorgimento

⓫ Colosseo/Kolosseum

Was?	Gigantische Arena aus dem 1. Jh. n. Chr.
Warum?	Hier atmet jeder Quadratmeter Geschichte
Wann?	Wer sich Wartezeit ersparen will, kauft vorab online ein Ticket »ohne Anstehen« (www.il-colosseo.it)
Wie lange?	Etwa 1 Stunde
Was noch?	Spannend: geführte Touren durch unterirdische Gänge

Die von Kaiser Vespasian um das Jahr 70 in Auftrag gegebene Arena sollte alles bislang Dagewesene in den Schatten stellen – und das tat sie mit ihren Ausmaßen, ihrem Programm und auch ihrer »Bühnentechnik«. Im Kolosseum fanden nicht nur Gladiatorenkämpfe statt – in der gefluteten Arena spielten die Römer vor dem begeisterten Publikum auch ihre Seeschlachten nach.

Für den Bau musste zunächst das sumpfige Terrain durch Ableitungskanäle trockengelegt werden. Einige existieren bis heute. Als Vespasian im Jahr 79 starb, war erst ein Drittel fertig, eingeweiht wurde das Bauwerk unter seinem Sohn Titus im Jahr darauf. Dieser feierte die Eröffnung mit einem hundert Tage dauernden Fest. Über 50 000 Zuschauer konnten die gestaffelten Sitzreihen durch 80 Ausgänge *(vomitoria)* binnen Minuten verlassen, und als Wetterschutz ließ sich ein

Nachts wird das Kolosseum stimmungsvoll beleuchtet.

von 240 Masten getragenes Segeltuchdach (*velarium*) aufspannen.

Fast ein Schattendasein neben dem riesigen Colosseo fristet der im Jahr 315 entstandene Konstantinsbogen, Roms größter, besterhaltener Triumphbogen.

Gänge der Gladiatoren

Von den Bauten im Innern ist heute kaum noch etwas erhalten: Im Jahr 217 zerstörte ein Brand obere Ränge und die hölzerne Arena, weitere Feuersbrünste und Erdbeben mehrten die Schäden in den folgenden 400 Jahren. Im 6. Jh. wurde die Arena als Werkstatt und Friedhof genutzt, um 1320 war bereits die Südseite eingestürzt, die Steine dienten als Baumaterial. 1744 erklärte Papst Benedikt XIV. das Colosseo (wo tatsächlich wohl nur vereinzelt Christen zu Tode gekommen waren) zur von Märtyrerblut geweihten Stätte.

Vor dem Blick des Besuchers entfaltet sich heute das Gewirr unterirdischer Gänge, durch das Gladiatoren und Tiere zum Kampfplatz gelangten. Der Zuschauerbereich war hierarchisch gegliedert: Kaiser und Vestalinnen verfolgten das Geschehen von gegenüberliegenden Logen im Parterre, flankiert von Podien für Senatoren. Darüber saßen Ritter und Aristokraten, in der nächsten Etage einfache römische Bürger (Plebejer), ganz oben Frauen, Sklaven und Arme. Es gab Sektionen für verdiente Soldaten, Schreiber und Herolde – ausgeschlossen waren Schauspieler, Totengräber und ehemalige Gladiatoren.

Bei normalen Besichtigungen bewegt man sich auf den Zuschauertribünen, bei speziellen Touren geht es auch in die Arena und durch die unterirdischen Areale, in denen sich einst Kerker, Käfige, Flaschenzüge und andere Gerätschaften befanden (Anbieter u. a. bei www.getyourguide.de).

KLEINE PAUSE

Für eine entspannte Kaffeepause empfiehlt sich die **Caffetteria l'800** (Via San Giovanni in Laterano 278, 5–22 Uhr, So geschl.) in einem Belle-Èpoque-Palazzo.

---

216 B1–2
Piazza del Colosseo, Via dei Fori Imperiali
06 39 96 77 00 tgl. 10.30–19.15 Uhr
19,50–23 €, online unter https://book.colosseum-rome-tickets.com; Kombiticket mit Palatino und Foro Romano (24 Std. gültig) Colosseo

Arena der Superlative

Das größte erhaltene antike Amphitheater veranschaulicht zum einen noch gut seine ursprüngliche Form, aber auch die Folgen seiner 2000-jährigen Geschichte: Brände, Erdbeben, Vernachlässigung der Wettkampfstätte, Umbau in eine Festung und die Verwendung als Steinbruch für römische Paläste.

❶ Fassade Die aus Travertin und Eisen gefertigte Fassade war über 50 m hoch. Außen treten aus den Mauern Halbsäulen hervor, die im ersten Stock der dorischen, im zweiten der ionischen und im dritten der korinthischen Ordnung folgen. Das schmucklose vierte Stockwerk hat rechteckige Fenster.

❷ Arkaden Durch die 80 Arkaden im Erdgeschoss gelangt man in ein ausgeklügeltes System von Treppen und Gängen, das die Menschenmassen leitete. Die Ziffern über den Eingängen entsprachen denen auf den Eintrittskarten.

❸ Cavea Der 57 m hohe Zuschauerraum gliederte sich in fünf Sitzränge. Zwar war der Eintritt frei, doch die Platzzuteilung von der Zugehörigkeit zu sozialen Schichten abhängig: So blieb der erste Rang aus breiten Stufen, auf denen Sitze befestigt waren, dem kaiserlichen Hof, Vestalinnen und Senatoren vorbehalten, auf

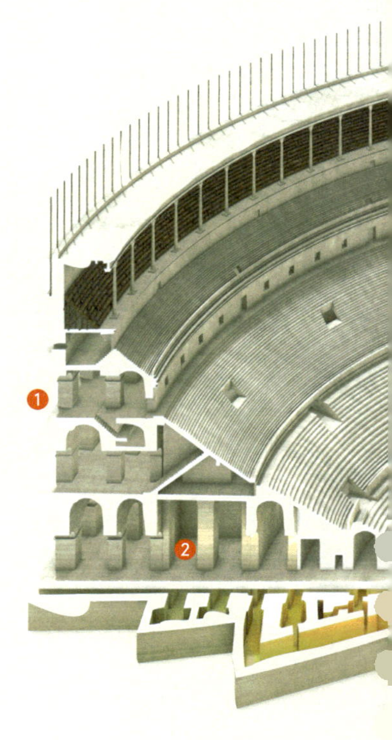

dem zweiten Rang mit acht marmornen Stufen nahmen die vornehmen Familien Platz, während im dritten und vierten Rang mit hölzernen Sitzstufen das gemeine Volk saß.

4 Arena Im 86 × 54 m großen inneren Oval, der eigentlichen Arena, fanden Gladiatorenkämpfe oder Tierhetzen statt, ursprünglich auch Schiffskämpfe (das dafür notwendige Fluten der Arena war nur vor deren Unterkellerung möglich). Bis zu 50 000 Zuschauer konnten hier sogar mehrere gleichzeitig stattfindende Kämpfe verfolgen.

5 Innenausstattung Der unterirdische Bereich ist kaum erhalten, doch der Aufbau der Kellerräume noch gut erkennbar.

6 Velaria Der Zuschauerraum konnte mit Sonnensegeln überdacht werden, deren Masten auf dem obersten Stockwerk angebracht waren.

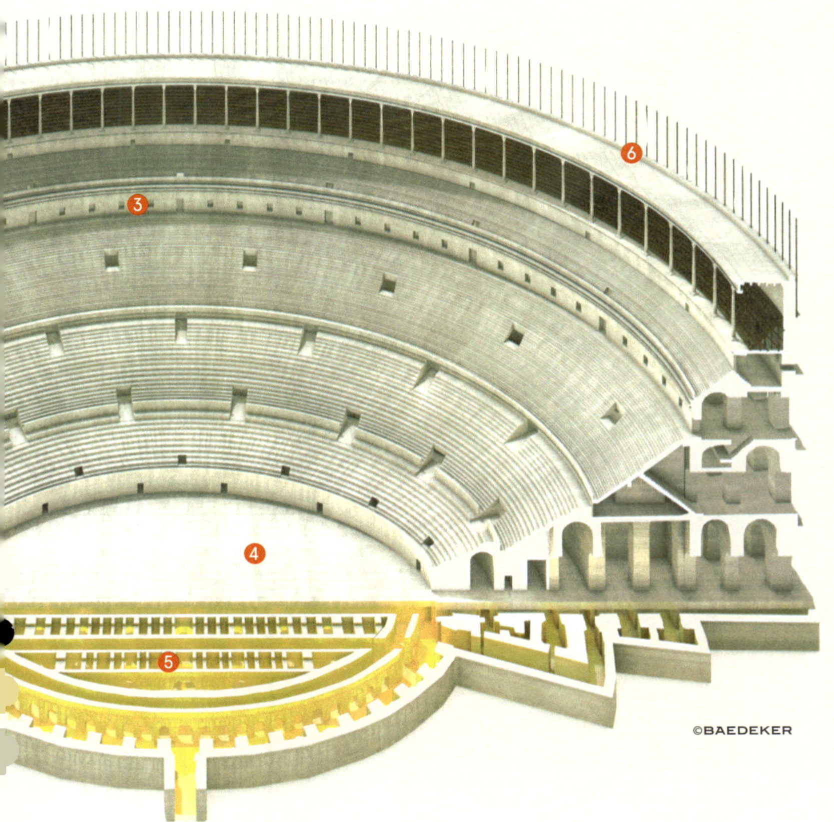

⓬ Foro Romano

Was?	Forum Romanum – Roms berühmtestes Ruinenensemble
Warum?	Spannender Streifzug durch die antike Machtzentrale
Wann?	Bei schönem Wetter, frühmorgens oder gegen Abend
Wie lange?	Wer sich für die Antike begeistert, verweilt gern drei Stunden (sonst 1–1,5 Std).

Auf den ersten Blick ist das einstige Zentrum des Römischen Reichs heute ein unübersichtliches Ruinenfeld. Steigt man aber vom Kapitolshügel (Campidoglio) über die Treppe hinab zum Eingang am Arco Settimio Severo und spaziert zwischen Säulenresten, verfallenen Triumphbögen und Mauerresten herum, überwältigt einen die Aura dieses Areals: Von diesem Flecken Erde aus hat die antike Supermacht rund 1000 Jahre lang die Geschicke ihres riesigen Imperiums gelenkt.

Hier bewegen Sie sich gewissermaßen in den Fußstapfen von Julius Caesar und anderen herausragenden Persönlichkeiten der Antike. Ursprünglich lag auf diesem Gelände das Velabrum, ein Sumpfgebiet am Tiber zwischen Capitolino- und Palatino-Hügel – ebendort soll Romulus die Stadt 753 v. Chr. gegründet haben. In der Blütezeit Roms wurde das Gelände trockengelegt und bebaut, bis sich im 2. Jh. aus Platzmangel der Schwerpunkt Richtung Palatin verschob. Nach dem Niedergang des Reichs dienten die Ruinen im Mittelalter als »Steinbruch« für den Bau von Kirchen und Palästen.

Triumphbogen des Septimius Severus, Saturntempel und Vespasiantempel vor der Kulisse der barocken Kirche Santi Luca e Martina

Durchs antike Rom spazieren

Fresken wie diese um das Jahr 30 v. Chr. für das Haus des Augustus entstandene Apollo-Darstellung zierten einst die Gebäude auf dem Palatin.

Neben dem Arco di Settimio Severo (Septimius-Severus-Bogen) markiert eine Steinreihe die ehemalige Rednertribüne Rostra, wo Mark Anton nach der Ermordung Caesars seine flammende Ansprache an die Bürger Roms richtete. Südlich davon blieben die acht Säulen vom älteren Tempel des Forums erhalten, dem um 497 v. Chr. erbauten Tempio di Saturno (für Saturn). Richtung Osten gelangt man rechter Hand zur Säulenhalle Basilica Julia und südlich des nahen Tempio di Castore e Polluce (Dioskurentempel) zum ältesten christlichen Sakralbau Santa Maria Antiqua (6. Jh.) an heidnischer Stätte.

An der ehemaligen Magistrale Via Sacra liegt der massive Ziegelbau der Curia (Kurie), des wohl 28 v. Chr. von Kaiser Augustus nach einem Brand wieder aufgebauten Senatssitzes. Davor markiert die schwarze Marmorplatte des Lapis Niger (Schwarzen Steins) ein Heiligtum des Feuergottes Vulcanus. Hinter dem von Kaiser Antoninus für sich und seine Gattin Faustina 141 errichteten Tempio di Antonino e Faustina folgen Tempio di Vesta und Atrium Vestae: Vestatempel und Haus der Vestalinnen, die über die heilige Flamme als Symbol des Fortlebens der Stadt Rom wachten.

Links hinter dem Atrium erheben sich die Ruinen der Basilica di Massenzio (Maxentiusbasilika) – einer der eindrucksvollsten Bauten des Forums, dessen einzig erhaltene Säule heute vor der Kirche Santa Maria Maggiore steht.

Vor dem Colosseo gelangt man zum ältesten Triumphbogen Roms, dem Arco di Tito (Titusbogen), 81 n. Chr. errichtet von Kaiser Domitian zu Ehren seines Bruders Titus.

KLEINE PAUSE

Cafés finden Sie östlich des Kolosseums oder nahe der Piazza del Campidoglio in der Via Cavour.

---

216 A2 Eingänge: am Arco di Settimio Severo, Largo Romolo e Remo, Arco di Tito und bei der Via del Teodoro ☎ 06 39 96 77 00 Foro und Palatino 9–16.30 Uhr (letzter Einlass 1 Std. vor Schließung) 18 € (Kombiticket mit Colosseo und Palatin) Colosseo 60, 75, 85, 175 (bis Via dei Fori Imperiali) sowie 204 und Tram 30

⓭ Pantheon

Was und warum?	Eines der besterhaltenen Bauwerke der Antike: Seine Kuppel war über 1700 Jahre lang die größte der Welt
Wann?	Jederzeit
Wie lange?	Eine halbe Stunde

Das Pantheon, ein »allen Göttern« Roms gewidmeter Tempel von majestätischen Dimensionen, hat sich seit zwei Jahrtausenden nur wenig verändert.

Blick am Brunnen an der Piazza della Rotonda vorbei auf die Vorhalle des Pantheons mit ihren mächtigen korinthischen Säulen

Auf den Fundamenten eines 27 v. Chr. von Marcus Vipsanius Agrippa errichteten Tempels entstand der heutige Bau 118 bis 125 unter Kaiser Hadrian. Sein guter Erhaltungszustand verdankt sich der Umwidmung in eine christliche Kirche 608, als der byzantinische Kaiser Phokas, damals Herrscher von Rom, ihn Papst Bonifaz IV. schenkte. Konservierend wirkten zudem die Bronzebeschläge, doch Beeinträchtigungen der Bausubstanz blieben nicht aus: So ließ Kaiser Konstans II. ab 663 einen Großteil der vergoldeten Bronzeplatten demontieren, nach Konstantinopel schaffen und zu Münzen einschmelzen. Im Jahr 1626 erwirkte der Barockbaumeister Bernini von Papst Urban VIII. dann den Abbruch von 200 t Bronze an den Holzbalken des Portikus, die er für den Altar-Baldachin in St. Peter verwendete.

Ein Auge zum Himmel

Den Scheitelpunkt der kassettierten Kuppel markiert eine 9 m breite Öffnung – ein *oculus* (»Auge«), das Hadrian als direkte geistige Verbindung zum Himmel empfand. Zugleich bildet sie eine Quelle dramatischen Lichts, das an sonnigen Tagen den marmorverkleideten Innenraum erstrahlen lässt. An klaren Abenden erspäht man durch das Rund ein wenig vom Sternenhimmel.

Mit einem Durchmesser von knapp 44 m (entsprechend der Höhe vom Boden zur Spitze) ist die Kuppel größer als die des Petersdoms. Zu ihren architektonischen Feinheiten gehört die Kassettierung mit vertieften Flächen *(lacunaria)*, die durch Materialguss in Modellen entstanden. Die Dicke der Schale aus nach oben hin abnehmenden konzentrischen Ringen vermindert sich von 7 m im unteren bis 1 m im obersten Bereich – ein statischer Trick, der das Gesamtgewicht reduzierte, wie auch die Verwendung immer leichteren Materials: Beton und Travertin am Fundament, vulkanischer Tuff in der Mitte und federleichter Bimsstein rings um den *oculus*.

Das Pantheon ist auch die Grablege der italienischen Könige – und von Raffael, dem begnadeten Maler in päpstlichem Dienst.

In die Mauer sind alternierend sieben rechteckige und halbkreisförmige Nischen für Statuen eingelassen. Italiens erster König, Vittorio Emanuele II., hat in der zweiten Nische rechts, sein Sohn Umberto I. in der zweiten Nische links die letzte Ruhestätte gefunden. Die dritte Nische zur Linken enthält das Grab Raffaels (1483–1520), dessen Leichnam 1833 exhumiert und hier zur letzten Ruhe gebettet wurde.

KLEINE PAUSE

Gleich bei der Piazza, im **Café Tazza d'Oro** (Via degli Orfani 84), erwartet Sie einer der besten Kaffees der Stadt (allerdings nur im Stehen und ohne Blick aufs Pantheon).

215 E3 Piazza della Rotonda
06 68 30 02 30
tgl. 9–19, Fei 9–13 Uhr frei

Spagna 116 bis Piazza della Rotonda oder 30, 40, 62, 64, 81, 87 und alle Linien zum Largo di Torre Argentina

Magischer Moment

Rosenregen im Pantheon

Wenn am Pfingstsonntag im Pantheon die Messe gefeiert wird, regnen am Ende kübelweise Pfingstrosenblätter durch die offene Kuppel als Zeichen des Heiligen Geistes. Die Wurzeln dieses Brauchs reichen bis in die Frühzeit des Christentums zurück. Lange in Vergessenheit geraten, hat man die Tradition wiederbelebt zur Freude der Gläubigen und der Touristen. Einen glücklichen Moment lang fühlen sich alle im Rosenregen vereint.

www.pantheonroma.com

Nach Lust und Laune!

14 Castel Sant'Angelo/Engelsburg

Die um 130 vollendete »Engelsburg« entstand als Mausoleum für Kaiser Hadrian und dessen Familie (sog. Hadrianeum). Umbenannt in *Castellum sancti angeli* wurde es 590 anlässlich einer Engelsvision, die Papst Gregor I. (der Große) bei der Bittprozession während einer Pestepidemie erlebte. Der Rundbau lehnt sich an das Mausoleo di Augusto auf der anderen Tiberseite an, das wohl dem Vorbild etruskischer Gräber folgt.

Ab 271 wurde die Anlage über 1000 Jahre als Festung – und als Gefängnis – genutzt. Man betritt die Engelsburg von der Tiberseite her und steigt auf der antiken Rampe hinauf zur Grabkammer. Besondere Beachtung verdient das mit Fresken von Pierin del Vaga ausgeschmückte sog. Papst-Appartement.

Oben von den Wällen genießt man einen herrlichen Blick etwa auf den Ponte Sant' Angelo mit Engelsskulpturen nach Bernini.

214 C4 Lungotevere Castello 50
06 6 81 91 11
www.castelsantangelo.com
tgl. 9–19.30 Uhr 17,50 €

15 Museo Nazionale delle Arti del XXI Secolo (MAXXI)

Der kühne, lichtdurchflutete Bau mit seinen zahlreichen Rampen, luftigen Galerien und großzügigen Ausstellungsflächen entstand nach einem Entwurf der britisch-irakischen Star-Architektin Zaha Hadid (1950–2016) und ist das erste staatliche Museum für zeitgenössische Kunst in Italien, in dem neben Gemälden, Fotografie und Skulpturen auch moderne Architektur präsentiert und regelmäßig interessante Sonderausstellungen sowie Workshops stattfinden.

215 nördl. E5 Via Guido Reni 4
06 39 96 73 50 www.maxxi.art
Di–Sa 11–19 Uhr 12 €

16 Museo e Galleria Borghese

Ein kleines Schmuckstück für sich sind die Kunstgalerie und das Museum in der idyllischen Villa Borghese – auf zwei Etagen werden hier erlesene Meisterwerke ausgestellt: im Erdgeschoss Skulpturen, im ersten Stock Gemälde. Zu den bekanntesten Exponaten gehört Antonio Canovas höchst erotische Skulptur der Paolina Borghese (geb. Bonaparte) als »Venus«.

Drei Räume sind Gian Lorenzo Bernini gewidmet – sein »David« (1623–24), der die Steinschleuder auf seinen Gegner Goliath richtet, trägt angeblich Züge des Bildhauers. Unter den sechs Gemälden Caravaggios in Raum VIII stechen der »Kleine kranke Bacchus« (um 1593), »David mit dem Haupte Goliaths« (um 1609–10) und die »Madonna dei Palafrenieri« (1605–06) hervor. Im ersten Hauptraum des Obergeschosses stößt man u. a. auf Werke Raffaels.

216 nördl. F5
Piazzale del Museo Borghese 5
https://galleriaborghese.beniculturali.it Di–So 9–19, Do bis 21 Uhr, Tickets für ein Zeitfenster (2 Std. gültig) vorab (Tel. 06 328 10) oder vor Ort kaufen (Wartezeit einkalkulieren)
13 € Spagna oder Flaminio

17 Piazza di Spagna und Scalinata di Trinità dei Monti

Von den elegantesten Boutiquen Roms umgeben, zählt die Piazza di Spagna zu den edelsten Plätzen der Stadt, wo alle Welt sich am liebsten trifft. Dominiert wird sie von der majestätischen, zwischen 1723 und 1726 erbauten Spanischen Treppe, die eigentlich *Scalinata di Trinità dei Monti* heißt und zur gleichnamigen Kirche auf dem Pincio-Hügel hinaufführt. Treppe und Platz wurden nach dem Palazzo di Spagna benannt und im 17. Jh. erbaut als spanische Botschaft beim Heiligen Stuhl.

Zu Füßen der gewaltigen Doppeltreppe befindet sich die winzige Fontana della Barcaccia, benannt nach der halb gesunkenen »Barkasse« in der Mitte, aus der seitlich Wasser quillt. Dieses Barockkunstwerk stammt wohl von Pietro Bernini und seinem noch ungleich berühmteren Sohn Gian Lorenzo.

216 A4 Piazza di Spagna Spagna

18 Fontana di Trevi

1453 ließ Papst Nikolaus V. hier einen Brunnen bauen – aus Einnahmen einer Weinsteuer, worauf erboste Römer spotteten, er habe »ihnen Wein genommen und dafür Wasser gegeben«. Das heutige Bauwerk entstand ab 1732 auf Initiative Papst Clemens' XII. und wurde 30 Jahre später von Clemens XIII. eingeweiht. Ausführender Künstler war wohl Nicolò Salvi, der für die dramatische Wirkung des monumentalen Brunnens eine Fassade des Palazzo Poli nutzte. Zentrale Brunnenfigur ist der Meeresgott Neptun/Oceanus, vor dem zwei Tritonen Pietro Braccis (1759–62) dem Betrachter entgegenstürmen: Während der linke (mit einem sich aufbäumenden Pferd) die sturmgepeitschte See repräsentiert, bläst der rechte zur Zähmung der Elemente sein Muschelhorn. Wer über die Schulter eine Münze in diesen Brunnen wirft, kommt angeblich sicher wieder einmal nach Rom.

215 E4 Piazza di Trevi
frei Barberini

19 Palazzo Massimo alle Terme

Der Palast beherbergt einen Großteil der altrömischen Kunstschätze des Museo Nazionale Romano. Auf zwei Etagen sind vorwiegend Skulpturen ausgestellt. Absoluter Blickfang ist in Raum V die »Statue des Kaisers Augustus« im Ornat des Pontifex Maximus. Der oberste Stock ist nur mit Führung zugänglich: Hier sieht man herrliche Wandgemälde aus der »Villa di Livia«, die Livia Drusilla gehörte, der Mutter des Kaisers Augustus (reg. 27 v.–14 n. Chr.), sowie der 1879 entdeckten Villa Farnesina. Detailreich ausgearbeitete Mosaiken beschließen hier den Rundgang.

216 C3 Largo di Villa Peretti 1
06 39 96 77 00
https://museonazionaleromano.beniculturali.it
Di–So 11–18 Uhr
10 € (3 € Zuschlag bei Sonderausstellungen); 12 € (Kombiticket für andere Standorte)
Termini

20 Santa Maria Maggiore

Die Marienkirche in Hauptbahnhofnähe ist eine der sieben Pilgerkirchen Roms und stellt weltweit eine Besonderheit dar: Seit dem 5. Jh. wird hier ohne Unterbrechung täglich eine Messe gelesen. Gebaut wurde das Gotteshaus auf päpstliches Geheiß, nachdem die Katholische Kirche den Status der Gottesmutter für sich definiert und den Marienkult eingeläutet hatte.

Mit ihrer opulenten Innenausstattung zählt Santa Maria Maggiore zu den prächtigsten Gotteshäusern Italiens. Die grandiose Kassettendecke wurde mit dem ersten Gold der Neuen Welt finanziert, sehenswert ist auch der Zyklus von 36 Mosaiken (5. Jh.) zu Moses, Isaak, Jakob und Abraham. Wunderbar farbenprächtig leuchtet in der Apsis das Mosaik mit der »Krönung Mariä« (1295) von Jacopo Torriti. Reich geschmückt präsentieren sich die großen Kapellen, Cappella Sistina (ab

Santa Maria Maggiore: die Krönung Mariä im Zentrum des Apsismosaiks

1584, rechts vom Eingang) und Cappella Borghese (1611, links). Geradezu unscheinbar ist dagegen das Grabmal des Barockbaumeisters Bernini: Lediglich eine Steinplatte im Boden erinnert an den Künstler, der die prachtvollsten Grabmale für mehrere Päpste geschaffen hat.

216 C3 Piazza di Santa Maria Maggiore und Piazza dell'Esquilino
06 69 88 68 00 tgl. 7–19 Uhr
frei Termini oder Cavour

21 San Giovanni in Laterano

In dieser im 4. Jh. von Kaiser Konstantin begründeten Bischofskirche Roms mit päpstlicher *cattedra* (Thron) wurden bis ins 19. Jh. die Päpste gekrönt. Nach Zerstörungen durch die Vandalen im 5. Jh. baute man sie mehrmals wieder auf und um. Am Fuß der mächtigen Fassade (1735) erinnert ein Standbild an den Gründer, die Bronzetore zur Rechten stammen aus der *Curia*, dem Senatssitz. Bei der barocken Umgestaltung des Innenraums (1646–50) war Borromini federführend, der die herrliche goldglänzende Kassettendecke nicht antastete. Der Altar beherbergt angeblich die Schädel der Apostel Petrus und Paulus. Als einer der schönsten Roms gilt der Kreuzgang, dessen zierliche Doppelsäulen mit farbenprächtigen Steinintarsien teilweise von der Cosmaten-Dynastie gefertigt wurden.

✈ 217 D1
✉ Piazza di San Giovanni in Laterano
☎ 06 69 88 64 33
🕒 Kirche: 7–18.30 Uhr; Kreuzgang: 9–18 Uhr 🎟 Kirche: frei; Kreuzgang: 2 € 🚇 San Giovanni

22 San Clemente

Diese Kirche in der Nähe des Kolosseums gehört zu den faszinierendsten Gotteshäusern der Ewigen Stadt, sind hier doch gleich mehrere Epochen der Glaubensgeschichte »übereinandergestapelt«. Da ist zunächst der mittelalterliche Sakralbau, den man von der Straße kommend betritt. Antike Säulen, Marmorfußboden mit den in Rom hochgeschätzten Kosmatenarbeiten und eine mit herrlichen Mosaiken geschmückte Decke prägen das Erscheinungsbild.

Von kunsthistorischem Wert ist die Marienkapelle rechts neben dem Eingang. Die Fresken des Frührenaissancemalers Masolino da Panicale (1383–1447) mit Motiven aus dem Leben der hl. Katharina sind die ältesten Kunstwerke in Rom, in denen die Gesetze der Perspektive zur Anwendung kommen.

Im hinteren Teil der Kirche führt eine Treppe in die untere Kirche, eine dreischiffige Säulenbasilika aus der Frühzeit des Christentums (4. Jh.). Gut erhalten sind ihre romanischen Fresken.

Der Höhepunkt aber sind die Ausgrabungen eines Mithras-Heiligtums (2./3. Jh.) samt Altar mit der Darstellung der Sonnen-Gottheit Mithras, die – vermutlich inspiriert vom persischen Kulturraum – im 2. Jh. von römischen Legionären verehrt wurde.

✈ 216 C1
✉ Via di San Giovanni in Laterano
☎ 06 7 74 00 21
🌐 www.basilicasanclemente.com
🕒 Mo–Sa 10–12.30, 15–17.30, So 12–17.30 Uhr; bei Messen geschl.
🎟 Kirche: frei, Ausgrabungen: 10 €
🚇 Colosseo

23 Capitolino/Kapitol

Der heute vom pompösen Nationaldenkmal (Monumento a Vittorio Emanuele II) dominierte Kapitolshügel ist der kleinste der sieben römischen Stadthügel, übte jedoch seit jeher große Faszination auf die hier siedelnden Menschen aus.

Im 4. Jh. v. Chr. verehrten die Römer auf der nördlichen Anhöhe in einem Tempel die Göttin Juno. Auf dessen Fundamenten steht heute die Kirche Santa Maria in Aracoeli, die wegen ihrer antiken Säulen, den kunstvollen Fresken und der prächtigen Holzdecke sehenswert ist.

Lieblingsbrunnen vieler Römerinnen und Römer: Berninis Vierströmebrunnen auf der Piazza Navona

Römische Brautpaare posieren gern auf der steilen Treppe, die wie eine Himmelsleiter hinauf zum Himmelsaltar *(ara coeli)* führt. Auf der südlichen Anhöhe errichteten die Römer das Kapitol (heute Sitz des Stadtrates und des Stadtoberhaupts). Der Platz dazwischen, die Piazza Campidoglio, wurde von Michelangelo gestaltet. Das Reiterstandbild des Mark Aurel ist eine Kopie, das Original (2. Jh.) kann man in den Musei Capitolini bestaunen.

216 A2 ✉ Piazza del Campidoglio 1

Musei Capitolini
www.museicapitolini.org
tgl. 9.30–19.30 Uhr 18 €

24 Piazza Navona

Das Oval des Platzes entspricht recht exakt den Abmessungen des Stadions, das hier im Jahr 86 unter Kaiser Domitian angelegt wurde – neben zahllosen Kampfspielen und Wettrennen ereignete sich dort 304 das Martyrium der hl. Agnes (Sant' Agnese), einer christlichen Jungfrau, die sich geweigert hatte, einen Heiden zu heiraten. Das kleine Bethaus zu ihrem Gedächtnis überbaute man Mitte des 16. Jhs. mit der heutigen Kirche Sant'Agnese in Agone.

Den zentralen Brunnen, die Fontana dei Quattro Fiumi (1651), schuf Gian Lorenzo Bernini. Seine Figuren stellen die »Vier Ströme« *(quattro fiumi)* des Paradieses dar – Nil, Ganges, Donau, Rio de la Plata – sowie die damals bekannten vier Erdteile Afrika, Asien, Europa und Amerika. Vom 17. bis ins 19. Jh. wurde der Platz mitunter geflutet, Adelige umkreisten den künstlichen See in vergoldeten Kutschen.

215 D3 ✉ Piazza Navona Spagna

25 Piazza Campo de' Fiori

Bis zum Mittelalter säumte hier eine Wiese das im 1. Jh. v. Chr. erbaute Theater des Pompeius. Einen Besuch wert ist die Piazza heute vor allem wegen der Atmosphäre auf dem Markt und in den Seitenstraßen, vor allem der schattigen Via dei Cappellari (Hutmacherstraße) mit ihren Möbelläden und Werkstätten. In der Mitte des Platzes erinnert ein Denkmal an den hier auf dem Scheiterhaufen hingerichteten Philosophen Giordano Bruno (1548–1600).

215 D2 · Piazza Campo de' Fiori

26 Trastevere

Zu den Sehenswürdigkeiten des traditionsreichen Viertels am Südufer (»jenseits des Tiber«) zählen die auf frühchristliche Zeit zurückgehende Kirche Santa Maria in Trastevere (12. Jh.) und die Villa Farnesina, 1511 erbaut für den Sieneser Bankier Agostino Chigi.

Santa Maria in Trastevere
215 D1 · Piazza S. M. in Trastevere
tgl. 7.30–21 Uhr · frei

Villa Farnesina
214 C2 · Via della Lungara 230
06 68 02 72 67
www.villafarnesina.it
Mo–Sa 9–14 Uhr; 2. So im Monat 9–17 Uhr · 10 €

27 Tivoli

Rund 30 km östlich von Rom bietet Tivoli (das antike Tibur) zwei große Sehenswürdigkeiten. Die Villa d'Este, ehemals ein Kloster, wurde im Jahr 1550 zum Landsitz mit herrlichem Park umgewandelt (UNESCO-Weltkulturerbe). Glanzstücke sind die Viale delle Cento Fontane (Allee der 100 Brunnen) und Berninis elegante Fontana del Bicchierone (Brunnen des großen Glases).

Vom einstigen Glanz der in den Jahren 125 bis 135 für Kaiser Hadrian erbauten Villa Adriana ist wenig erhalten, ein stimmungsvolles Erlebnis als Gesamtkunstwerk bietet ihr weitläufiges Areal aber bis heute.

226 B4

Villa d'Este
Piazza Trento, Tivoli
http://villae.cultura.gov.it
Mo 14–19.45, Di–Fr 8.30–19.45 Uhr
13 €

Villa Adriana
Via di Villa Adriana, Tivoli
www.villaadriana.beniculturali.it
April–Mitte Sept. tgl. 8.15–19.30, Ende Okt.–Feb. 8.15–17, März 8.15–18.30 Uhr · 12 €

28 Ostia Antica

Rund 23 km südwestlich von Rom vermittelt der einstige Hafen der Stadt, heute ein archäologischer Park, eine ähnlich gute Vorstellung vom Leben in der Antike wie Pompeji.

226 A4
Viale degli Romanogli 717, Ostia Antica
www.ostiaantica.beniculturali.it
April–Sept. Di–So 8.30–19, Okt.–Feb. bis 16.30, März bis 17.15 Uhr
12 €

Wohin zum ... Übernachten?

Preise für ein Doppelzimmer pro Nacht

€ unter 200 Euro
€€ 200 bis 350 Euro
€€€ über 350 Euro

Campo de' Fiori €–€€

Drei-Sterne-Hotel, ideal gelegen bei einem der schönsten und quirligsten Plätze der Stadt, auf die Sie von der Dachterrasse einen herrlichen Blick haben. Die 23 Zimmer sind recht unterschiedlich in Größe und Ausstattung, überall jedoch wird in charmanter Weise spürbar, dass Sie in einem ehemaligen Barock-Palais logieren.

215 D2 Via del Biscione 6
06 687 48 86
www.hotelcampodefiori.com

Hotel Julia €–€€

Schmucke kleine Adresse in einem ruhigen Winkel, fünf Minuten Fußweg hügelan von der Fontana di Trevi, mit nicht sehr großen, aber gepflegten Zimmern und freundlichem Personal. Gutes, reichliches Frühstück.

216 B4 Via Rasella 29
06 4 88 16 37
www.hoteljulia.it

Leon's Place €€

Stilvolles Designhotel in einem ehemaligen Palazzo nahe Via Veneto und Villa Borghese. Hier mischt sich Altes (wie römische Säulen und hohe Stuckdecken) mit Samt- oder coolen Ledersesseln im Foyer. Opulent ausgestattete Zimmer mit riesigen TV-Bildschirmen und Marmorbädern.

216 B4 Via XX Settembre 90
06 89 08 71
www.leonsplacehotel.it

Navona €–€€

Nur eine Minute von der Piazza Navona entfernt in einer Seitenstraße gelegen, mittendrin und trotzdem fern des Getümmels – das verdient eigentlich einen zusätzlichen Stern, wie der Umstand, dass fast alle Zimmer (vier Kategorien) sorgsam renoviert wurden. Ein Haus auf historischem Boden (den Ruinen der Agrippa-Thermen) mit illustren Gästen wie den Dichtern Keats und Shelley. Ist das Hotel ausgebucht, empfiehlt man Ausweichadressen in der Nähe.

215 D3 Via dei Sediari 8
06 68 30 12 52
www.hotelnavona.com

NH Giustiniano €€

Komfortables, modernes Hotel mit Restaurant nahe der Metro-Station Lepanto im Stadtteil Prato, nicht weit vom Castel Sant' Angelo und dem Vatikan. 150 großzügige, funktional eingerichtete Zimmer (drei Kategorien und zehn Suiten). Das Frühstücksbuffet ist besser als in den meisten anderen römischen Hotels dieser Klasse. In der Nähe liegt die Shoppingmeile Via Cola di Rienzo.

214 C4–5 Via Virgilio 1
06 68 28 16 01
www.nh-collection.com

Residenza Cellini €–€€

Feines Hotel alten Stils in einem Haus aus dem 19. Jh. nahe dem Hauptbahnhof und zahlreicher Sehenswürdigkeiten, mit geräumigen, gemütlichen Zimmern, deren Bäder dank Whirlpool einen Hauch von Luxus verströmen. Reichhaltiges Frühstück.

216 4
Via Modena 5
06 47 82 52 04
www.residenzacellini.it

Scalinata di Spagna €–€€€

Hier handelt es sich auch im wörtlichen Sinn um eine Top-Adresse: eine in Top-Lage nämlich oberhalb der Spanischen Treppe mit herrlichem Blick. Gemessen am Preis erscheinen manche der 16 hübschen Zimmer etwas beengt, was die romantische Atmosphäre des Hauses jedoch wettmacht. Dazu gehört auch eine kleine Dachterrasse, auf der Sie sommers das Frühstück einnehmen. All dies macht das Hotel sehr beliebt – unbedingt rechtzeitig reservieren.

216 A4
Piazza Trinità dei Monti 17
06 45 68 61 50
www.hotelscalinata.com

Sofitel Villa Borghese €€€

Opulenter können Sie nicht logieren in Rom als in diesem traumhaft gelegenen Luxushotel im Park auf dem Monte Pincio oberhalb der Piazza di Spagna. Von den höchst komfortablen 104 Zimmern und vier Suiten haben Sie teils Blick auf die Dächer der Stadt und speisen auf den Spuren eines Genies: Im Frühstücksraum (einem ehemaligen Stall) nächtigte einst der Maler Caravaggio.

216 A5
Via Lombardia 47
06 47 80 21
https://all.arcor.com

SuiteDreams €

Ein stylishes Hotel nahe Santa Maria degli Angeli und der Metrostation Repubblica, das komfortable Unterkunft zu (für Rom) erstaunlich günstigem Preis bietet. Wände in strahlendem Weiß mit markanten schwarzen Buchstaben und Bilderschmuck leuchten über spiegelndem Parkett. Die nicht allzu großen, aber bequem eingerichteten Zimmer sind hell und funktional. Hinzu kommen exzellent ausgestattete Bäder. Das Frühstück ist nur bei Direktbuchung über die Website des Hotels im Zimmerpreis enthalten; es gibt aber umliegend genügend Cafés, in denen Sie frühstücken können.

216 B4
Via Modena 5
06 48 91 39 07
www.suitedreams.it

Teatro di Pompeo €–€€

An dem ruhigen kleinen Platz unweit des viel frequentierten Campo de' Fiori schlafen Sie buchstäblich auf den Ruinen des antiken Roms, genauer gesagt: des im 1. Jh. erbauten Pompeius-Theaters. Reste der alten Mauern sind noch sichtbar, etwa im Gewölbe des Frühstücksraums. Von den 13 Gastzimmern sind die unter dem Dach (mit Holzdecken und Terrakotta-Boden) besonders gemütlich.

215 D2
Largo del Pallaro 8
06 68 30 01 70
bei Buchungsportalen

Wohin zum … Essen und Trinken?

Preise für ein Essen (ohne Getränke):

€	unter 30 Euro
€€	30 bis 60 Euro
€€€	über 60 Euro

Babington's €–€€

Gediegener alter Tea-Room nahe der Piazza di Spagna, gegründet von zwei britischen Ladies Ende des 19. Jhs., wo Sie – zu stattlichen Preisen – mit erlesenen Tees, köstlichem Gebäck und kleinen Gerichten verwöhnt werden.

215 E4 Piazza di Spagna 23
06 6 78 60 27
www.babingtons.com
tgl. außer Di 12–21 Uhr

La Canonica €€

Nur wenige Schritte von der pittoresken Piazza Santa Maria di Trastevere entfernt kann man sich in einer kleinen umgenutzten Kirche typisch römische Gerichte schmecken lassen – urgemütlich unter dem Tonnengewölbe.

215 D1 Vicolo del Piede 13/A
06 580 38 45
www.lacanonicaristorante.it
mittags und abends

Il Convivio Troiani €€€

Qualität hat ihren Preis – aber hier speisen Sie wirklich hervorragend und in einer höchst angenehmen Atmosphäre. Mit saisonal wechselnden Akzenten interpretiert der Chef traditionelle römische Küche in kreativer Weise neu, etwa mit gefüllten Zucchini-Blüten, Shrimps-Spargel-Risotto, Lammbraten. Verschiedene Degustationsmenüs.

215 D3 Vicolo dei Soldati 31
06 6 86 94 32 www.ilconviviotroiani.com
Mo–Sa 19.30–23 Uhr, So. geschl.

Trattoria Da Enzo €€

Im beliebten Viertel Trastevere ist dieses Lokal ein Klassiker. Die Küche weiß, wie sie die einfachen, typisch römischen Rezepte zu Delikatessen macht – mit besten Zutaten!

Probieren Sie unbedingt *Pasta Cacio e Pepe* – Nudeln mit Käse und Pfeffer.
✈ 215 E1 ✉ Via dei Vascellari 29
☎ 06 581 22 60 🌐 www.daenzoal29.com
🕐 Mo–Sa mittags und abends, So geschl.

Margutta RistorArte €–€€
Schon seit 1979 existiert dieses vegetarische Restaurant. In stilvollem Ambiente genießen Sie hier einfallsreich zubereitete biologische Kost; auch Wein, Bier und Erfrischungsgetränke stammen aus entsprechenden Quellen. Zum Mittagessen gibt es Test-Menüs in Häppchenform. Tee und Snacks gibt es in der Bar.
✈ 215 E5 ✉ Via Margutta 118
☎ 06 32 65 05 77 🌐 https://ilmargutta.bio
🕐 tgl. 12.30–15.30 und 19.30–23 Uhr

Il Mozzicone €€
Bei einem Vatikanbesuch bieten sich die Lokale entlang der quirligen Fußgängermeile Borgo Pio für eine kulinarische Pause an. Im »Mozzicone« sind Sie auch willkommen, wenn Sie nur eine Kleinigkeit verzehren möchten – sehr zu empfehlen sind hier die gemischten Antipasti.
✈ 214 B–C4 ✉ Borgo Pio 180 ☎ 06 6 86 15 00
🕐 Mo–Sa 12–16 und 18.30–23 Uhr, So geschl.

Nonna Betta – Cucina Kosher €
Viel Stammkundschaft belebt das nach der Großmutter des Inhabers benannte koschere Restaurant im Herzen des alten jüdischen Ghettos. Traditionell gibt es hier superfrischen Fisch und Meeresfrüchte, leckere Pasta- oder vegetarische Gerichte. Tipp: »Jüdische Artischocken« – *Carciofo alla Giudia.*
✈ 215 E2 ✉ Via del Portico d'Ottavia 16
☎ 06 68 80 62 63 🌐 www.nonnabetta.it
🕐 tgl. außer Di 12–15 und 18.30–22 Uhr

Osteria delle Copelle €€
Nur ein paar Schritte vom Pantheon entfernt liegt die ruhige Piazza delle Copelle, wo Sie in einer bei den Einheimischen sehr beliebten altrömischen Osteria ausgezeichnet speisen können – bei schönem Wetter auch draußen an kleinen Tischen, die etwas wackelig auf dem Pflaster stehen. Für einen Absacker empfiehlt sich die separate Bar, die Sie durch einen als Schrank getarnten Eingang erreichen.
✈ 215 D3 ✉ Piazza delle Copelle 54–56
☎ 06 45 50 28 26
🌐 https://osteriadellecoppelle.com
🕐 tgl. 12.30–2 Uhr

Otello alla Concordia €€
Wer sommers im Innenhof des hübschen Restaurants einen Tisch ergattern will, muss beizeiten reservieren – oder drinnen in der gemütlichen Gaststube unter der prächtigen alten Holzdecke speisen. Hier wird klassische römische Küche serviert wie *spaghetti all'Otello* mit Tomaten und Basilikum.
✈ 215 E4 ✉ Via della Croce 81
☎ 06 6 79 11 78
🌐 https://otelloallaconcordia.it
🕐 tgl. 11–23 Uhr

Rinaldi al Quirinale €€€
Ein Stern am kulinarischen Himmel der Stadt ist diese Trattoria der gehobenen Art mit mehreren geschmackvoll eingerichteten Räumen und einer schönen Terrasse. Neben Küchenklassikern serviert es auch Ausgefalleneres wie *Risotto con pavola affumicata, pistacchi e noci* (Risotto mit Rauchkäse, Pistazien und Walnüssen).
✈ 216 B3 ✉ Via Parma 11a
☎ 06 47 82 51 71
🌐 www.rinaldialquirinale.it
🕐 tgl. 12–15 und 17.30–23 Uhr

Romanè €
Nur einen Katzensprung vom Vatikan entfernt – im 2021 eröffneten Restaurant von Stefano Callegari (unter römischen Feinschmeckern ein bekannter Name) dreht sich alles um Klassiker der römischen Küche – und die kommen hier authentisch und köstlich auf den Tisch – wie einst bei Oma am Sonntag.
✈ 214 westl. A4 ✉ Via Cipro 106
☎ 340 784 52 81 🌐 www.facebook.com/romaneviacipro106/menu/
🕐 tgl. 12–15 und 17.30–23 Uhr

La Rosetta €€€
Roms beste Adresse für feinen Fisch, zentral gelegen am Pantheon und nahe dem

Parlament, weshalb zur Kundschaft viele Politiker zählen. Ausgezeichnetes Essen und ebensolcher Wein zu entsprechenden Preisen in elegantem Ambiente und dementsprechendem Dresscode. Unbedingt reservieren.
215 E3 Via della Rosetta 8
06 6 86 10 02 www.larosetta.com
Di–So 12–22.30 Uhr

Taverna Angelica €€
Auf der Südseite einer winzigen Piazza, gewissermaßen im Schatten von St. Peter, im Herzen des alten Borgo, finden Sie dieses vom Ambiente her schlichte, lukullisch innovative Lokal. Fischgerichte sind die Spezialität des Hauses, und so stehen etwa Fettuccine mit Venusmuscheln, Steinpilzen und Rucola-Pesto oder Steinbutt mit Auberginen und Garnelen auf der Karte. Gute Weinauswahl, auch offene Tropfen werden serviert. Auf jeden Fall reservieren.
214 B4 Piazza Amerigo Capponi 6
06 6 87 45 14 https://tavernaangelica.it
Di–So 19.30–23, Fr–So auch 12.30–15.30 Uhr

Wohin zum … Einkaufen?

Hinsichtlich attraktiver Einkaufsmöglichkeiten spielt die Ewige Stadt nicht in derselben Liga wie London, Paris oder New York und steht selbst in Italien nur an zweiter Stelle hinter Mailand. Viele Designerläden gibt es aber allemal (und hochkarätige Maßschneidereien rings um die Piazza di Spagna), dazu zahllose Spezialgeschäfte und eine ganze Reihe interessanter Märkte. Im August schließen viele Läden für zwei Wochen.

Die dichteste Konzentration an Geschäften für **Mode, Accessoires und Luxusartikel** finden Sie im Umkreis der Via dei Condotti (Roms Pendant zur Londoner Bond Street oder der New Yorker Fifth Avenue), wo Gucci (Nr. 8), Max Mara (Nr. 17), Armani (Nr. 77) und Prada (Nr. 89) vertreten sind. Wer nicht ganz so viel Geld ausgeben möchte für Kleidung und Schuhe, sollte sich umsehen auf der – samstags stets übervollen – Via del Corso sowie der Via del Tritone und der Via Nazionale. Reichlich Auswahl gibt es an Lederwaren, Antiquitäten, Delikatessen, Luxusartikeln und Wein.

Viele Sträßchen stehen ganz im Zeichen eines Geschäftszweigs: So säumen **Antiquitätenläden und Kunstgalerien** die Via dei Coronari, Via Giulia, Via del Babuino, Via di Monserrato und Via Margutta, Papeterien und Korbflechter die Via Monterone.

Auf der Via dei Cestari kann man **religiöse Devotionalien** erstehen, während auf der Via del Governo Vecchio und der Via dei Banchi Nuovi **Trödler, Juweliere und Kunsthandwerker** das Bild beherrschen – ähnlich wie in Trastevere, das allerdings kein typisches Einkaufsviertel ist.

Größere **Kaufhäuser** gibt es nur zwei in der Innenstadt. Das empfehlenswertere ist das Rinascente in der Via del Tritone (Nr. 61 – einen zweiten Eingang gibt es in der Via Dei Due Macelli 23) und der Via del Corso. Neben Konfektion höherer Qualität, Accessoires und Lingerie hat es auch Haushaltswaren und Modeartikel im Sortiment.

Unter den schönen **Märkten** der Stadt ist der malerische Campo de' Fiori der bekannteste und touristischste. Authentischer sind Wochenmärkte außerhalb der historischen Altstadt oder auch der Mercato dell' Unità, eine Markthalle aus den 1920er-Jahren, in der man Lebensmittel und Haushaltswaren bekommt. Berühmt ist zudem der sonntägliche Flohmarkt an der Porta Portese, südwestlich des Zentrums in Trastevere – angeblich Europas größter, mit rund 4000 Ständen, an denen alles verhökert wird vom alten Stuhl bis hin zu Bio-Lebensmitteln (keine Kreditkarten).

Lebensmittel erwerben Sie am besten in den allgegenwärtigen Alimentari-Lädchen, wo Sie von Olivenöl und Pasta bis zu Drogerieartikeln so gut wie alles bekommen, oft auch frische Sandwiches *(panini)* von der Delikatessen-Theke.

Das Verkaufspersonal in Rom ist, besonders in Nobelläden, für seine Reserviertheit bekannt – fühlen Sie sich »übersehen«, ignorieren Sie die Betreffenden Ihrerseits oder bitten freundlich um Hilfe: *»Mi può aiutare, per favore?«*

Abendstimmung am Campo de' Fiori

Wohin zum ... Ausgehen?

Auch bezüglich klassischer Konzerte, Oper oder Ballett spielt die italienische Hauptstadt nicht in der ersten Liga, aber Liebhaber von Jazz oder Kirchenmusik kommen hier durchaus auf ihre Kosten; zudem gibt es in Rom gute Clubs und Musikbühnen.

INFORMATION

Über Kulturevents können Sie sich bei den Tourist Informationen erkundigen oder auf den Seiten www.060608.it oder www.oggiroma.it, www.turismoroma.it informieren. Eine empfehlenswerte Informationsquelle auf Englisch ist www.wantedinrome.com/whats-on.

Wer Italienisch spricht, sollte »Trovaroma« zu Rate ziehen (kostenlose Donnerstagsbeilage der Zeitung *La Repubblica*), die täglichen Infoseiten der Zeitung *Il Messaggero* (samt der donnerstags erscheinenden Programmbeilage »Metro«).

EINTRITTSKARTEN

Beim Erwerb von Eintrittskarten kann eventuell die Hotelrezeption behilflich sein – sonst wenden Sie sich an entsprechende Agenturen www.ticketone.it oder www.helloticket.it. Vorverkaufsstellen von Ticket One gibt es an allen Ecken, z. B. am Largo Argentina, in der Buchhandlung Feltrinelli.

NACHTLEBEN

Verbreitet und beliebt sind Discobars – kleiner als Clubs und ähnlich konzipiert. Dazu zählt der etablierte Jazz-Club **Gregory's** (Via Gregoriana 54a, Tel. 351 645 78 88). Zu den besten Jazz-Clubs des Landes gehört ein Lokal mit Berliner Namen: **Alexanderplatz** (Via Ostia 9, www.alexanderplatz.it). Mit Blues und Soul lockt das **Big Mama** in einer der lebhaftesten Straßen von Trastevere (Via San Francesco a Ripa, www.bigmama.it).

Eine besondere Adresse ist das **Auditorium Conciliazione** (www.auditoriumconciliazione.it) wo in erster Linie klassische Konzerte auf dem Programm stehen (Via della Conciliazione 4, Tel. 06 68 43 91).

Für einen gepflegten Cocktail ist die **Stravinskij Bar** im Hotel de Russie (elegantes Outfit erforderlich) eine formidable Adresse (Via del Babuino 9, www.roccofortehotels.com, tgl. 10–24 Uhr).

Im Sommer bleiben viele Clubs geschlossen oder beziehen Ausweichadressen außerhalb der Stadt.

KLASSISCHE MUSIK & THEATER

Eine gute Adresse für Orchester- und Chormusik ist das **Oratorio del Gonfalone** (Via del Gonfalone 32, www.oratoriogonfalone.com). Ganzjährig Opernsaison bietet das **Teatro dell'Opera** (Piazza Beniamino Gigli 7, www.operaroma.it).

Im Sommer gibt es eine Reihe hervorragender **Konzerte** in der Stadt (Programm über die Tourist-Information, www.turismoroma.it), Shakespeare-Enthusiasten treffen sich im **Globe Theatre** (www.globetheatreroma.com) in der Villa Borghese (Vorstellungen meist auf italienisch).

Blick über den Lago Maggiore: Rund 80 Prozent des 212,5 km² großen Sees gehören zu Italien (Piemont und Lombardei), der Rest zur Schweiz (Tessin).

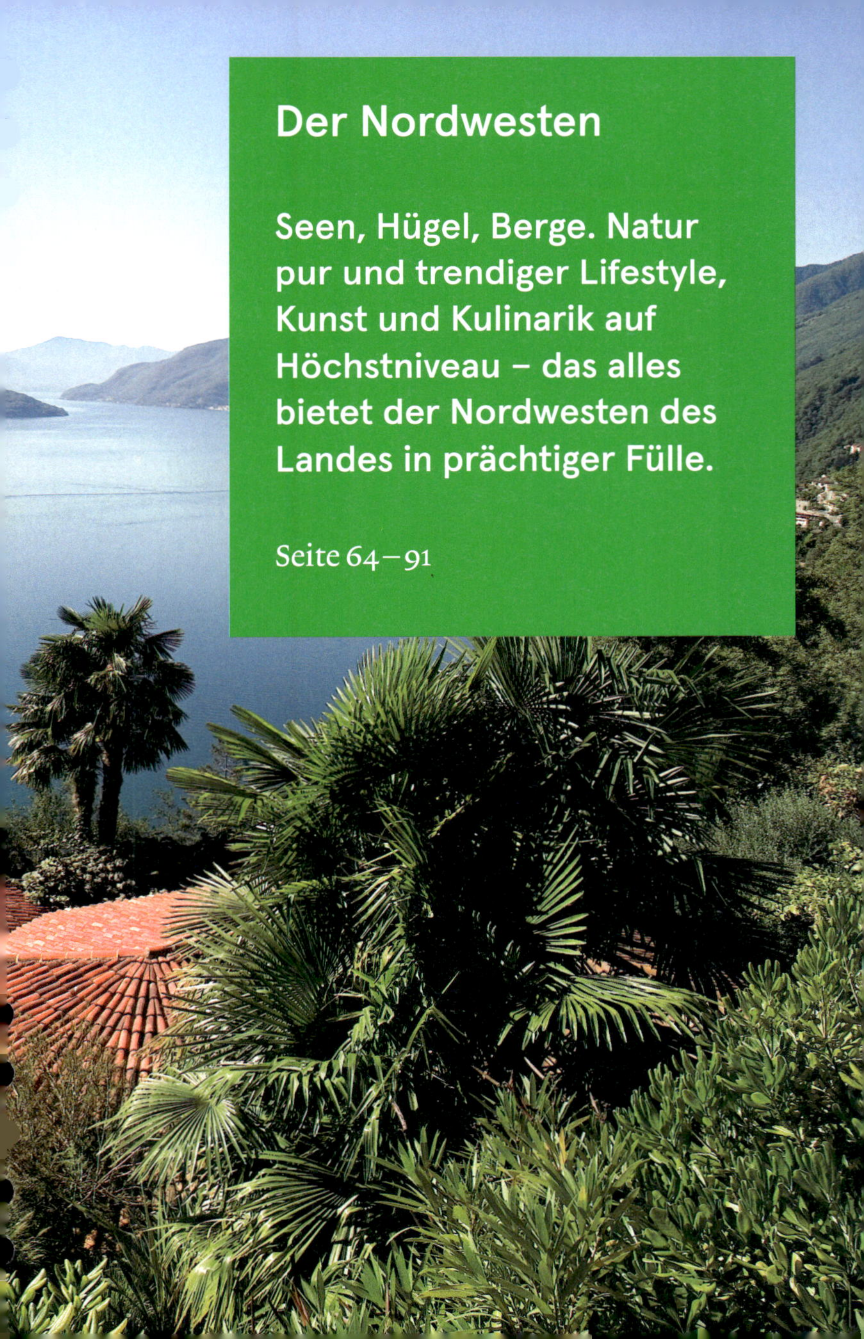

Der Nordwesten

Seen, Hügel, Berge. Natur pur und trendiger Lifestyle, Kunst und Kulinarik auf Höchstniveau – das alles bietet der Nordwesten des Landes in prächtiger Fülle.

Seite 64–91

Erste Orientierung

Eine Region von betörender Vielfalt – neben Hochgebirge und Seen in sanftem Hügelland erstrecken sich hübsche Küstenstreifen, grenzt Wildnis an Kulturlandschaft, durchsetzt mit lebendigen historischen Städtchen. Metropolen und kultivierte Kleinstädte wechseln sich ab mit umwerfend schöner Natur.

Drei bedeutende urbane Schwerpunkte prägen das westliche Oberitalien: die elegante Barockstadt Torino (Turin) im Nordwesten, das reiche, betriebsame Milano (Mailand) im Nordosten und im Süden Genova (Genua) mit Italiens wichtigstem Hafen sowie eindrucksvollen Palästen, Kirchen und Museen. Nördlich von Torino liegt mit dem Parco Nazionale del Gran Paradiso eines der schönsten Naturschutzgebiete des Landes. Südlich von Genova warten mit den Cinque Terre malerische Ortschaften an rebenbewachsenen Steilhängen. Die Oberitalienischen Seen sind seit jeher Besuchermagnete, besonders der Lago di Garda (Gardasee) westlich von Verona. Landschaftliche Schönheit und mondänes Flair bieten der Lago di Como (Comer See), der teils zur Schweiz gehörende Lago Maggiore und die idyllischen Isole Borromee. Als attraktive historische Städte locken Bergamo, nördlich von Milano am Fuß der Alpen gelegen, und Mantova (Mantua), dessen Palazzo Ducale zu den herausragenden architektonischen Meisterwerken dieser schönen Region gehört.

TOP 10

8 ★★ Lago di Como (Comer See)
10 ★★ Parco Nazionale del Gran Paradiso

Nicht verpassen!

29 Milano (Mailand)
30 Mantova (Mantua)

Nach Lust und Laune!

31 Lago Maggiore
32 Bergamo
33 Lago di Garda (Gardasee)
34 Cinque Terre
35 Genova (Genua)
36 Torino (Turin)

Bellinzona
Lago Maggiore
31
Lugano
8
Lago di Como
Edolo
Darfo
Riva
Aosta
Varese
Lecco
Pisogne
Bergamo
32
Lago d'Iseo
10
Parco Nazionale del Gran Paradiso
Monza
Lago di Garda
33
Brescia
29 Milano
Courgné
Novara
Vercelli
Crema
Pavia
36 Torino
Casale
Cremona
Mantova
30
Piacenza
Pinerolo
Alessandria
Novi Ligure
Bóbbio
Cúneo
35
Genova
Rapallo
Chiavari
Pontrémoli
50 km
30 mi
Cinque Terre
34
La Spezia
Golfo di Génova
Ventimíglia

Mein Tag mit Mode und Design

Mailand ist immer einen Schritt voraus: Hier werden neue Looks kreiert, wird luxuriösester Lifestyle in coolen Trend-Locations wie in altehrwürdigen Bars und Cafés zelebriert. Gehen Sie auf Tuchfühlung mit der Kapitale des guten Geschmacks.

9 Uhr: Dem Dom aufs Dach steigen

Der Dom von ㉙ Mailand (S. 78) ist ein bauliches Meisterwerk. Geradezu magisch ist es, auf seiner Dachterrasse (tgl. 9–19 Uhr, 10 €, mit Fahrstuhl 15 €) zu stehen. Dort oben wandeln Sie durch einen Wald aus filigran gearbeiteten Marmorstatuen und Türmchen. Sensationell ist der Blick über die Dächer der Millionenstadt. Bei klarem Himmel reicht er bis zu den Alpen.

10.30 Uhr: Im Goldenen Viereck der Mode

Vieles unter einem Dach, auch etliche der angesagten Modelabels, vereint La Rinascente, das Traditionskaufhaus an der Piazza Duomo. Noch viel schicker wird es nördlich des Doms. Dort liegt das Quadrilatero d'oro, das Goldene Viereck: ein relativ kleines Areal, das aus den Straßen Via Manzoni, Via della Spiga, Via Monte Napoleone und Corso Venezia gebildet wird. Hier sind alle namhaften Designerlabel mit Flagshipstores vertreten und wetteifern darum, wer die extravaganten Kreationen am edelsten und originellsten in Szene setzt. Die Laufkundschaft trägt den »letzten Schrei« am Leibe.

Spazieren Sie auf dem Weg ins Quadrilatero d'oro durch die Galleria Vittorio Emanuele II, die vornehme Einkaufspassage aus dem 19. Jh. Vielleicht haben Sie ja Lust, auf einen Cappuccino in der Traditionsbar Camparino einzukehren?

10.30 Uhr: Im Goldenen Viereck der Mode

Spätestens in der Via Monte Napoleone ist die Kaffeepause ein Muss. Mit der Pasticceria Cova (Nr. 8) findet sich an dieser Adresse seit 1817 eines der stilvollsten Kaffeehäuser der Stadt – und bietet *dolci*, die eine himmlische Versuchung sind.

13 Uhr: Konzeptstores und kreative Küche

Nördlich der Via Monte Napoleone beginnt Brea. Bis heute schwebt ein Hauch von Bohème über diesem Stadtviertel mit seinen vielen kleinen Cafés und preiswerten Restau-

Oben und rechts: Vom Dom in die Galleria Vittoria Emanuele II und ins Bohèmeviertel Brea

rants, Galerien und Ateliers. Eine Institution ist 10 Corso Como: Hinter begrünter Altbaufassade finden sich auf mehreren Ebenen Konzeptstores, die Designer-Schnickschnack verkaufen. Restaurant und Café im kühlen Innenhof sind ideale Oasen für eine entspannte Mittagspause.

15.30 Uhr Hochkarätige Kunst

»Il bacio«, der Kuss, von Francisco Hayez (1859), ist nur eines von Dutzenden Meisterwerken in der Pinacoteca di Brea, einer der bedeutendsten Kunstsammlungen Italiens. Hier lohnt es sich, auf eine spannende Zeitreise durch die Kunstgeschichte zu gehen, die von der Antike bis ins 20. Jh. führt. Gleich nebenan bildet die Accademia Künstler von morgen aus.

18.30 Uhr: Lassen Sie sich verwöhnen

Mailand liebt Mode, Luxus, Körperkult. Wellnessoasen in Designer-Hotels sind genau die richtigen Orte, um dieser Leidenschaft zu frönen. Bulgaris Day Spa (Via Privata Fratelli Gabba 7b, www.bulgarihotels.com), nur ein paar Fußminuten von der Pinakothek in Brea entfernt, zählt zum Feinsten, was Mailand diesbezüglich zu bieten hat.

Gönnen Sie sich eine angenehme Gesichtsbehandlung oder

Am Naviglio Grande: Entlang der Mailand wie ein Netz durchziehenden künstlichen Wasserstraßen entwickelte sich eine lebendige Kneipenszene.

eine entspannende Massage in einem exklusiven Ambiente. Die Badeklamotten sollten Sie schon morgens in die Handtasche gesteckt, den Wunschtermin ein paar Tage im Voraus (Tel. 02 805 805 200 oder online) reserviert haben.

21 Uhr: Abendessen am Kanal

Navigli heißen die Kanäle, die einst die Lebensadern der Stadt waren. Als sich in der zweiten Hälfte 20. Jhs. die Warenströme mehr und mehr auf die Straße verlagerten, verwaiste das Areal an ihren Ufern. Längst aber boomt die Gegend wieder. In den Cafés, Bars und Restaurants mit hübschen Terrassen (Mückenschutz nicht vergessen!) tobt vor allem an Sommerabenden das Leben.

Zu den Evergreens in der quirligen Ausgehgegend gehört das Asso di Fiori (Alzaia Naviglio Grande 54, Mo–Sa 19.30–23 Uhr, €€) Die urgemütliche Osteria wird nun schon in der dritten Generation betrieben. Dem kulinarischen Konzept, vor allem auf die Käsevielfalt des Bel Paese zu setzen, ist man treu geblieben. Wie wäre es mit einer Käsedegustation? Einer hausgemachten Focaccia oder Tagliatelle mit Pilzen und Pecorino? Und auch die Cantina mit mehr als 200 Etiketten macht Weinkennern Freude.

❽ ★★ Lago di Como (Comer See)

Was?	Drittgrößter See Oberitaliens
Warum?	Mildes Klima, mondäne Orte, malerische Bergkulisse
Wann?	Am schönsten zeigt sich die Landschaft im Herbst, dann sind auch die Temperaturen zum Wandern am angenehmsten
Was noch?	Villen, Parks, botanische Gärten
Was bleibt?	Wellness für alle Sinne

Überwältigend schön gelegen ist der von bewaldeten Bergen umgebene Comer See – hier errichteten sich schon in der Renaissance lombardische Adelsgeschlechter ihre Landsitze. Später suchten Persönlichkeiten wie Flaubert, Goethe, Rossini und Stendhal Erbauung, wo heute Film-Prominenz in mondänen Feriendomizilen residiert. Doch auch Normalsterblichen hat der See viel zu bieten.

Rechte Seite: Ein bisschen Luxus ist nie verkehrt. Erst recht nicht, wenn er sich wie hier in Bellagio (unten der Pool des Grand Hotel Villa Serbelloni) mit einer solch herrlichen Lage verbindet – direkt am See, inmitten einer ihrerseits nicht mit Reizen geizenden Natur.

Mit einer Fläche von 146 km² hat der Comer See dank seiner drei lang gestreckten Arme, die an ein auf dem Kopf stehendes »Y« erinnern, die größte Uferlänge der Oberitalienischen Seen. Mit 410 m ist er der tiefste Binnensee Europas. Jeweils rund 25 km lang sind die drei Arme des Sees, die nach Orten benannt wurden: der östliche Lago di Lecco, der westliche Lago di Como sowie der Lago di Colico im Norden. An seinen Ufern gedeihen in mildem mediterranen Klima Palmen und Zitronen. Autofähren verbinden Menaggio, Varenna, Bellagio und Cadenabbia, daneben gibt es Ausflugsschiffe, von denen Sie einen atemberaubenden Blick auf die Umgebung haben – aus Perspektiven, die sich von den Uferstraßen nicht erschließen.

Immobilien wie aus dem Bilderbuch

Como am Westufer hat eine hübsche Altstadt zu bieten und Cafés am Hafen. Sehenswert sind der Dom aus dem 15. Jh., die Kirchen San Fedele und Sant'Abbondio im Stil der lombardischen Romanik sowie der alte Gerichts- und Amtssitz Broletto im spätromanisch-gotischen Stil.

Die nördlich von Como bei Tremezzo gelegene, von einem Mailänder Bankier im 18. Jh. erbaute Villa Carlotta ist

umgeben von einem herrlichen Park mit Orangenbäumen, Kamelien, Azaleen und Rhododendren, noch romantischer wirken die terrassierten Gärten der Villa Balbianello in Lenno (Halbinsel Lavedo).

Auch das hübsche mittelalterliche Bellagio an der Gabelung besitzt prächtige Landhäuser: die Villa Serbelloni (Park für Besucher zugänglich), die Villa Melzi d'Eryl und die Villa Giulia. Der wohl schönste Landsitz aber ist die Villa d'Este (heute Hotel) in Cernobbio, während Sie von Menaggio aus Ausflüge in die Berge unternehmen können. Eine gute Alternative als Standquartier bietet Varenna mit mittelalterlichem Stadtkern und bester Seelage am Ostufer.

KLEINE PAUSE

Cappuccino und süße Kleinigkeiten – am Ostufer des Comer Sees lohnt ein Abstecher in die **Pasticceria Lorla** (Piazza Santa Marta, Bellano, Tel. 03 41 82 13 21, Mo geschl.) mit einem köstlichen Gebäck zu sehr zivilen Preisen.

Unten links: Skulpturenschmuck auf der Terrasse der Villa Balbianello
Rechts: Blick über den Park der Villa Carlotta, die am Ortsende von Tremezzo liegt, auf den See

219 D5

Tourist Information
Via Albertolli/Via Gobetti
031 449 30 68
www.visitcomo.eu

Villa Carlotta
Via Regina 2, Tremezzo
03 4 44 04 05
www.villacarlotta.it
Ende März–Ende Sept. tgl. 9–19.30, Okt.–Anf. Nov. 10–18.30, im Winter geschl. 12 €

Villa d'Este
Via Regina 40, Cernobbio
03 13 48 1 www.villadeste.com
nur für Hotelgäste; Mitte Nov.–Feb. geschl.

Villa Serbelloni
Via Roma 1, Bellagio
03 19 51 55 5
www.villaserbelloni.com
Parkführungen Juni–Anf. Nov. Di–So 11 und 15.30 Uhr, beginnend am Ufficio Promobellagio (Piazza della Chiesa 14, 03 19 50 20 4) 10 €

Sonnenuntergang auf See

Es gibt viele schöne Plätze, um einen Sonnenuntergang über dem Comer See zu erleben. Der schönste von allen ist an Bord eines Bootes – die leichte Brise auf der Haut spüren und dem Abendrot entgegenschippern, herrlich! Einen Bootsführerschein müssen Sie dafür nicht unbedingt haben. Einige Bootsverleiher haben Motorboote mit geringer Leistung in der Flotte. Alternativ dazu können Sie sich für die Abendstunde auch eine Segeljacht mit Skipper mieten.

Boote mit und ohne Skipper vermietet Nautic Planet in Menaggio, www.nauticplanet.com

⑩ ★★ Parco Nazionale del Gran Paradiso

Was?	Nationalpark in den Regionen Aostatal und Piemont
Warum?	Faszinierende Flora und Fauna, tolles Wandergebiet
Wie lange?	Mindestens 2 Tage
Wann?	Juni bis September ist die beste Zeit zum Wandern
Was bleibt?	Macht Outdoor-Fans glücklich

Italiens ältester Nationalpark ist zugleich einer seiner schönsten. Das ehemalige königliche Jagdreservat um den einzigen Viertausender des Landes, den Gran Paradiso, ermöglicht Wanderungen mit herrlichem Panoramablick und Begegnungen mit rarer alpiner Flora und Fauna.

Wandern im Nationalpark: talwärts vom Rifugio Vittorio Emanuele II in den Grajischen Alpen (im Hintergrund der Tresenta-Gipfel)

Im Jahr 1920 übereignete König Vittorio Emanuele III gut 2000 ha seines Jagdreviers dem italienischen Staat – zum Erhalt von Umwelt, Flora und Fauna sowie als Teil des künftigen, heute rund 700 km² großen Nationalparks, der 1922 eröffnet wurde. Dessen reizvolle Landschaftsszenerie – blumenübersäte Bergwiesen, Wasserfälle und Nadelwälder mit Lärchen, Fichten und Tannen unter schneebedeckten Gip-

feln und Gletschern – erstreckt sich über das Valle d'Aosta und Piemont; westlich grenzt es an den französischen Nationalpark Vanoise.

Zur Fauna des geschützten Areals gehört auch der Alpensteinbock.

Bei Steinbock und Schneehuhn

Hier hat vor knapp einem Jahrhundert eine der letzten Populationen des Alpensteinbocks *(Capra ibex)* überlebt: Von den rund 20 000 Exemplaren in ganz Europa finden sich allein am Gran Paradiso inzwischen wieder 4000. Außerdem treffen Sie auf Gämse und Murmeltiere, vor allem auf den Almen am Gran Piano di Noasca. Auf dem Weg von dort zum Nivolet hat man einen schönen Blick ins Valle Orco und erspäht vielleicht Bartgeier, Steinadler, Alpenschneehühner oder Fichtenkreuzschnäbel.

Günstigsten Zugang zum Park haben Sie vom Aostatal aus und vom Norden, wobei Cogne, eine halbe Stunde von Aosta entfernt, sich als Standquartier anbietet. Auf dem Gebiet der Gemeinde liegt auch der botanische Alpengarten Paradisia (Villaggio Cogne Nr. 81, Juni–Anfang Sept., 3 €). Von Valnontey aus führt eine der schönsten Wanderungen zu den Schutzhütten *(rifugi)* Vittorio Sella und Sella Herbetet (Ganztagestour). Valsavarenche, in dem gleichnamigen Tal südlich von Aosta gelegen, ist Ausgangspunkt für Sommerwanderungen. Über die vielfältigen Aktivitäten – vom gemütlichen Trekking über die anspruchsvolle Klettertour bis hin zum Wintersport – informieren die Website des Parks sowie rund ein Dutzend Besucherzentren. Etliche Möglichkeiten, die herrliche Landschaft bei geführten Touren zu erkunden, bieten Guides, die Sie über die Website des Parks kontaktieren und buchen können.

Auch kulinarisch hat die Gegend einiges zu bieten. Probieren Sie die deftigen Gerichte mit Fontina-Käse.

KLEINE PAUSE

Im **Vecchio Ristoro** in Aosta (S. 88) werden Sie exzellent bekocht. Dazu gibt es die besten Weine des Aostatals.

✈ 218 B4

Tourist Information
✉ Via Umberto 1, Noasca
☎ 01 24 90 10 70 🌐 www.pngp.it

㉙ Milano (Mailand)

Was?	Wirtschafts- und Modemetropole im Norden
Warum?	Hier werden Shoppingträume wahr
Wie lange?	Mindestens ein Wochenende
Wann?	Frühling, Herbst und zum Weihnachtseinkauf
Was noch?	Große Stimmen (und Garderobe zum Staunen) in der Scala
Was bleibt?	Italien kann so cool sein

Quirlig, geschäftig, stil- und modebewusst – das ist die 1,4-Mio.-Einwohner-Metropole im italienischen Norden. Mit ihren Luxusboutiquen und Designer-Flagshipstores fühlt sie sich bisweilen als Welthauptstadt des guten Geschmacks. Die weltberühmte Scala macht sie zum Mekka für Opernfans. Darüber hinaus empfiehlt sich Milano mit erstklassiger Gastronomie, hochkarätigen Museen, spektakulärer Architektur und seiner attraktiven Umgebung: Comer See und Lago Maggiore, kunstsinnige Städtchen wie Cremona und Pavia sind alle nur einen Katzensprung entfernt …

Herz der Stadt (s. auch S. 68) ist die Piazza del Duomo, beherrscht von einem der größten Kirchenbauten der Welt: dem bereits im Jahr 1386 begonnenen, aber erst 1965 ganz vollendeten gotischen Dom Santa Maria Nascente. Die gewaltige fünfteilige Marmorfassade des 174 m langen und 68 m breiten Bauwerks kontrastiert mit einem relativ kargen Innenraum, erleuchtet von wunderbaren Buntglasfenstern. Vom Dach können Sie bis zu den Alpen sehen.

Im Teatro della Scala: »Die Musik drückt das aus, was nicht gesagt werden kann und worüber zu schweigen unmöglich ist.« (Victor Hugo)

Gegenüber, auf der Südseite des Platzes, lockt das Museo del Novecento mit vorwiegend italienischer Kunst des 20. Jhs., darunter Werke des Futurismus, das 2010 eröffnet wurde.

Nördlich der Piazza liegt die Galleria Vittorio Emanuele II, im Jahr 1867 geschaffen als erste überdachte Einkaufspassage der Welt: Juwel der Belle Époque und beliebter Treffpunkt der Mailänder, der heute neben

Im Uhrzeigersinn von ganz oben: Das Refektorium des Dominikanerklosters Santa Maria della Grazie birgt da Vincis weltberühmtes »Abendmahl«-Fresko, der Naviglio Grande ist der älteste Kanal der Stadt, und im Castello Sforzesco wird heutzutage die Städtische Kunstsammlung präsentiert.

Nobel-Boutiquen ein Luxushotel und namhafte Gastronomie aufweist, darunter die berühmte Bar Camparino. Durch die Galerie gelangen Sie zur Piazza della Scala mit dem illustren Opernhaus – im prächtigen Teatro alla Scala erlebten viele bekannte italienische Opern ihre Uraufführung.

Die Pinacoteca di Brera, Mailands bedeutendstes Kunstmuseum, vereint einige der spektakulärsten Werke der Kunstgeschichte unter ihrem Dach. Dazu gehört Andrea Mantegnas »Beweinung Christi« (um 1480) mit seiner schonungslos detailgenauen Darstellung des Christuskörpers.

Westlich des Brera-Viertels erhebt sich das trutzige Castello Sforzesco, erbaut im 15. Jh. von der einflussreichen Adelsfamilie Visconti und später von den Sforza erweitert.

In Seccotechnik (auf den bereits trockenen Putz) malte da Vinci das Abendmahl.

Neben einer archäologischen Sammlung beherbergt es erlesene Kunstschätze, darunter Michelangelos unvollendete Skulptur der »Pietà Rondanini« (1564).

Die Herzöge von Sforza initiierten auch den Bau des Dominikanerklosters Santa Maria delle Grazie mit seiner monumentalen Kirche. Die weltberühmte Hauptattraktion hier ist Leonardo da Vincis Fresko »Das letzte Abendmahl« (1498) an der Nordwand des ehemaligen Refektoriums (Einlass: max. 25 Pers. für 15 Min.).

KLEINE PAUSE

Einen Logenplatz für die Kaffeepause ergattern Sie bei **Marchesi 1824** (www.pasticceriamarchesi.com), das im ersten Stock der **Galleria Vittorio Emmanuele II** residiert und Sie mit süßen Kleinigkeiten verwöhnt.

219 D3-4

Tourist Information
Piazza Duomo 14
02 88 45 55 55 www.yesmilano.it

Duomo di Santa Maria Nascente
Piazza del Duomo
02 72 02 33 75
www.duomomilano.it
tgl. 9–19 Uhr
Kombiticket für gesamtes Areal mit Lift zur Dachterrasse 20 €, mit Treppenaufstieg 15 €

Museo del Novecento
Palazzo dell'Arengario, Via Marconi 1
02 88 44 40 61
www.museodelnovecento.org
Di–So 10–19.30 Uhr 5 €

Teatro alla Scala
Via Filodrammatica 2
02 72 003 744
www.teatroallascala.org
Museum der Scala tgl. 9.30–17.30 Uhr Opernkarten on ine

Pinacoteca di Brera
Via Brera 28
02 722 63 203
https://pinacotecabrera.org
Do–Di 10–18 Uhr
15 €

Castello Sforzesco
Piazza Castello
02 88 46 37 00
www.milanocastello.it
Festung tgl. 7–19.30 Uhr, Museen Di–So 10–17.30 Uhr
Festung 5 €, Museen 5 €; 1. und 3. Di des Monats ab 14 Uhr frei und 1. So des Monats frei

Santa Maria delle Grazie
Piazza Santa Maria delle Grazie 2
02 92 80 03 60
Mo–Sa 10–12.20 und 15–17.30 Uhr, So 15.30–17.30 Uhr; Refektorium (Abendmahl) Di–So 8.15–19 Uhr
15 € (zzgl. 2 Euro Vorverkaufsgebühr); buchen unter https://cenacolovinciano.vivaticket.it oder Tel. 02 928 00 360

㉚ Mantova (Mantua)

Was?	Charmantes Städtchen in der Lombardei – Verbannungsort von Julias Romeo
Warum?	Großartige Barock- und Renaissancearchitektur
Wie lange?	Mindestens einen halben Tag
Wann?	Frühling oder Herbst

Die großen Touristenströme haben Mantua bisher noch nicht erreicht. So lässt sich die vom Mincio-Fluss umflossene Altstadt, ein charmantes Barock- und Renaissance-Ensemble aus anmutigen Plätzen, Kirchen und Palazzi, noch ganz entspannt entdecken.

Das Herz der Stadt bildet die lang gestreckte Piazza Sordello, gesäumt vom Dom und vom Gebäudekomplex des Palazzo Ducale (14.–17. Jh.), der überwiegend als Herrschaftssitz der Familie Gonzaga diente. Seine ältesten Teile, Palazzo del Capitano und Magna Domus (Großes Haus), gehen noch auf die Bonacolsi zurück, die Mantua von 1271 bis 1328 regierten. Die barocke Fassade und der Innenraum des Duomo (Cattedrale di San Pietro) wurden im 16. Jh. von Giulio Romano umgestaltet. Durch einen Bogen gelangt man von der Piazza Sordello zur Piazza Broletto mit der hohen Torre Civica und dem Palazzo del Podestà. Die Verlängerung der Piazza Bro-

An eine Insel erinnert die schöne Lage des bereits von den Etruskern gegründeten, von vier Seen umgebenen Mantua.

letto bildet die Piazza delle Erbe, der hübscheste der drei Plätze. Kunstausstellungen zeigt der Palazzo della Ragione aus dem 13. Jh. mit schmuckem Uhrenturm (Torre dell'Orologio). Östlich der Piazza Broletto präsentiert sich das prächtige Teatro Bibiena (eigtl. Teatro Scientifico dell'Accademia) von 1769 als Musterbeispiel effektvollen Theaterdekors.

Ein Meisterwerk lombardischer Renaissance ist die Basilica di Sant'Andrea von Leon Battista Alberti (1404–72) mit der Grabkapelle Andrea Mantegnas (1. Kapelle links).

Im Sommer einfach mal weg

In der einst strategisch bedeutenden Stadt erinnert noch vieles an die Herrschaft der mächtigen Adelsfamilie Gonzaga.

Inspiriert zum Bau des äußerlich schlichten, von Giulio Romano opulent ausgestalteten Palazzo Te wurde Federico II Gonzaga durch seine langjährige Geliebte Isabella Boschetti. Der kunstliebende Herzog ließ seinen Sommerpalast 1525 bis 1535 auf der Insel Te erbauen. Bis zur Trockenlegung des Sees im 18. Jh. war die Insel nur über eine Brücke erreichbar. Die Fresken zeigen lebensgroße Pferde (Sala dei Cavalli) neben einem Bankett Amors und Psyches (Sala di Psiche), in der Sala dei Giganti den Triumph des Zeus/Jupiter über die Titanen.

KLEINE PAUSE

An der **Piazza Sordello** drängen sich *gelaterie*, Cafés und Restaurants.

220 B2

Tourist Information
Piazza Mantegna 6; Piazza Cavalotti 10
www.mantovatourism.it
Mantova Card (3 Tage gültig, 20 €); freier Eintritt zu wichtigsten Museen und Nutzung des Nahverkehrs

Palazzo Ducale
Piazza Sordello 40
www.ducalemantova.org
Di–So 8.15–19.15 Uhr 15 €

Duomo (Cattedrale di San Pietro)
Piazza Sordello
tgl. 7–12 und 15–19 Uhr frei

Torre dell'Orologio e Museo del Tempo
Piazza Concordia 19
Di–Fr 10–13, 15–18, Sa/So 10–18 Uhr
3 €

Basilica di Sant'Andrea
Piazza Mantegna https://parrocchiasantanselmomantova.it
tgl. 8–12 und 15–19 Uhr
Basilika: frei, Krypta: 1 €

Teatro Bibiena (Teatro Scientifico dell'Accademia)
Via dell'Accademia 47
03 76 32 76 53
Di–Fr 10–13, 15–18, Sa/So 10–18 Uhr
2 €

Museo Civico di Palazzo Te
Viale Tè 13
03 76 32 32 66 www.palazzote.it
Mo 13–18.30, Di–So 9–18.30 Uhr
15 €, Mo frei

Nach Lust und Laune!

31 Lago Maggiore

Der lange, schmale Lago Maggiore vereint Naturschönheit mit den Reizen einer alten Kulturlandschaft: An seinen Ufern reihen sich schmucke Villen, Hotels und Parkanlagen. Als Juwelen des Sees locken vor spektakulärer Bergkulisse die fünf Isole Borromee.

Die vor Stresa gelegene Isola Bella wurde im 17. Jh. durch einen großzügigen Palast mit terrassiertem Park in ein barockes Kleinod verwandelt, in Auftrag gegeben von Conte Carlo III Borromeo zu Ehren seiner Gattin Isabella d'Adda.

Auf der Isola dei Pescatori (auch Isola Superiore) geht man noch dem Fischfang nach und auf der größten, Verbania vorgelagerten Insel Isola Madre steht ebenfalls eine Villa der Borromeo.

Am Ufer des Sees stehen teils mondäne alte Nobelkurorte: Stresa mit seinen Belle-Époque-Villen, Arona mit der Kolossalstatue von San Carlo Borromeo (1538–84) oder Pallanza mit der Villa Taranto und einem sehenswerten botanischen Garten. Gegenüber von Stresa liegt am Ostufer in traumhafter Lage das Kloster Santa Caterina del Sasso.

Malerisch an die Felsen geschmiegt präsentieren sich die Orte Baveno und Angera. Einen Abstecher lohnt der benachbarte kleine Lago d'Orta mit dem malerischen Uferstädtchen Orta San Giulio und der gegenüberliegenden Insel mit einer eindrucksvollen romanischen Basilika.

Santa Caterina del Sasso am Lago Maggiore

219 D5 www.derlagomaggiore.de

32 Bergamo

Eine Stunde Zugfahrt von Milano entfernt thront das von Etruskern gegründete Bergamo auf einem Hügel mit seiner in Mittelalter und Renaissance entstandenen Oberstadt (*città alta*). Schon von Weitem erblicken Sie deren markante Türme und die massive Stadtbefestigung. Von der moderneren Unterstadt (*città bassa*) gelangen Sie mit einer Standseilbahn hinauf zur Oberstadt.

Das Herz der unter Denkmalschutz stehenden Altstadt ist die Piazza Vecchia mit Vicenzo Scamozzis marmorverkleideter Biblioteca Civica von 1594 und dem Palazzo della Ragione (12. Jh.), dessen Arkaden hinüberführen zur Piazza del Duomo. Der Dom wirkt bescheiden gegen die opulente Renaissance-Fassade der benachbarten Basilica di

Unterwegs zur Punta di San Vigilio am Gardasee

Santa Maria Maggiore und die angrenzende Cappella Colleoni als Meisterwerk lombardischer Renaissance. Über die Via Colleoni (oder mit der zweiten Standseilbahn San Vigilio) kommen Sie zur Rocca (Kastell), erbaut von Venezianern zum Schutz der Stadt und heute Heimstatt des Museo di Scienze Naturali und des Museo Civico Archeologico.

Sehenswert in der Unterstadt sind die Gemäldegalerie der Accademia Carrara sowie das Teatro Donizetti, benannt nach dem Komponisten Domenico Gaetano Donizetti aus Bergamo (1798–1848).

219 E4
www.visitbergamo.net

Basilica di Santa Maria Maggiore
Piazza Duomo
Mo–Fr 9–12.30 und 14.30–18, Sa/So 9–18 Uhr frei

Accademia Carrara
Piazza Giacomo Carrara 82
035 23 43 96
www.lacarrara.it
Mo, Mi/Do 9.30–17.30, Di bis 13, Fr–So bis 18.30 Uhr 15 €

33 Lago di Garda (Gardasee)

Schon die Römer zog es an Italiens größten See mit seinem milden Klima. Im 19. Jh. schossen Villen und Ferienorte aus dem Boden, um den Andrang betuchter Besucher zu bewältigen.

Schön ist der Thermalkurort Sirmione mit seiner mächtigen Scaliger-Burg und der Grotte di Catullo, wichtigster Hafen Desenzano mit hübsch angelegter Promenade, seit jeher bei Künstlern beliebt ist das malerische Malcesine. Von dort führt eine Seilbahn auf das 2000 m hohe Monte Baldo-Massiv. Salò lohnt sich wegen seiner gotischen

Kathedrale und der pastellfarbenen Häuser; Riva del Garda im Norden ist Treffpunkt der Windsurfer, aus Bardolino kommen namhafte Weine. Verona und Brescia sind die nächstgelegenen größeren Städte. Historisch gesehen hat besonders Garda starke Bezüge zu Venedig, wovon der Palazzo dei Capitani und die Villa Albertini zeugen.

219 F4
www.visitgarda.com

34 Cinque Terre

Ein Besuchermagnet an der Steilküste der ligurischen Levante sind die »Fünf Länder« (ital. *cinque terre*), benannt nach den hiesigen Fischerorten. Der größte ist Monterosso, der attraktivste wohl Vernazza mit seinem Gewirr von Gässchen. Von hier ist es nicht weit zum Flecken Corniglia hoch auf dem Felsen. In Manarola führen steile Sträßchen hinab zum Wasser sowie am Fels entlang ein Via dell'Amore genannter Pfad nach Riomaggiore. Unten durch den Eisenbahntunnel verläuft ein Fußweg, der beide Ortsteile verbindet. Mit der Bahn ist man auch schnell im nahen La Spezia.

219 E1
www.incinqueterre.com, www.parconazionale5terre.it
www.navigazionegolfodeipoeti.it

35 Genova (Genua)

Die weltoffene Hauptstadt Liguriens, wo um 1451 Christoph Kolumbus geboren wurde, ist ein bedeutendes Industriezentrum und Italiens größter Hafen. Im Mittelalter war Genua eine bedeutende Seemacht, was der Stadt großen Wohlstand be-

Malerisches UNESCO-Welterbe: Manarola (Cinque Terre) an der ligurischen Steilküste

scherte – davon zeugt neben der mächtigen Cattedrale di San Lorenzo auch die weitläufige Piazza de Ferrari als stolzes Zentrum: Besonders eindrucksvoll ist hier der Palazzo Ducale, einstmals der Sitz der hiesigen Dogen. Schönstes Kunstmuseum ist der Palazzo Reale, das kunsthistorisch wichtigste die Galleria Nazionale im Palazzo Spinola.

219 D2 www.visitgenoa.it

Cattedrale di San Lorenzo
Piazza San Lorenzo
www.chiesadigenova.it
Mo–Sa 9–12 und 15–18 Uhr
Museo del Tesoro 6 €

Galleria Nazionale
Piazza Pellicceria 1
https://palazzospinola.cultura.gov.it
Mi–Sa 9–19 Uhr 10 €

Palazzo Reale
Via Balbi 10
www.museidigenova.it
Mi–Sa 9–19 Uhr; 1. So im Monat 13.30–19 Uhr 10 € (1. So/Monat frei)

36 Torino (Turin)

Die Hauptstadt des Piemont, eine der schönsten Städte Norditaliens, ist durch FIAT und Lancia ein Begriff, aber auch ein kulturelles Zentrum von Rang. Das Museo Egizio im barocken Palazzo dell'Accademia delle Scienze beherbergt die bedeutendste Sammlung ägyptischer Altertümer nach den Kairoer Museen, der Palazzo Reale die Galleria Sabauda mit einer hochkarätigen Gemäldesammlung sowie die königliche Bibliothek und andere Museen.

Im Palazzo Carignano wurde im Jahr 1820 Vittorio Emanuele II von Savoyen- Piemont geboren, der 1861 bis 1878 als Italiens erster König herrschte. An Turins führende Rolle bei der Einigung des Landes erinnert dort das Museo Nazionale del Risorgimento.

Im Stadtpalast des Hauses Savoyen (Palazzo Madama) residiert die Galleria Civica d'Arte Moderna e Contemporanea mit Werken von Canova bis Warhol.

Ursprünglich als Synagoge geplant war die im Jahr 1889 vollendete Mole Antonelliana: Wahrzeichen Turins und mit 167 m Höhe lange Zeit eines der höchsten Bauwerke der Welt. Heute residiert hier das Museo Nazionale del Cinema.

218 B3
www.turismotorino.org

Museo Egizio
Via Accademia delle Scienze 6
www.museoegizio.it
Di–So 9–18.30 Uhr
13 €

Musei Reali
Piazetta Reale 1
www.museireali.beniculturali.it
Di–So 9–19 Uhr 15 €

Museo Nazionale del Risorgimento
Via Accademia delle Scienze 5
www.museorisorgimentotorino.it
Di–So 10–18 Uhr 10 €

Galleria Civica d'Arte Moderna e Contemporanea (GAM)
Via Magenta 31
www.gamtorino.it
Di–So 10–18 Uhr
10 € (1. Di im Monat frei)

Wohin zum ... Übernachten?

Preise für ein Doppelzimmer pro Nacht:

€ unter 200 Euro
€€ 200 bis 350 Euro
€€€ über 350 Euro

AOSTA (GRAN PARADISO)

Albergo Milleluci €€
Großes Hotel im Chalet-Stil, nahe dem Parco Nazionale del Gran Paradiso oberhalb von Aosta gelegen. Pool, Dampfbad und Sauna. Ganzjährig geöffnet.
218 B4 Loc. Porossan Roppoz 15
01 65 23 52 78 www.hotelmilleluci.com

BELLAGIO (LAGO DI COMO)

Hotel Du Lac €€
Traditionsreiches Haus, behaglich-plüschige Zimmer mit guter, zeitgemäßer Ausstattung; manche haben einen traumhaften Seeblick.
219 D4 Piazza Mazzini 32 031 95 03 20
www.bellagiohoteldulac.com

BERGAMO

Angolo del Poeta €
Geräumige Zimmer, Suiten und Appartements in einem historischen Gebäude in der Unterstadt von Bergamo, einfaches B&B.
219 E4 Via Borgo Palazzo 39
035 23 76 31

CERNOBBIO (LAGO DI COMO)

Hotel Miralago €€€
Historische Patina, in hervorragender Lage direkt am See, sehr freundlicher Service.
219 D4 Piazza Risorgimento
031 51 01 25 www.hotelmiralago.it

COMO (LAGO DI COMO)

Albergo Firenze €
Kleines modernes Hotel in der Altstadt (zwei Minuten vom See) mit leicht kosmopolitischem Flair und freundlichem Service.
219 D4 Piazza Volta 16
03 1 30 03 33 www.hotelfirenzecomo.it

GENUA (GENOVA)

NH Marina €
Malerisch im historischen, von Renzo Piano stilvoll umgestalteten Hafen liegt Genuas luxuriösestes Hotel (140 Zimmer, 7 Suiten) – eine Symphonie von Holz, Stahl und Glas. Die wichtigsten Sehenswürdigkeiten sind nur wenige Gehminuten entfernt. Holztribüne mit Hafenblick, wo bei schönem Wetter Frühstück und Abendessen serviert werden. Moderne Zimmer mit allem erwartbarem Komfort (Satelliten-TV, WLAN).
219 D2 Molo Ponte Calvi 5, Porto Antico
01 02 53 91 www.nh-hotels.com

LEVANTO (CINQUE TERRE)

Villa Margherita €
Schön renovierte Villa von 1906 (ohne Lift) mit lauschigem Park und Badebucht in Levanto nördlich der Cinque Terre. Geräumige, hohe Zimmer mit Fliesenböden, ansprechend eingerichtet mit bequemen Betten und hübschen Bädern, manche mit Balkon oder Patio.
219 E1 Via Trento e Trieste 31
01 87 80 72 12 www.villamargherita.net

MAILAND (MILANO)

Antica Locanda Leonardo €€
Zentral gelegenes Drei-Sterne-Haus mit 16 Zimmern, in einem Bau aus dem 19. Jh. nahe der Kirche Santa Maria delle Grazie. Hübsch eingerichtete Zimmer, manche mit Blick in den reizenden Innenhof.
219 D4 Corso Magenta 78
02 48 01 41 97
www.anticalocandaleonardo.com
Aug. und Jan. zeitweise geschl.

Carlyle Brera Hotel €€
Vier-Sterne-Haus in zentraler Lage. Stil: Moderne Leichtigkeit, viele Details wurden von Künstlern gestaltet.
219 D4 Corso Garibaldi 84
02 29 00 38 88 https://hotelcarlyle.com

Room Mate Giulia €€–€€€
Behagliches Hotel in bester Lage, durchgestylt und auf Vintage getrimmt, mit einer extra langen Frühstückszeit.
✈ 219 D4 ✉ Via Silvio Pellico 4
☎ 02 80 88 89 00
🌐 https://room-matehotels.com

MANTUA (MANTOVA)

Hotel Casa Poli €
Schlichtes, modernes Hotel im Herzen von Mantua, ideal als Basis zur Erkundung der Stadt. Frühstück ist im Zimmerpreis inbegriffen, und im Patio gibt es eine gemütliche Bar für den Abenddrink.
✈ 220 B2 ✉ Corso Garibaldi 32
☎ 03 76 28 81 70 🌐 www.hotelcasapoli.it

TURIN (TORINO)

Starhotel Majestic €–€€
Modernes Haus der internationalen Hotelkette, nahe dem Hauptbahnhof Porta Nuova und der Altstadt gelegen, mit Fitnessraum, Babysitting-Angebot, Buchungsservice für Air-and-Rail-Tickets sowie internationalen Zeitungen. Erstklassiges, ebenso zeitgemäßes Restaurant und Bar im Haus.
✈ 218 B3 ✉ Corse Vittorio Emanuele II 54
☎ 01 15 53 91 53 🌐 www.starhotels.com

Victoria €€
Drei-Sterne-Hotel in Altstadtnähe mit dem Flair eines Privathauses, geschmackvoll möbliert mit Antiquitäten, floralen Stoffen und Kuschelsofas. Beheizter Pool und Spa (Sauna, Hamam). Zu Fuß erreichbar sind Theater, Läden und einige der besten Restaurants der Stadt.
✈ 218 B3 ✉ Via Nino Costa 4 ☎ 01 15 61 19 09
🌐 www.hotelvictoria-torino.com

VERBANIA (LAGO MAGGIORE)

Hotel Ancora €
Sympathisches Vier-Sterne-Hotel in bester Uferlage, direkt gegenüber des Anlegers Hinter der historischen Fassade finden sich schick modernisierte Zimmer – viele davon mit Seeblick.
✈ 219 D4 ✉ Corso Mameli 65
☎ 03 23 539 51 🌐 www.hotelancora.it

Wohin zum … Essen und Trinken?

Preise für Vor- und Hauptspeise ohne Getränke:

€	unter 30 Euro
€€	30 bis 60 Euro
€€€	über 60 Euro

AOSTA (GRAN PARADISO)

Vecchio Ristoro €€–€€€
Kleine Trattoria mit kreativer regionaler Küche (gebackene Zucchiniblüten, frische Wildpilze, Wildkaninchen …).
✈ 218 B4 ✉ Via Tourneuve 4
☎ 01 65 33 23 38
🌐 https://ristorantevecchioristoro.it
🕐 Di–Sa 12.30–15 und 19.30–22 Uhr

BERGAMO

La Columbina €
Mitten in der malerischen Oberstadt, gleich neben dem Geburtshaus des Komponisten Donizetti, findet sich diese historische Trattoria. Hier gibt es typische bergamasker Küche, die man idealerweise auf der traumhaft schönen Terrasse genießt.
✈ 219 E4 ✉ Via Borgo Canale 12
☎ 035 26 14 02
🌐 www.trattorialacolombina.it
🕐 Di–So 12–14 und 19.30–22 Uhr

GENUA (GENOVA)

Vivarelli €€
Wenn es um Fisch und Meeresfrüchte geht, gehört das elegant-behagliche Restaurant zu den besten Adressen der Stadt. Auch die Desserts (herrlich die *millefoglie*!) sind ein Gaumenschmaus.
✈ 219 D2
✉ Via Francesco Pozzo 50r
☎ 01 03 62 93 92
🕐 Di–Sa 12.30–15 und 20–24 Uhr, So nur mittags, Mo geschl.

MAILAND (MILANO)

Cantina della Vetra €€

Unprätenziöses Restaurant mit typisch italienischer Küche auf Spitzenniveau und frischesten Zutaten: von den *antipasti* bis zu den *dolci*; eine Auswahl offener Weine kann man gleich hinter der Glastüre probieren.
✈ 219 D4 ✉ Via Pio IV 3, Ecke Piazza Vetra
☎ 02 89 40 38 43 🌐 www.cantinadellavetra.it
⏲ tgl. 12–24 Uhr; 2 Wochen im Aug. geschl.

Da Gaspare €€€

Bestes Fischrestaurant der Stadt, mit erfreulich zivilen Preisen. Klein, laut und voll mit Stammgästen, die sich an (marktabhängig) täglich wechselnden Gerichten delektieren. *Antipasto misto* bietet gegrillte Calamari, Schellfisch in Öl und Tintenfisch. Empfehlenswert als Hauptgerichte sind zum Beispiel das Lachs-Carpaccio oder der Schwertfisch vom Grill.
✈ 219 D4 ✉ Via Carlo Ravizza 19
☎ 02 48 00 64 09
🌐 www.ristorantedagaspare.com
⏲ Di–So 12.30–14 und 19.30–23 Uhr, Mo nur abends

Innocenti Evasioni €€

Lokal mit schönem Garten, wo zwei Weltenbummler am Herd stehen und »unschuldige kleine Fluchten« auftischen: italienische Kost mit asiatischen Einflüssen, subtil abgeschmeckt und so appetitlich wie ansehnlich angerichtet.
✈ 219 D4 ✉ Via Priv della Bindellina
☎ 02 33 00 18 82
🌐 http://innocentievasioni.com
⏲ Mo–Sa 20–23 Uhr, So geschl.

Il Luogo di Aimo e Nadia €€€

Mit zwei Michelin-Sternen geadelte Gourmetküche. In dem Traditionslokal führen heute die beiden Spitzenköche Alessandro Negrini und Fabio Pisani Regie. Ihre zeitgemäße Gourmetküche setzt auf erstklassige Produkte aus allen italienischen Regionen – z. B. Zackenbarsch aus dem Ligurischen Meer, Pasta aus Matera und die berühmten Kartoffeln aus dem kalabrischen Sila-Gebirge.
✈ 219 D4 ✉ Via Montecuccoli 6
☎ 02 41 68 86 🌐 www.aimoenadia.com
⏲ Mo–Sa 19–22.30 Uhr

Trattoria Ottimofiore €€

Kleiner sizilianischer Familienbetrieb im Herzen von Milanos (zunehmend angesagter) Chinatown. Aparte Antipasti mit knusprigen Fischchen, Sardellen in Olivenöl, Ziegenkäse und sonnengetrockneten Tomaten. Zu den Hauptgerichten (viel Fisch) gibt es eine kleine Auswahl von Hausweinen aus Sizilien.
✈ 219 D4 ✉ Via Bramante 26
☎ 02 33 10 12 24 ⏲ Di–Sa 12–14.30 und 19.30–23 Uhr, Mo nur abends, So geschl.

MANTUA (MANTOVA)

Osteria da Bice la Gallina Felice €–€€

An weiß gedeckten Tischen genießen Sie in dieser gemütlichen Osteria durchweg exzellente Regionalküche – Hecht mit grüner Sauce etwa oder Ravioli mit Kürbisfüllung.
✈ 220 B2 ✉ Via Carbonati 4/6
☎ 03 76 28 83 68 ⏲ Di–Sa 12–14.30 und 20–22 Uhr, Mo geschl, So nur mittags

MONTEROSSO (CINQUE TERRE)

L'Ancora della Tortuga €–€€

Küche und Speisesaal dieses Lokals sind untergebracht in einem ehemaligen Weltkriegsbunker, wovon Sie als Gast auf der Aussichtsterrasse aber wenig merken. Die Karte ist typisch ligurisch, mit Schwerpunkt auf Fisch und Meeresfrüchten – gekocht wird hier ausgezeichnet: Während der italienischen Ferien ist allerdings eine Reservierung dringend erforderlich.
✈ 219 E1 ✉ Salita Cappuccini 6
☎ 01 87 80 00 65 🌐 www.ristorantetortuga.it
⏲ Di–So mittags und abends

TURIN (TORINO)

Caffè al Bicerin €–€€

Eines jener kleinen, feinen Cafés (gegründet im Jahr 1763), das im Lauf seiner Geschichte berühmte Persönlichkeiten anzog – Alexandre Dumas etwa oder Italo Calvino. Das Namengebende Traditionsgetränk aus dem Piemont,

eine Espresso-Variation, bei der sich die verschiedenen Schichten aus Trinkschokolade und Sahne nicht vermischen dürfen, ersetzt eine kleine Mahlzeit und lässt sich drinnen im winzigen Raum mit der alles beherrschenden Theke oder draußen auf dem kleinen Platz stimmungsvoll genießen.
218 B3 Piazza della Consolata 5
01 14 36 93 25 www.bicerin.it
Do–Di 8.30–19.30 Uhr; im Aug. geschl.

Tre Galline €€
Seit Jahrhunderten bewirtet man im Restaurant »Drei Hennen« schon Gäste – im Barockpalais nahe der Piazza Giulio werden Piemonteser Spezialitäten gereicht, neben den obligatorischen *agnolotti* (gefüllte Teigtaschen) Eintöpfe wie *bollito misto* (mit Fleisch) und *finanziera* (mit Innereien) oder *bagna cauda* (Gemüse im Sardellen-Knoblauch-Dip); auch die Käse-Auswahl ist vom Feinsten.
218 B3 Via Bellezia 37
01 14 36 65 53 www.3galline.it
Mo–Fr 19.30–23, Sa 12.30–14.30 und 19.30–23, So 12.30–14.30 Uhr; im Juli geschl.

Wohin zum … Einkaufen?

Manche Einkaufsmeilen im wohlhabenden Nordwesten zählen sicherlich zu den attraktivsten Europas – vor allem in Mailand und Torino, doch findet man auch in kleineren Städtchen hinreißende Läden für anspruchsvolle Mode oder Kunstgewerbe. Stets einen Besuch wert sind wie überall in Italien die großen Wochenmärkte mit umfangreichem Sortiment – von Lebensmitteln über Haushaltswaren bis hin zu modischen Textilien, Taschen und Schuhen.

Mailands magisches Quadrat zum Einkaufen von **Designermode** ist der Quadrilatero d'oro um die Via Monte Napoleone. Alle Modemarken von Rang geben sich dort ein Stelldichein, dazu Antiquitätenläden, Juweliere und Kunstgalerien. Etwas günstiger sind die Geschäfte am Corso Buenos Aires. Für preisbewusste Mode-Fans lohnt sich ein Streifzug durch die *blochisti*, große Konfektions-Warenhäuser, die Artikel der letzten Saison zum halben Preis verkaufen. Heruntergesetzte Designerware lässt sich zudem auf dem Samstagsmarkt am Viale Papiniano erstehen. Auch was Kaufhäuser und Edelmarkenketten angeht, sind die oberitalienischen Großstädte verwöhnt: Etagenweise Damen- und Herrenkonfektion neben Haushaltsartikeln und Accessoires bieten La Rinascente und Coin.

In Mailand bieten etliche **Edel-Second-Hand-Adressen** Designerware aus der letzten Saison, Regale und Kleiderstangen sind meist erstaunlich gut bestückt – die gut betuchten Mailänderinnen, darunter viele Fotomodelle, halten ihren Kleiderschrank eben immer up to date.

Ein gutes Mitbringsel sind auch **Lederwaren** wie Schuhe, Taschen, Gürtel und Reisegepäck. Soll es etwas Ausgefallenes sein, das den Geldbeutel nicht zu sehr schmälert, empfiehlt sich die Marke Mandarina Duck.

In kleineren Städten findet sich meist eine ganze Reihe guter **Kunstgewerbeläden**, die zum Beispiel vergoldete Bilderrahmen und Spiegel führen, außerdem schönes Geschirr und typisch italienische Decken sowie Kissen in Samt und Brokat.

Größter **Buchhändler** und zugleich einer der bedeutendsten Verlage Italiens ist La Feltrinelli mit großem, auch fremdsprachigem Angebot und einer immensen Auswahl prächtiger Kalender (www.lafeltrinelli.it).

Synonym für Schokolade ist **Turin**, dessen Läden oft wahre Kunstwerke darstellen – die verführerisch-süßen Kostbarkeiten wie *gianduia* oder *gianduiotti* kann sich man dort auch schön verpacken lassen.

Für Badesachen und lässige Freizeitmode sind die Boutiquen der **Cinque Terre** eine gute Anlaufstelle. In den Fischerörtchen bekommt man auch Angel- und Tauchausrüstung, Kinderspielzeug sowie handgefertigte Keramik. Mehr oder minder das Gleiche erwartet einen in den Städten am Lago di Como, Maggiore und Garda – nur entsprechend regional gefärbt. Spezialität von **Como** ist Seide, die man als Meterware, Schal und in anderer Form erhält.

Schnäppchenjäger (und -jägerinnen) durchforsten gern das riesige Warenangebot

Die Berglandschaft rund um Arco am Lago di Garda ist ein idealer Klettergarten.

der Outletcenter – wo man Textiles für jede Gelegenheit (auch für Sport und Outdooraktivitäten) bekommt: Mantova Outlet Village und Franciacorta Outlet Village (bei Brescia) gehören zu den führenden Adressen.

Wohin zum … Ausgehen?

Mailand, die reichste und schnelllebigste Stadt im Norden Italiens, hat auch bei der Unterhaltung die Nase vorn. Allein aus diesem Grund kommen zahlreiche Besucher jedes Jahr hierher – besonders gern zu einer Opern-Aufführung in der berühmten Scala (Spielzeit jeweils von Dezember bis Juli, rechtzeitige Buchung unbedingt erforderlich), wo außerhalb der Opernsaison auch Konzerte stattfinden. Auch Cineasten hat Milano einiges zu bieten: mit diversen Kinos, die Autorenfilme oder Filme in Originalsprache zeigen. Interessante Clubs und Musikbühnen finden sich vorwiegend in den Vierteln Brera, Navigli und Ticinese (Näheres bei der Tourist Information).

Turin gibt sich zwar etwas weniger quirlig als Milano, ist hinsichtlich Livemusik, aber auch nicht von gestern, was vor allem für das Murazzi-Viertel am Fluss gilt. Ein großes Ereignis ist jedes Jahr das Festival Settembre Musica (www.mitosettembremusica.it) mit klassischem und modernem Angebot, Jazz und Weltmusik. In Turin beheimatet ist ferner das RAI National Symphony Orchestra (www.orchestrasinfonica.rai.it), mit Auftritten im Centro Lingotto, einer von Renzo Piano spektakulär umgestalteten einstigen FIAT-Fabrik. Das hiesige Opernhaus Teatro Regio (www.teatroregio.torino.it) zählt zu den besten des Landes. Sehenswert in der Adventszeit ist die Illuminazione (Weihnachtsbeleuchtung) an den Einkaufsstraßen und Plätzen am Po.

In Genova steht an der Piazza de Ferrari mit ihren vielen Bars und Cafés das Opernhaus Teatro Carlo Felice (www.carlofelice.it). Über Livemusik und Clubs orientiert man sich am besten in der lokalen Tagespresse *Il Secolo XIX* (www.ilsecoloxix.it). Ansonsten geht es hier in puncto Abendunterhaltung nicht eben aufregend zu, abgesehen von Sommer-Konzerten sowie verstreuten Nachtlokalen und Hotel-Bars – am besten fragt man in der Tourist Information.

Sportlern bieten sich vielfältige Möglichkeiten: Skilaufen im Gebiet um den Parco Nazionale del Gran Paradiso nordwestlich von Aosta, besonders bei Courmayeur; im Park selbst werden lange Loipen gespurt. Hinzu kommen im nordwestitalienischen Alpengebiet mehrere kleine Wintersportorte, in denen man auch snowboarden kann.

Vielfältige Gelegenheit zu Wassersport wie Schwimmen, Rudern und Segeln findet man an der Küste wie an den Seen (Lago di Como, Lago di Garda oder Lago Maggiore). Im umliegenden Hügelland werden auch schöne Reit-Ausflüge angeboten. Zudem gibt es fast überall gut markierte Wanderwege mit fantastischen Ausblicken oder anspruchsvolle Klettersteige im Gebirge (Informations- und Kartenmaterial überall in den Besucherzentren). Ein richtiges Wassersport-Paradies sind die Cinque Terre – hier kann man sehr gut schwimmen, schnorcheln, tauchen und auch mit dem Boot fahren.

Ob per Gondel oder mit dem Vaporetto – in Venedig kommt man auf dem Wasser oft am besten voran.

Der Nordosten

Von den Dolomitengipfeln bis zum Delta des Po – der Nordosten überzeugt mit landschaftlichen Kontrasten und charmanten Städten.

Seite 92–117

Erste Orientierung

Flach und fruchtbar erstreckt sich die Po-Ebene im Nordosten Oberitaliens – vorwiegend landwirtschaftlich genutztes Gebiet, dessen Reichtümer die Gründung ansehnlicher Städte begünstigten. Im Norden wird die Landschaft hügelig, mit üppigen Weingärten, geht über ins alpine Südtirol (Alto Adige), wo auch Deutsch gesprochen wird. Ganz im Osten, in Friuli-Venezia Giulia (Friaul-Julisch Venetien), grenzt Italien an Slowenien.

Venedig fasziniert durch seine einmalige Lage in der Lagune, westlich davon auf dem Festland birgt die Universitätsstadt Padova herrliche Fresken von Giotto. Noch weiter westlich davon wartet das geschäftige Verona mit stimmungsvollen Opern-Festspielen in seiner römischen Arena auf, während Vicenza die Heimat des genialen Renaissance-Architekten Andrea Palladio war, dessen berühmte Villen von der UNESCO zum Weltkulturerbe ernannt wurden. Im Süden thront das stolze, historisch bedeutende und zugleich ganz heutige Bologna als Hauptstadt der Emilia-Romagna. Das ein wenig nördlich davon gelegene Parma ist die Namengeberin berühmter Käse und Schinken. Schon an der Adria im Osten sonnt sich Ravenna, ehemals Sitz des weströmischen Kaiserhofs und Hort schönster byzantinischer Mosaiken. Und ganz im Norden prangt die bizarre Felslandschaft der Dolomiten, ein Eldorado für Wanderer und Wintersportler.

TOP 10

❶ ★★ Venezia (Venedig)

❻ ★★ Verona

Nicht verpassen!

㊲ Dolomiti (Dolomiten)

Nach Lust und Laune!

38 Vicenza

39 Padova (Padua)

40 Ravenna

41 Bologna

42 Parma

Brixen/
Bressanone
Meran/
Merano
37
Dolomiti
Cortina d'Ampezzo
Bozen/
Bolzano
Tolmezzo
A23
Ponte n. Alpi
Trento
Feltre
Udine
Vittorio
Véneto
Pordenone
A28
A27
A4
Treviso
A22
Vicenza
38
San Dona
di Piave
Bibione
Trieste
A4
Verona
6
A4
Mestre
1
Venezia
Padova
39
50 km
30 mi
Chióggia
Rovigo
Delta
del Po
A22
Parma
42
Ferrara
A15
A1
A13
Comácchio
41
Bologna
40
Ravenna
Imola
A1
A14
Forli
Rimini
San Marino

Mein Tag mit Inselhopping

Zur Lagune von Venedig gehören Dutzende von Inseln – jede davon ist anders, jede hat ihren ganz eigenen Charme. Gehen Sie auf eine Entdeckungsreise!

9 Uhr: Auftakt mit Gondel

Die schwarzen langen Boote und ihre Steuermänner mit Strohhut und Ringelhemd haben das romantische Bild von ❶ ★★ Venedig (S. 100) geprägt. Jahrhundertelang waren die *gondole* Fortbewegungsmittel Nummer eins in der Lagunenstadt, weil sie sich selbst bei geringem Wasserstand und unter niedrigsten Brücken hindurchmanövrieren lassen. Mag es noch so touristisch sein – gönnen Sie sich eine Gondelfahrt. Sie lernen Venedig aus einer melancholisch-morbiden Perspektive kennen.

Ab der Anlegestelle Calle San Gallo, nahe der Piazza San Marco, führen 30-minütige Touren durch das Herz der Altstadt und unter der Seufzerbrücke hindurch. Das Vergnügen kostet 100 € (www.venicecitytours.it), egal wie viele Passagiere mitfahren, maximal sechs Personen haben in einer Gondel Platz. Tipp: Teilen Sie mit Gleichgesinnten.

10 Uhr: Murano – im Reich der Glasbläser

Folgen Sie den Wegweisern von San Marco zu den Fondamente Nuove. Mehrmals pro Stunde legt dort ein *vaporetto* (Wasserbus) der Linien 4.1 oder 13 ab, das Sie in gut 20 Min. nach Murano bringt.

So ziemlich alles über die Glasbläser, die diese Insel weltberühmt gemacht haben, erfährt man im Museo del Vetro (Glasmuseum, S. 99).

Mittags machen Sie es wie die Einheimischen – kehren Sie in der Bar al Canton an der Piazza San Donato ein und stärken Sie sich mit *cichetti* (sprich: tschiketti; Häppchen), z. B. mit *sarde in saor* (eingelegte Sardinen). Eine *ombra*, ein Gläschen Wein, rundet die Sache ab.

9 Uhr: Auftakt mit Gondel

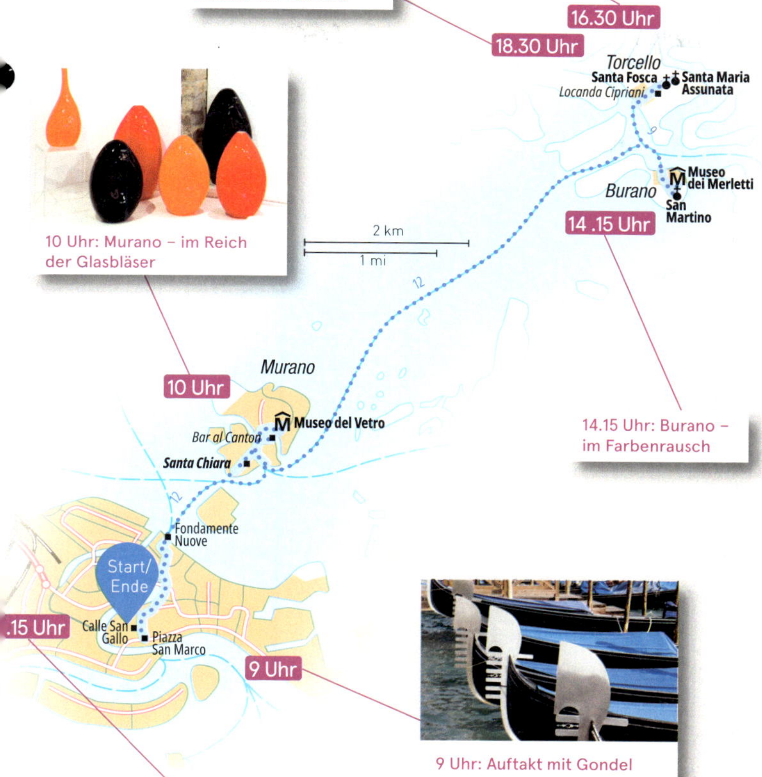

10 Uhr: Murano – im Reich der Glasbläser

14.15 Uhr: Burano – im Farbenrausch

16.30 Uhr: Torcello – einsam und geheimnisvoll

18.30 Uhr: Aperitiv und Dinner auf Torcello

21.15 Uhr: Bella Venezia – die Lagune bei Nacht

16.30 Uhr
18.30 Uhr
Torcello
Santa Fosca
Santa Maria Assunata
Locanda Cipriani
Museo dei Merletti
Burano
San Martino
14 .15 Uhr
2 km
1 mi
Murano
10 Uhr
Museo del Vetro
Bar al Canton
Santa Chiara
Fondamente Nuove
Start/ Ende
.15 Uhr
Calle San Gallo
Piazza San Marco
9 Uhr

9 Uhr

14.15 Uhr: Burano – im Farbenrausch

Linie 12, Abfahrt 14.19 Uhr ab Murano Faro »B1«, ca. 30 Min. Überfahrt

Safrangelb, Kirschrot, Lila, Grasgrün, Himmelblau – einst boten die bunten Häuser von Burano den heimischen Fischern Orientierung im Nebel der Lagune, heute sind sie formidable Fotomotive. Lassen Sie sich über die hübsche Insel treiben: Sie können sich nicht verlaufen – den Weg zum Hauptplatz weist der schiefe Campanile. Der Turm gehört zur Chiesa San Martino (unbedingt reinschauen!), für die Tintoretto ein Meisterwerk geschaffen hat.

Das Museo dei Merletti (Spitzenmuseum, S. 99), ebenfalls an der Piazza, erinnert an die Zeiten, als geschickte Frauen auf der Insel Nadelspitzen fertigten; ein in ganz Europa begehrtes Luxusgut. Was heute in den Souvenirshops verkauft wird, ist Importware aus Asien. Nehmen Sie lieber Burano-Kekse *(buranelli)* aus einer Bäckerei als Andenken mit.

16.30 Uhr: Torcello – einsam und geheimnisvoll

Linie 9 alle 15 Min., ca. 5 Min. Überfahrt, 16.30 Uhr ab Burano »A«

Teufelsbrücke und Thron von Hunnenkönig Attila – um einige der Inselsehenswürdigkeiten ranken sich Legenden. Das eigentlich Spektakuläre aber ist die beschauliche Ruhe. Gerade mal 20 Menschen leben heute noch auf Torcello, bis zu 20 000 sollen es vor 1000 Jahren gewesen sein.

Einst flüchtete man vor der Malaria aufs Festland, die Insel ver-

Los geht's erst mal ganz klassisch mit einer Gondelfahrt durch Venedigs Altstadt (linke Seite), dann mit dem Vaporetto nach Murano (oben), Burano (unten) und Torcello (rechts).

sank in Bedeutungslosigkeit. Aber die Basilica Santa Maria Assunta mit ihrem grandiosen byzantinischen Mosaik und die Chiesa Santa Fosca legen bis heute Zeugnis von der verflossenen Blütezeit ab.

18.30 Uhr: Aperitif und Dinner auf Torcello

Schon Hemingway war bezaubert vom Charme des Inselgasthauses Locanda Cipriani (www.locandacipriani.com, reservieren), das seit 1934 auf Torcello besteht.

Seit den 1950er-Jahren geben sich hier Promis die Klinke in die Hand – Al Pacino, Julia Roberts, Charlotte Rampling ... Ob Pasta oder Risotto: Sie speisen erstklassig – besonders schön im romantischen Garten.

21.15 Uhr: Bella Venezia – die Lagune bei Nacht

Linie 12, ab um 21.15 Uhr, ca. 38 Min. Überfahrt

Die Linie 12 bringt Sie wieder in die Stadt. Lassen Sie sich den Fahrtwind um die Nase wehen.

Zurück am Anleger Fondamente Nuove erreichen Sie nach kurzem Fußweg die Piazza San Marco, die nachts ganz besonders stimmungsvoll ist.

Museo del Vetro/Glasmuseum
✉ Murano 🌐 https://museovetro.visitmuve.it
April–Okt. 10.30–18, sonst nur bis 16.30 Uhr
10 €, Kombiticket mit Spitzenmuseum 13 €

Museo dei Merletti/Spitzenmuseum
✉ Burano 🌐 https://museomerletti.visitmuve.it
Di–So 10–16 Uhr
6 €, Kombiticket mit Glasmuseum 13 €

❶ ★★ Venezia (Venedig)

Was?	Weltbekannte Lagunenstadt
Warum?	Kanäle statt Straßen, Gondeln statt Autos – einzigartig
Wann?	Abends, wenn die Touristenbusse weg sind, und in den frühen Morgenstunden entfaltet Venedig seinen wahren Charme
Wie lange?	Mindestens einmal spätabends über den Markusplatz, mindestens einmal übernachten
Was noch?	Mit dem Boot durch die Lagune: Ein lohnendes Ziel ist z. B. auch Chioggia, Venedigs »kleine Schwester«

Einmalig auf der Welt ist diese stolze, malerische Stadt im Wasser, erbaut auf Inseln der Lagune und durchzogen von zahllosen Kanälen, an denen sich Bauten aus acht Jahrhunderten reihen.

Rund um die Piazza San Marco

Die Piazza San Marco (Markusplatz), gesäumt von glanzvollen Arkadenbauten (16./17. Jh.), überragt von der Basilica di San Marco (Markusdom), ist das Herz Venedigs. Vom Campanile (Glockenturm, Rekonstruktion des Originals von 1514) genießt man einen herrlichen Blick über Stadt und Lagune. Der 1063 bis 1094 erbaute Dom mit seinen fünf Kuppeln beherbergt angeblich die sterblichen Überreste des hl. Markus, des Schutzheiligen der Stadt. Zu den Highlights gehören prunkvolle Mosaiken und die Pferde von San Marco, ein aus Konstantinopel geraubter vergoldeter römischer Vierspänner, sowie die Pala d'Oro (Goldaufsatz des Hochaltars).

Der südlich gelegene Palazzo Ducale (Dogenpalast) mit opulenten Repräsentationsgemächern, Raumfluchten und Innenhöfen, war zur Blütezeit Venedigs Regierungssitz. Bemerkenswert: die Scala d'Oro (Goldene Treppe), die in die Privaträume der Dogen führt, die von Jacopo Tintoretto ausgestaltete Sala del Maggior Consiglio (Ratssaal) und die Seufzerbrücke hinüber ins Staatsgefängnis.

Am Canal Grande

Am besten mit einem Vaporetto Nr. 1 erkunden Sie das Panorama des Canal Grande mit seinen ehrwürdigen Palazzi wie

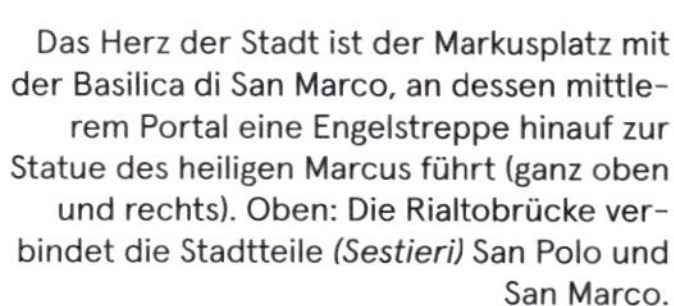

Das Herz der Stadt ist der Markusplatz mit der Basilica di San Marco, an dessen mittlerem Portal eine Engelstreppe hinauf zur Statue des heiligen Marcus führt (ganz oben und rechts). Oben: Die Rialtobrücke verbindet die Stadtteile *(Sestieri)* San Polo und San Marco.

der Ca' Pesaro (1652) von Baldassare Longhena. Bedeutendstes gotisches Palais ist die Ca' d'Oro (Goldenes Haus) mit einer exzellenten Gemäldesammlung (Schwerpunkt ital. u. flämische Renaissancemalerei). Venedigs berühmteste Brücke, Ponte di Rialto (16. Jh.), ist nach dem alten Handelsviertel mit lebendigem Markt für Fisch, Obst und Gemüse benannt. Nahebei können Sie die schmucken Fassaden der Ca' Rezzonico (Museum des 18. Jhs.) und des Palazzo Grassi bewundern. In den Gallerie dell'Accademia ist venezianische Malerei von Gotik bis Rokoko ausgestellt, darunter Werke von Bellini, Tintoretto, Veronese, Giorgione, Carpaccio, Tizian und Tiepolo. Eine hochkarätige Sammlung moderner Kunst, die Collezione Peggy Guggenheim, lockt Besucher ins ehemalige Domizil der exzentrischen Millionärin. Nicht weit von hier dominiert der riesige barocke Kuppelbau der Kirche Santa Maria della Salute (1631) von Baldassare Longhena den Übergang vom Canal Grande zum Bacino di San Marco.

Viele Meisterwerke venezianischer Kunst ...

... findet man in Kirchen. In der gotischen Franziskaner-Kirche Santa Maria Gloriosa dei Frari, kurz Frari (im venezianischen Dialekt »Brüder«, vollendet 1443), im Dorsoduro-Viertel etwa beeindrucken Tizians monumentales Hochaltargemälde »Himmelfahrt Mariä« (1518) und dessen »Madonna Pesaro« (1526) neben einer heiteren »Madonna mit Kind und Heiligen« (Pesaro-Triptychon) von Giovanni Bellini. Die Scuola Grande di San Rocco ganz in der Nähe, einst Sitz einer karitativen Bruderschaft *(scuola)*, schmücken 56 alt- und neutestamentliche Szenen ihres einstigen Mitglieds Tintoretto. Die Dominikaner-Ordenskirche Basilica di Santi Giovanni e Paolo in Castello (1246–1430) glänzt mit Glasfenstern und prächtigen Dogen-Grabmalen. Weitere Gemälde Tintorettos (der hier begraben liegt) birgt Madonna dell'Orto im Viertel Cannaregio. Hier liegt auch das älteste Ghetto der Welt, Campo del Ghetto Nuovo, in das im Jahr 1516 die 700 in Venedig lebenden Juden umsiedeln mussten. Zentren öffentlichen Lebens im jeweiligen Quartier sind Plätze wie der Campo Santa Margherita, Santo Stefano, Santa

Karneval in der Lagunenstadt: »Wenn ich nicht König von Frankreich wäre, wollte ich Bürger von Venedig sein!« (Henri III)

Maria Formosa, San Polo oder San Giacomo dell'Orio. Nehmen Sie sich Zeit für einen Bummel entlang der Kais an der Lagune – den Sonnenuntergang genießen Sie am besten von der Uferpromenade Zattere.

KLEINE PAUSE

Wenn der kleine Hunger kommt, gehen Sie in die **Cantina Do Mori** (Calle dei Do Mori, S. Polo 429, Mo–Sa 8–19.30 Uhr), eines der ältesten Lokale der Stadt, und lassen sich eine *ombretta* (Schoppen Wein) zu *cichetti* (venez. Tapas) schmecken.

---

221 D2

Tourist Information
Piazza San Marco 71f
www.visitvenezia.eu
www.visitmuve.it
www.turismovenezia.it
Vallaresso, San Zaccaria

Basilica di San Marco
Piazza San Marco
www.basilicasanmarco.it
Basilica, Pala d'Oro: Mo–Sa 9.30–17, So 14–17 Uhr Basilica 3 €; Museo di San Marco 7 €, Pala d'Oro 5 €

Campanile
Piazza San Marco
tgl. 9–21.15, letzter Einlass 20.45 Uhr
10 €

Palazzo Ducale
Piazza San Marco 1
https://palazzoducale.visitmuve.it
tgl. 9–18 Uhr 30 €

Ca' d'Oro (Galleria Giorgio Franchetti)
Cannaregio 3932
www.cadoro.org
Di–So 10–19 Uhr derzeit nicht alle Bereiche zugänglich, deshalb reduziert, 6 € Ca' d'Oro

Ca' Rezzonico
Dorsoduro 3136
https://carezzonico.visitmuve.it
2023 geschl.
11 € Ca' Rezzonico

Gallerie dell'Accademia
Campo della Carità, Dorsoduro 1050
www.gallerieaccademia.it
Mo 8.15–14, Di–So 8.15–19.15 Uhr
12 € (plus 1,50 € Vorverkaufsgebühr)
Accademia

Collezione Peggy Guggenheim
Palazzo Venier dei Leoni, Dorsoduro 701 www.guggenheim-venice.it
tgl. 10–18 Uhr
16 €
Accademia, Salute

Basilica di Santa Maria della Salute
Campo della Salute
www.seminariovenezia.it
Mo–Sa 10–12, 15–17, So nur 15–17 Uhr
Basilica frei; Sakristei 4 €
Salute

Basilica di Santa Maria Gloriosa dei Frari
Campo dei Frari 3072
www.basilicadeifrari.it
Mo–Sa 9–18, So 13–18 Uhr
5 € San Tomà

Scuola Grande di San Rocco
San Polo 3052
www.scuolagrandesanrocco.it
Mo–Sa 9.30–17.30, So 13.30–17.30 Uhr 10 € San Tomà

Basilica dei Santi Giovanni e Paolo
Castello 6363
www.santigiovanniepaolo.it
Mo–Sa 9–18, So 12–18 Uhr
3,50 € Ospedale

Madonna dell'Orto
Cannaregio 3512
Mo–Sa 10–17 Uhr 3,50 €
Orto

Palazzo Ducale

Anfang des 9. Jhs. wurde der Verwaltungssitz Venedigs vom Lido an den heute sogenannten Canal Grande verlegt und ein erster Dogensitz errichtet, wo seit der Mitte des 14. Jhs. der Palazzo Ducale steht – bis zum Ende der Republik Venedig im Jahr 1797 Domizil und Regierungssitz des venezianischen Staatsoberhauptes sowie zugleich Gericht und Haftanstalt.

1 Balkon zur Piazetta Der Balkon der Westfassade wurde im 15. Jh. ergänzt. Von hier aus nahm der Doge an Hinrichtungen auf der Piazzetta teil.

2 Südfassade Ältester Teil und Schauseite des Dogenpalasts. Die beiden Gebäudeecken akzentuieren Figurengruppen aus dem 14. Jh.

3 Cortile Früher betrat man den Komplex durch die Porta della Carta; heute gelangt man durch die Porta del Frumento direkt in den Innenhof mit seinen beiden Bronzebrunnen.

4 Arco Foscari Gegenüber der Scala dei Giganti, auf der einst die Krönungszeremonien für den Dogen stattfanden, öffnet sich ein reich mit Skulpturen dekorierter Bogengang.

5 Sala del Maggior Consiglio Im eindrucksvollsten Raum fanden die Versammlungen des Großen Rates statt, wurden Dogen gewählt, Regierungsmitglieder und hohe Staatsbeamte in ihre Ämter eingeführt. Die Ausmalung entstand 1577 nach einem Brand. Ein Fries zeigt Porträts der ersten 76 Dogen. Ein schwarzer Vorhang verdeckt die Stelle, wo das Bildnis des Marino Falier hängen sollte, der im Jahr 1355 als Verräter hingerichtet wurde. Die Thronwand schmückt Tinto-

rettos »Paradies«, das größte Ölgemälde seiner Zeit.

6 Appartamento Ducale Im Ostflügel lagen die Wohnräume; Dogen statteten sie mit eigenen Möbeln aus.

7 Sala dello Scrutinio Hier fanden die öffentlichen Wahlen statt.

8 Museo dell'Opera Das Museum dokumentiert die Baugeschichte des Palazzos. Die ausgestellten Kapitelle schmückten einst die Fassaden (dort durch Kopien ersetzt).

9 Ponte della Paglia Von der »Strohbrücke« über den Rio di Palazzo blickt man auf die »Seufzerbrücke«. Über sie gelangten die Häftlinge vom Palast hinüber in das Staatsgefängnis.

10 Betrunkener Noah Die prächtige Skulpturengruppe an der Südostecke (14. Jh.) als Symbol menschlicher Schwäche ist nur eines von vielen interessanten Fassadendetails des Dogenpalastes.

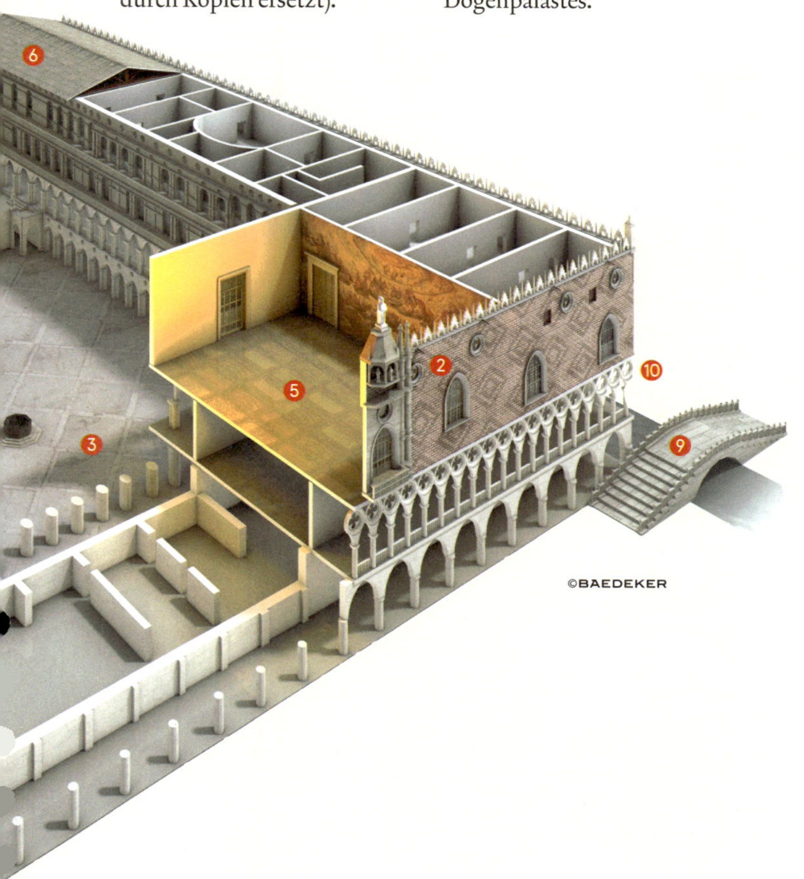

6 ★★ Verona

Was?	Norditalienische Stadt mit römischem Erbe und Heimat von »Romeo und Julia«
Warum?	Atmosphärische Altstadt, UNESCO-Weltkulturerbe
Wann?	Am besten im Sommer, wenn die antike Arena zur stimmungsvollen Opernbühne wird
Wie lange?	1–2 Tage

Weltbekannt wurde die malerisch am Flüsschen Adige gelegene norditalienische Stadt als Handlungsort von Shakespeares Liebestragödie »Romeo & Julia«. Aus Römerzeiten stammt die Arena, das riesige Amphitheater, eine spektakuläre Kulisse für die sommerlichen Opernaufführungen unter freiem Himmel.

Größter Platz im schmucken Häuserensemble der historischen Altstadt ist die turbulente Piazza Bra, dominiert vom römischen Amphitheater der Arena (1. Jh.). Mit seinen 44 Stufenreihen bietet es 22 000 Zuschauern Platz. Über die Via Mazzini gelangt man zur lang gestreckten Piazza delle Erbe, wo vor der Kulisse malerischer Palazzi aus unterschiedlichen Epochen wochentags ein Markt stattfindet. Nicht weit, die Via Cappello hinunter, wartet als Attraktion die Casa di Giulietta (Julias Haus) – fiktiver Schauplatz von »Romeo und Julia« um die verliebten Kinder verfeindeter Familien. Die östlich gelegene Piazza dei Signori war das weltliche Machtzentrum mit dem 1194 erbauten Palazzo del Comune. Er wird von der 83 m hohen Torre dei Lamberti (schöne Aussicht) überragt. Die (die Ostseite des Platzes abschließenden) gotischen Loggienbauten der Arche Scaligere beherbergen Grabstätten der einst in Verona herrschenden Scaliger-Familie.

Ein Ort für Liebesschwüre: die Casa di Giulietta

Von Ufer zu Ufer

Nördlich erhebt sich der Dom Santa Maria Matricolare (12. Jh.). Als Rekonstruktion einer römischen Brücke führt der Ponte della Pietra zum Römischen Theater am anderen Ufer, Aufführungsort sommerlicher Veranstaltungen. Auf die Scaliger gehen auch das trutzige Castelvecchio (heute Kunstmuseum) und der von markanten Zinnen gekrönte Ponte Scaligero zurück.

KLEINE PAUSE

Empfehlenswert ist das **Caffè Coloniale** (Piazza Francesco Viviani 14c, tgl. ab 7.45, Mo bis 20, Fr/Sa bis 1, sonst bis 24 Uhr).

Unterwegs von der Piazza Bra und an der Arena vorbei in die Via Giuseppe Mazzini, die größte Fußgängerzone und Einkaufsmeile der Stadt

220 C2

Tourist Information
im Palazzo Barbieri, Via Leoncino 61
www.visitverona.it

Arena
Piazza Bra
Kartenvorverkauf 04 58 00 51 51
www.arena.it
Okt.–Mai Di–So 9–19, Juni–Sept. tgl. 9–19 Uhr 10 €

Casa di Giulietta
Via Cappello 23
Okt.–Mai Di–So 9–19, Juni–Sept. tgl. 9–19 Uhr, 6 €, Tickets online im Vorfeld unter www.museiverona.com

Torre dei Lamberti
Via della Costa 1
04 59 27 30 27
Mo–Fr 10–18, Sa/So 11–19 Uhr
6 €

Duomo
Piazza del Duomo
www.chieseverona.it
Mo–Fr 11–17, Sa 11–15.30, So 13.30–17.30 Uhr 3 €

Museo di Castelvecchio
Corso Castelvecchio 2
https://museodicastelvecchio.comune.verona.it
Di–So 10–18 Uhr
6 €

㊲ Dolomiti (Dolomiten)

Was?	Gebirgszug der südlichen Alpen – Landschaft mit UNESCO-Welterbestatus
Warum?	Bleiche Berge, blumenübersäte Bergwiesen, malerische Alpendörfer
Wann?	Zum Wandern am besten von Juni bis September
Wie lange?	Mindestens 2–5 Tage, um richtig aktiv zu werden und schön zu entspannen

Die faszinierend zerklüfteten Gipfel der Dolomiten haben kaum ihresgleichen in den Alpen – als Landschaft von markanter Schönheit, aber auch als Paradies für Wanderer, Bergsteiger und Skiläufer.

Was wir heute als »Dolomiten« bezeichnen, war einst der Grund eines Meeres. Vulkanausbrüche, Erdbeben und tektonische Verschiebungen formten ihre Gestalt, Wind und Wetter arbeiteten an den Gipfeln, die sich nach und nach aus dem Meer erhoben.

Im Nordwesten von Trentino-Alto Adige (Trient-Südtirol) und Veneto (Venetien) formten tektonische Kräfte, Eis, Wind und Wetter die unverwechselbaren Felsnadeln der Dolomiten, unterfangen von Almen, wo sommers die Kühe grasen, und Bergwäldern über fruchtbaren Tälern, in denen Weinreben und Apfelbäume gedeihen. Im Lauf des 20. Jhs. entwickelte sich hier ein ausgedehntes Feriengebiet mit zahlreichen Wintersportorten, die neben Pisten aller Schwierigkeitsgrade auch Langlaufloipen und Rodelhänge bieten. Im Sommer lädt ein ausgedehntes Netz von Wanderpfaden ein, wobei viele Hochgebirgsregionen durch Hütten, Seilbahnen und Sessellifte erschlossen sind. In den (italienischsprachigen) Dolomiten um das Cadore-Tal nördlich von Belluno liegt Cortina d'Ampezzo, 1956 Ausrichter der Olympischen Winterspiele, umgeben von herrlichen Gipfeln und besten Ski-Hängen. Die bedeutendsten Städte in den westlichen Dolomiten sind Trento (Trient) und Bozen (Bolzano), dessen Archäologisches Museum die im Gletschereis aufgefundene Mumie des berühmten Ötzi präsentiert. Bester Ausgangspunkt für Wanderungen in den Dolomiti di Brenta (Brentner Dolomiten) westlich von Trento ist Madonna di Campiglio.

Das Herz der alten ladinischen Kultur Südtirols ...

... ist das Val di Fassa östlich von Bolzano. Deren Tradition und Erhalt widmet sich das Museum Ladin Ciastel de Tor (San Martino in Badia). Ladinische Sprache und Brauchtum werden hier vielerorts gepflegt. Landschaftlicher Höhepunkt ist das Rosengarten-Massiv (Catinaccio), und in der fruchtbaren Valsugana recken sich Burgen über schmucke Dörfchen mit Kirschbäumen.

Mensch und Natur: Die Drei Zinnen (hier im Blick auf die Nordwände) sind ein markanter Gebirgsstock in den Sextner Dolomiten.

KLEINE PAUSE

Wie wär's mit einem Drink in der Bar des familiengeführten **Hotel de la Poste** (Piazza Roma 14, Cortina d'Ampezzo, Tel. 04 36 42 71, tgl. 11–2 Uhr)? Wo einst die Postkutschen halt machten, dann Urlauber samt Promis und Jetset kamen, gibt es heute zum Beispiel Puccini – Champagner mit Mandarinensaft.

221 D4/5

Tourist Information

Corso Italia 81, Cortina d'Ampezzo
www.dolomiti.it, www.infodolomiti.it

Piazza Marconi 5, Molveno
www.visitdolomitipaganella.it

Strada Rezia 10, Vigo di Fassa
www.fassa.com

Nach Lust und Laune!

38 Vicenza

Grünflächen und elegante Architektur, entworfen von dem Renaissance-Baumeister Andrea Palladio bestimmen das Bild der Provinzhauptstadt. Seine Basilica und Loggia del Capitaniato dominieren die zentrale Piazza dei Signori, sein Meisterwerk ist das Teatro Olimpico – die freie Adaption eines antiken Theaters mit raffiniertem Bühnenraum (von Vincenzo Scamozzi). Sehenswert ist auch Palladios Palazzo Chiericati mit Pinacoteca. Einige der legendären Palladio-Villen in der Umgebung können Sie besichtigen.

220 C2/3 www.vicenzae.org

Pinacoteca di Palazzo Chiericati
Piazza Matteotti 37/39
www.museicivicivicenza.it
Di–Sa 9–17 Uhr 7 €

Teatro Olimpico
Piazza Matteotti 11
www.teatrolimpicovicenza.it
Juli/Aug. Di–So 10–18, sonst 9–17 Uhr 20 €

Palladios Teatro Olimpico in Vicenza

39 Padova (Padua)

Padua am Rande der Po-Ebene steht im Schatten der übermächtigen Nachbarin Venedig. Dabei lohnt es, sich durch die schöne Altstadt treiben zu lassen – Kanäle, Brücken, und der Prato della Valle, einer der größten Plätze Europas, verleihen ihr Flair. Unbedingt sehenswert sind die altehrwürdige Universität, Wirkungsstätte des Galileo Galilei, sowie die gewaltige Basilica di Sant' Antonio, Ziel von Pilgern aus aller Welt. Giottos Fresken in der Cappella degli Scrovegni gelten als Geburtsstunde der Renaissance-Kunst.

221 D2 www.turismopadova.it

Cappella degli Scrovegni & Musei Civici
Piazza Eremitani 8
www.cappelladegliscrovegni.it
28 € (48 Std. gültig, inkl. Vorverkaufsgebühr)

Palazzo della Ragione
Piazza delle Erbe
https://padovacultura.padovanet.it
Do–So 9–19, Nov,–Jan. bis 18 Uhr
7 €

Basilica di Sant'Antonio
Piazza del Santo
www.basilicadelsanto.org frei

40 Ravenna

Ab dem Jahr 401 war das damals an der Adria liegende Ravenna Sitz des weströmischen Kaiserhofs. Daran erinnern Bauten wie die Basiliken San Vitale und Sant'Apollinare Nuovo oder das Mausoleo di Galla Placidia – einmalig durch ihren kostbaren Mosaikschmuck.

Palladios Zauber-Villa

Zwischen Padua und Venedig verläuft der Brenta-Kanal. An seinen Ufern haben berühmte Architekten, allen voran Andrea Palladio, Landsitze für venezianische Patrizierfamilien angelegt. Die vornehmste von allen ist die Villa Pisani in Stra mit über 100 Zimmern und riesigem Park. Nebeltage stehen dem Anwesen besonders gut. Wie verzaubert wirkt dann die Villa, vor allem, wenn man sich ihr von der Parkseite nähert, dann spiegelt sie sich, in zarte Schleier gehüllt, im Wasserbecken.

Villa Pisani, Via Doge Pisani 7, 30039 Stra (Venezia), www.villapisani.beniculturali.it

Mosaik in der Basilica San Vitale in Ravenna

✈ 223 D4 🌐 www.turismo.ra.it

Basilica di San Vitale/Mausoleo di Galla Placidia
✉ Via Fiandrini Benedetto
🌐 www.ravennamosaici.it
🕒 tgl. März–Okt. 9–19, sonst 10–17 Uhr
🎫 10,50 €, Ticket gilt auch für Basilica di Sant'Apollinaire u. a.

Basilica di Sant'Apollinare Nuovo
✉ Via di Roma
🌐 www.ravennamosaici.it 🎫 10,50 €, Ticket gilt auch für Basilica S. Vitale u. a.

41 Bologna

Bologna rühmt sich einer der ältesten Universitäten der Welt und stattlicher historischer Bauten. Zentrale Plätze sind die Piazza del Nettuno und die Piazza Maggiore mit der Basilica di San Petronio. Die Silhouette der Stadt wurde im Mittelalter dominiert von rund 180 Geschlechtertürmen *(torri pendenti)*, von denen die »sich neigenden« L'Asinelli und La Garisenda erhalten sind. Durch die Via Zamboni gelangt man an San Giacomo Maggiore vorbei zur Pinacoteca Nazionale, ebenso einen Besuch wert wie das Museo Civico Archeologico. Die Arkadengänge, die sich durch die gesamte Altstadt ziehen, gehören zum UNESCO-Weltkulturerbe.

✈ 222 C4
🌐 www.bolognawelcome.com

Basilica di San Petronio
✉ Piazza Maggiore
🌐 www.basilicadisanpetronio.org 🎫 frei

Museo Civico Archeologico
✉ Via dell'Archiginnasio 2
🌐 www.comune.bologna.it/museoarcheologico 🕒 Mo, Mi–Fr 9–19, Sa/So 10–20 Uhr 🎫 6 €

Pinacoteca Nazionale
✉ Via delle Belle Arti 56
🌐 www.pinacotecabologna.beniculturali.it 🕒 Di/Mi 9–14, Do–So 9–19 Uhr
🎫 6 €

42 Parma

Neben Kunstgalerien und Designer-Läden hat Parma den Duomo Santa Maria Assunta mit Antonio Allegri Correggios Fresko »Himmelfahrt Mariä« (1534) zu bieten, den Palazzo della Pilotta mit Teatro Farnese und Galleria Nazionale sowie das Museo Archeologico Nazionale. Zum Flanieren lädt der Parco Ducale ein, zu lukullischem Genuss die berühmten Schinken und Käse *(parmigiano)*.

✈ 222 B5
🌐 www.parmawelcome.it/it

Galleria Nazionale di Parma
✉ Piazza della Pilotta 9/A
🌐 www.archeobo.arti.beniculturali.it/parma
🕒 Di–So 10.30–18.30 Uhr 🎫 12 €

Wohin zum ... Übernachten?

Preise für ein Doppelzimmer pro Nacht:
€ unter 200 Euro
€€ 200 bis 350 Euro
€€€ über 350 Euro

BOLOGNA

Hotel Porta San Mamolo €–€€
Schönes Haus in der Altstadt, nicht weit von den wichtigsten Sehenswürdigkeiten. Die Zimmer sind hübsch eingerichtet. Außerdem: Bar und Garten, Fitnesscenter und eine Garage.
222 C4 Vicolo del Falcone 6/8
05 158 30 56
www.hotel-portasanmamolo.it

DOLOMITI (DOLOMITEN)

Hotel Cortina €€
Eines der alteingesessenen Hotels (seit 1870) von Cortina d'Ampezzo, im typisch rustikalen Design der Gegend mit Holzdecken und Wandpaneelen. Der Vier-Sterne-Bau liegt zentral im Herzen des lebendigen Urlaubsortes, sodass man hier viele Lokale und Geschäfte gleich um die Ecke hat.
221 D4
Corso Italia 92, Cortina d'Ampezzo
04 36 42 21 www.hotelcortina.com

Schlosshotel Korb €€
Traumhaft schön in den Weinbergen um Bozen gelegenes Luxushotel mit teils besonderen (Turmzimmer), teils traditionell-opulent eingerichteten Zimmern. Zwei Swimmingpools, Türkisches Bad und Sauna sowie Tennisplätze und eine herrliche Terrasse.
221 D4 Missiano, Via Castel d'Appiano 5, Missiano/Appiano 047 16 36 0 00
www.schloss-hotel-korb.com

PADOVA (PADUA)

Majestic Toscanelli €–€€
Familiengeführtes Hotel im Zentrum mit gut ausgestatteten Gastzimmern und Extras wie privaten Stadtführungen. Im Preis inbegriffen sind Parkservice und Frühstücksbuffet.
221 D2 Via dell'Arco 2
04 9 66 32 44
www.toscanelli.com

Sant'Antonio €
Preiswerte Unterkunft nahe der Steinbrücke am Nordrand der Stadt. Geräumige, freundliche (mitunter etwas abgewohnte) Zimmer.
221 D2 Via San Fermo 118
04 98 75 13 93 www.hotelsantantonio.it

PARMA

Verdi €€
Elegante rosa Villa am Rand des Parco Ducale, gediegen eingerichtet mit Antiquitäten, Orientteppichen, feinem Porzellan und schönen Leuchtern. Großzügige, schön ausgestattete Zimmer mit Marmorbädern. Kostenlose Parkplätze. Angrenzend das empfehlenswerte Restaurant »Santa Croce«, wo man auch im glasüberdachten Innenhof serviert.
222 B5 Via Pasini 18
05 21 29 35 39 www.hotelverdi.it

VERONA

Hotel Torcolo €
Nicht weit von der Piazza Bra an einem ruhigen Platz gelegenes kleines Hotel mit entspannt freundlicher Atmosphäre. Gut ausgestattete Zimmer, im Sommer schöne Frühstücksterrasse.
220 C2 Vicolo Listone 3
04 58 00 75 12 www.hoteltorcolo.it

VENEZIA (VENEDIG)

Agli Alboretti €
Ruhig und beschaulich in schöner Umgebung der Accademia in einer kleinen Allee gelegen, bietet das Hotel 19 eher kleinere, nett eingerichtete Zimmer zur Straße oder zum Garten. Besonders beliebt bei englischen und US-amerikanischen Touristen.
221 D2 Rio Terra Foscarini
04 15 23 00 58
www.aglialboretti.com

Ai Cavalieri di Venezia €€–€€€
Luxushotel (4 Sterne) im venezianischen Stil, nur einen Katzensprung von der Rialtobrücke entfernt. In der Nebensaison ist sogar die Royal Suite für Normalsterbliche erschwinglich. Panoramablick von der Hotelterrasse.
221 D2 Calle de Borgoloco 6108
041 241 10 64 www.hotelaicavalieri.com

Hotel Al Ponte Mocenigo €€
Außergewöhnliches kleines Hotel in einem traditionellen venezianischen Anwesen nahe der Vaporetto-Anlegestelle San Stae. Mit Antiquitäten eingerichtete Zimmer, teils mit Balkendecke und Bodenfliesen. Schöner Innenhof, in dem auch das Frühstück gereicht wird und wo man sich gut entspannen kann.
221 D2 Santa Croce 2063
04 15 24 47 97
www.alpontemocenigo.com

Locanda San Barnaba €–€€
Fernab der Touristenströme, zwischen den Vaporetto-Anlegestellen Campo San Barnaba und Ca' Rezzonico, findet man in einem historischen Palazzo (16. Jh.) dieses Kleinod mit Antiquitäten, Fresken und Parkettböden.
221 D2 Calle del Traghetto 2785–6
04 12 41 12 33
www.locanda-sanbarnaba.com

Splendid Venice €€€
Komfortables modernes Hotel zentral bei der Rialtobrücke, mit großen, ansprechend möblierten Zimmern (teils mit herrlichem Blick auf Stadt und Kanal).
221 D2 San Marco Mercerie 760
04 15 20 07 55
www.starhotelscollezione.com

VICENZA

Cristina €
Zentral gelegene Familienpension mit gut ausgestatteten Zimmern (unterschiedlicher Größe) und Parkmöglichkeit (gegen Gebühr). Das Frühstücksbuffet ist im Preis inbegriffen, und Sie können Fahrräder ausleihen.
220 C3 Corso SS Felice e Fortunato 32
04 44 32 37 51
www.hotelcristinavicenza.it

Wohin zum … Essen und Trinken?

Preise für Vor- und Hauptspeise ohne Getränke:

€	unter 30 Euro
€€	30 bis 60 Euro
€€€	über 60 Euro

BOLOGNA

Cesari €–€€
Traditionsreicher Familienbetrieb im Zentrum, der in rustikalem Ambiente typische Bologneser Speisen wie mit Kaninchenfleisch gefüllte Ravioli bereitet. Dazu gibt es bevorzugt Weine der Umgebung.
222 C4 Via de' Carbonesi 8
05 123 77 10 www.da-cesari.it
Mo–Sa 12.30–14.30 und 19.30–22.30 Uhr, Aug., Jan. geschl. (reservieren)

Trattoria Leonida €
Familiengeführtes Lokal, nahe dem Palazzo della Mercanzia, spezialisiert auf lokale Küche: Pasta wie *tortellacci ai porcini* (mit Steinpilz-Farce gefüllte Teigtaschen) oder deftige Fleischgerichte *(bollito misto)*.
222 C4 Vicolo Alemagna 2
05 123 97 42 www.trattorialeonida.com
Mo–Sa 12.30–14.30 und 19–22.30 Uhr; 3 Wochen im Aug. geschl.

DOLOMITI (DOLOMITEN)

Wirtshaus Vögele €–€€
Seit den 1870er-Jahren wird in den Stuben des Bozener Traditionswirtshauses am Obstmarkt exzellente Südtiroler Küche mit heimischen Bioprodukten veredelt, ob »Erdäpfelblattln« oder »Zwetschgen Röster«. Es gibt auch Gästezimmer.
220 C4 Via Goethe 3, Bolzano
04 71 97 39 38 www.voegele.it
Mo–Fr 11–16 und 18–23, Sa 11–16 Uhr

PADOVA (PADUA)

Belle Parti €€–€€€
Im Palazzo Prosdocimi, im Herzen der

Altstadt von Padua, speist man in ehrwürdigen Mauern, umgeben von Spiegeln und Gemälden, ganz modern: Auf den Tisch kommen kreative Variationen alter Rezepte der regionalen Küche wie Safran-Risotto mit Jakobsmuscheln und Erbsen oder Kalbfleisch mit Spargel, Ei und Parmesan.
221 D2 Via Belle Parti 11
04 98 75 18 22 www.ristorantebelleparti.it
Mo–Sa 12.30–14.30 und 19.30–22.30 Uhr; Aug. geschl.

PARMA

Restaurant Leon d'Oro €
In der 1917 gegründeten Trattoria wird köstlicher Parmaschinken am Tisch aufgeschnitten – als Vorspeise etwa zu einem exzellenten Grillgericht. Die drei traditionell eingerichteten Speisesäle sind meist gut besucht, ohne dass man sich eingeengt fühlt. Das dazugehörige Hotel bietet 16 Zimmer.
222 B5 Viale Antonio Fratti 4A
05 21 77 31 82 www.leondoroparma.com
tgl. 12.30–15 und 19.30–23 Uhr; wechselnde Urlaubszeiten Juni/Aug.

VERONA

Osteria Sottoriva €€
Im Herzen Veronas gelegen, bringt die Osteria venezianische und Veroneser Spezialitäten auf den Tisch – z. B. Polenta, *baccala* (Stockfisch) und die beliebten *sardine in saor* (marinierte Sardinen).
220 C2 Via Sottiriva 9
045 801 43 23
tgl. 11–15 und 18.30–22.30 Uhr

VENEZIA (VENEDIG)

Algiubagiò €€
Restaurant am Wasser, wo man neben Pasta, Rind und Fisch auch *tramezzini* bekommt, neben einer Auswahl feiner *dolci*. Eine ausgefallene Delikatesse sind die *ravioli di mare*, gefüllt mit Meeresfrüchten und Kohl.
221 D2 Cannaregio 5039
04 15 23 60 84 www.algiubagio.net
tgl. 7–24 Uhr

Caffè Florian €€
Stil und Charme vergangener Tage prägen Italiens ältestes Café (gegr. 1720), dessen opulentes Dekor – Fresken, Spiegel, poliertes Holz – teils aus dem 19. Jh. stammt. Marmortische und Polsterstühle beleben auch Arkaden und Piazza; zur Cocktailstunde spielt ein kleines Orchester auf. Zum Besten (und Nahrhaftesten) auf der Karte gehört heiße Schokolade mit Sahne *(cioccolata calda con panna)*.
221 D2 Piazza San Marco 56/59
04 15 20 56 41 www.caffeflorian.com
tgl. 9–24 Uhr San Marco

Enoteca Ai Artisti €€–€€€
Gemütlich einkehren und lecker speisen nahe der Accademia im Stadtteil Dorsoduro – die Auswahl der Weine und die Kreationen der Küche (vor allem Meeresfrüchte und Fisch) künden von der Leidenschaft, mit der Chefin Francesca Ciancio ihr Lokal betreibt. Bei schönem Wetter werden ein paar Tische draußen, direkt am Kanal, gedeckt.
221 D2 Fondamenta della Toletta 1169/A
041 52 38 944 www.enotecaartisti.com
Di–Sa 12.45–14.30 und 19–22 Uhr (unbedingt reservieren) Accademia

Harry's Bar €€€
Unweit der Piazza San Marco findet man eine der wohl berühmtesten Bars der Welt, die nach der Eröffnung im Jahr 1931 Prominente wie Charlie Chaplin oder Orson Welles zu ihren Gästen zählte. Nach wie vor geben sich hier Größen aus Film und Gesellschaft die Klinke in die Hand, obwohl es keine Terrasse gibt und der Service manchmal zu wünschen übrig lässt. Erfunden wurde hier der legendäre Bellini-Cocktail (Pfirsichsaft mit Prosecco).
221 D2 Calle Vallaresso 1323
04 15 28 57 77
www.cipriani.com
tgl. 10.30–23 Uhr San Marco

VICENZA

I Monelli €–€€
An schlichten Holztischen kann man sich hier köstliche regionale Spezialitäten

munden lassen. Egal ob Tintenfisch-Tortellini, Schweinshaxe oder die deftige Gemüsesuppe: Alles kommt sehr fein komponiert aus der Küche. Probieren Sie auch mal die hausgemachten Desserts – sehr, sehr lecker!

✈ 220 C3

✉ Contra Ponte San Paolo 13

☎ 04 44 04 18 33

🌐 https://osteriamonelli.com

🕐 Mo–Fr 18–24, Sa/So auch 11.30–16 Uhr, Aug. geschl.

Wohin zum … Einkaufen?

Ob in größeren Städten oder kleineren Ortschaften: Der Nordosten Italiens ist ein Einkaufsparadies.

So findet man in **Venedigs** Geschäften alles, was das Herz begehrt, vom üblichen Mainstreamangebot bis zu regionalen Spezialitäten. Auch die bekannten **Modedesigner** des Landes wie Armani, Missoni, Prada, Gucci, Bottega Veneto sind um die **Calle Vallaresso** westlich des Markusplatzes vertreten. Etwas preiswerter sind die Läden links und rechts der Rialtobrücke, interessanter allerdings die Adressen mit typisch venezianischem Angebot wie Murano-Glas, Buntpapier und Karnevalsmasken alter Art. Bei den **Masken** muss man sich aber vorsehen, keine billige Importware (also letztlich Fälschungen) zu erwerben – am besten kauft man sie dort, wo die Masken nebenan im Atelier hergestellt werden, z. B. bei Ca' Macana Atelier (Cannaregio 1374/75) oder Sogno Veneziano Atelier (Calle delle Erbe 6432). Ähnliches gilt für **Glas** – soll es authentisch sein, hat es seinen Preis, etwa bei Venini (www.venini.it).

Überall in Venedig kann man zudem handgeschöpftes **Papier** in verschiedenster Form und Verwendung erstehen. Gängig sind auch Accessoires wie Schlüsselanhänger mit Quasten, Schreibunterlagen, Kissen und Decken.

Groß ist zudem die Auswahl an schönen **Stoffen**, darunter plissierte Seide im Fortuny-Stil, Samt oder Brokat. Für den Hobby-Gondoliere gibt es Hüte, gestreifte Hemden und handgefertigte Rudergabeln.

Bolognas Shoppingmeile erstreckt sich entlang und nahe der Via dell'Indipendenza, doch auch anderswo in der Stadt findet man einige der besten Geschäfte mit Delikatessen Italiens. Letzteres gilt auch für **Padua**,

Delikatesse der Region: Parmaschinken, frisch angeschnitten und – sehr – lecker

das als Universitätsstadt zudem über flotte Läden für Mode und Accessoires sowie über exzellente Buchhandlungen verfügt.

Ein breit gefächertes Angebot bietet Verona dem Besucher besonders auf der Via Mazzini zwischen der Arena und der Piazza delle Erbe, wo sich teils teure Geschäfte mit gutem Sortiment reihen und man zudem auf dem Platz einen lebendigen, attraktiven Markt vorfindet.

In Parma wiederum hat man Gelegenheit, Delikatessen wie *prosciutto di Parma* (Parmaschinken) und *parmigiano* (Parmesan) an ihrem Ursprungsort zu kaufen.

In den Dolomiten und Südtirol ist man in einer ganz anderen Welt, auch was das Einkaufen angeht. So bringt man sich aus Bolzano oder Merano vielleicht Trachtenjanker und einen Lodenmantel mit oder schöne Strickjacken sowie Dirndl und Spitzengeklöppeltes für die Damen sowie für beide Geschlechter Hausschuhe aus Filz mit dicker Korksohle für kalte Winterabende. Hervorragend wärmt an solchen Abenden auch ein Bergkräuterlikör, zu dem ein luftgetrockneter Schinken oder Speck bestens schmeckt; Süßmäuler streichen sich Bergblütenhonig aufs Brot.

Wohin zum ... Ausgehen?

Mit Städten wie Bologna, Verona und Venedig ist der Nordosten von Oberitalien auch kulturell ein lohnendes Reiseziel, vor allem für Opern- und Musikfreunde.

Wichtigstes Ereignis der Sommersaison sind alljährlich von Juni bis August die Opern-Festspiele von Verona, im stimmungsvollen Ambiente einer zweitausend Jahre alten Freilichtbühne. Reservierung dringend empfohlen (www.arena.it)!

In Venedig ist rund ums Jahr viel geboten, angefangen mit dem weltberühmten Carnevale di Venezia (www.carnevale.venezia.it). Er beginnt jeweils zwei Wochen vor Aschermittwoch mit ausgelassenem Maskentreiben in der ganzen Stadt und endet am Faschingsdienstag. Wer sich für Kostüme interesssiert: Berühmt ist das Atelier von Stefano Nicolao (Nicolao-Atelier, Cannaregio 2590, www.nicolao.com), der auch schon für »Herr der Ringe« gearbeitet hat. Zehntausende Roben und Reifröcke, Masken und Mäntel drängen sich in seinem Fundus – für 200 bis 800 Euro können Sie sich auch etwas ausleihen.

Lebhaft zu geht es im Juli beim Festival Il Redentore (www.redentorevenezia.it), mit einer Pontonbrücke über die Giudecca und spektakulärem Feuerwerk. Im September zieht die Regata Storica (www.regatastorica venezia.it) mit ihren Prunkbarken und Ruderwettkämpfen viele Gäste an, und alle zwei Jahre stellt die Biennale Internazionale d'Arte ganz aktuelle Kunst vor. Ein Event von Weltgeltung sind auch die Internationalen Film-Festspiele (www.labiennale.org) zwei Wochen im September. Während der Wintermonate lohnt ein Opernbesuch in Venedigs exzellent renoviertem Teatro La Fenice (www.teatrolafenice.it).

Klassische Konzerte finden in der Lagunenstadt das ganze Jahr über statt, oft in einer der schönen Kirchen, viel Musik haben auch Orte wie Padua, Ravenna, Parma und Vicenza zu bieten.

Für Nachtschwärmer ist Rimini die beste Adresse der Gegend – ein italienisches Pendant zu Ibiza mit endlosen Stränden, coolen Café-Bars und quirligen Clubs (www.rimini fiera.it oder www.riminiturismo.it).

Abseits ausgetretener Touristenpfade ist oft wenig los, dafür kann man umso besser die typische Atmosphäre italienischer Abende auf sich wirken lassen – bei einem Bummel durch schmale Gässchen und einem Glas Wein an der Piazza oder mit Blick aufs Wasser.

Frische Bergluft genießen Sie in den Dolomiten im Sommer beim Wandern und im Winter beim Skilaufen – die größeren Urlaubsorte haben hier das ganze Jahr über Saison und sind touristisch bestens erschlossen.

An der Küste finden Sportbegeisterte neben Tennisplätzen mit Flutlicht auch Golfplätze. Zudem werden Reitausflüge durch Pinienwälder und Wassersportmöglichkeiten angeboten. Windsurfing ist sehr beliebt – in den meisten größeren Badeorten kann man dazu Kurse buchen und Ausrüstung mieten.

Der Neptunbrunnen auf der Piazza della Signoria in Florenz ist ein Werk von Bartolomeo Ammannati (1511–1592).

Mittelitalien

Hier, meint man, wurde die Harmonie geboren. Natur, Architektur und Lebensart verbinden sich in Italiens Mitte zum Gesamtkunstwerk.

Seite 118–143

Erste Orientierung

Sanfte Hügel, Bauernhöfe und Villen, Bergdörfer, Weingärten, Olivenhaine und Zypressen – wie ein Traum von Italien wirkt die typische Landschaft der Toskana im Zentrum von Italien. Einst war sie Geburtsort der Renaissance, deren Kunstschätze diese liebliche Gegend einzigartig machen.

Lebendiges Zentrum der Toskana ist die Hauptstadt Firenze (Florenz), deren Architektur und Kunst alljährlich zahlreiche Besucher anzieht. Wer etwas mehr Zeit hat, besucht gern auch Pisa (mit Schiefem Turm) und Lucca (mit mittelalterlicher Altstadt). Im Süden beeindruckt San Gimignano mit seinen markanten Geschlechtertürmen und den blumengeschmückten schmalen Gassen, lockt Siena in reizvoller Landschaft mit dem vielleicht schönsten Platz in ganz Italien, der Piazza del Campo.

Malerische Bergdörfer krönen die Hügel der südlichen Toskana, während der östliche Nachbar Umbrien, mit Hauptstadt Perugia, als grünes Herz Italiens gilt: Über Weingärten und Sonnenblumenfeldern erhebt sich etwa Assisi, die Heimat des hl. Franziskus. Berühmt für seinen edlen, auf vulkanischem Boden gedeihenden Rebensaft ist auch Orvieto. Spoleto bildet das Eingangstor zum zentralen Apennin. Über Gubbio im Nordosten gelangt man in die Marche (Marken) mit der Hauptstadt Urbino und ihrem herrlichen Renaissance-Palast.

TOP 10

4 ★★ Firenze (Florenz)

7 ★★ Siena

Nicht verpassen!

43 Pisa

Nach Lust und Laune!

44 Urbino

45 Gubbio

46 Perugia

47 Assisi

48 Spoleto

49 Orvieto

50 San Gimignano

51 Lucca

Lucca
51
43 Pisa
4
Firenze
vorno
San Gimignano
50
Volterra
Siena
7
Massa Marittima
Piombino
erráio
d'Elba
Arezzo
Cortona
Montepulciano
Castiglione
Lago Trasimeno
Perugia
46
Urbino 44
Pesaro
Fano
Senigallia
Ancona
Gubbio
45
Gualdo Tadino
Tolentino
47 Assisi
Foligno
San Benedetto
Ascoli Piceno
Todi
48 Spoleto
Orvieto 49
Lago di Bolsena
Terni
Orbetello
Viterbo
50 km
30 mi
L'Aquila
Avezzano

Mein Tag voller Ein- und Aussichten

Die Hügel, der Fluss, die Brücken und der Dom mit seiner prachtvollen Kuppel – harmonischer hätte kein Maler die Ansicht von Florenz entwerfen können. Dieser Tag bringt atemberaubende Panoramen, dazu gibt es spannende Einblicke in Kunst, Geschichte und Gastronomie der Stadt.

10 Uhr: Cappuccino mit Kuppelblick

Die von Arkaden umgebene Piazza Santissima Annunziata ist das Paradebeispiel für harmonische Renaissancearchitektur in ❹ ★★ Florenz (S. 126). Die namensgebende Kirche am Platz ist heute ein Renaissancemuseum. Auch ohne Eintritt zu zahlen, gelangen Sie über die Treppe neben dem Eingang zum Dachterrassencafé. Der Ausblick ist malerisch: Im Hintergrund die grüne Kuppel der Synagoge, zum Greifen nah die rote Kuppel des Doms. Dort, wo Sie jetzt ihren Kaffee trinken, hängten die Nonnen einst die Kinderwäsche zum Trocknen auf (Café tgl. außer Di 10–21.30 Uhr).

10.30 Uhr: Meisterwerk des malenden Mönchs

Piazza San Marco mit dem gleichnamigen Klosterkomplex: Im 15. Jh. wirkte hier Bruder Angelikus, ein künstlerisches Ausnahmetalent. Er schmückte die Klostergebäude – auch die Zellen seiner Mitbrüder – mit Fresken aus. Besondere Beachtung fand seine »Verkündigung« am Treppenaufgang zum Dormitorium.

10.30 Uhr: Meisterwerk des malenden Mönchs
10 Uhr: Cappuccino mit Kuppelblick
10.30 Uhr
Piazza San Marco
Start
10 Uhr
Piazza Santissima Annunziata
Dachterrassencafé
Instituto degli Innocenti
Piazza del Mercato Centrale
Florentiner Markthalle
Da Nerbone
12.30 Uhr
Via del Canto dei Nelli
Via Camillo Cavour
Via dei Servi
12.30 Uhr: Schauen, schnuppern, schlemmen
Duomo
14 Uhr: Ganz hoch hinaus
Piazza della Repubblica
Via dei Calzaiuoli
Via del Corso
14 Uhr
15.30 Uhr
Venchi
Mercato Nuovo
Piazza della Signoria
David
Palazzo Vecchio
15.30 Uhr: Und jetzt was Süßes
Arno
Ponte Vecchio
OLTRANO
Via Guicciardini
Madova
Piazza Santa Maria Soprano
Tiziana Alemanni
16.30 Uhr
Lungarno Torrigiani
200 m
200 yd
Palazzo Pitti
C4
Lungarno Serristori
Piazza Poggi
19.30 Uhr: Romantik zum Sonnenuntergang
19.30 Uhr
Via dei Bastioni
Ende
18 Uhr
Giardino delle Rose
Piazzale Michelangelo
Scalea dei Monte alle Croci
C1, C3
La Loggia
16.30 Uhr: Was Schickes, handgemacht
18 Uhr: Relaxen im Rosengarten
San Miniato al Monte

Schöner als dieser Blick vom Turm des Palazzo Vecchio über die Dächer der Stadt ist nur die Aussicht vom Dom – aber dort fehlt dann halt Brunelleschis grandiose Kuppel im Florentiner Panorama.

12.30 Uhr: Schauen, schnuppern, schlemmen

Die Florentiner Markthalle – errichtet 1874 aus Gusseisen und Glas – bietet nicht nur architektonischen Genuss. Ob Suppenhuhn, Gemüse, Käse oder Fisch – im Mercato Centrale kaufen die Florentiner seit jeher Lebensmittel ein. Oder sie essen gleich an Ort und Stelle eine Kleinigkeit.

Eine Institution ist Da Nerbone (Mo–Sa 8–15 Uhr) im Erdgeschoss. Hier steht man an für ein Brötchen mit *lampredotto*, zart geschmortem Rindermagen. Unbedingt probieren, sofern Sie nicht zur Veggie-Fraktion gehören. Pasta und Fleischloses gibt's auf dem (touristischeren) Street-Food-Markt im Obergeschoss.

14 Uhr: Ganz hoch hinaus

Wuchtig dominiert der Palazzo Vecchio, einst Residenz der mächtigen Medici-Familie, die Piazza della Signoria. Vor dem Eingang wacht Michelangelos David (eine Kopie). Besteigen Sie den Turm und lassen Sie ihren Blick über die Dächer gleiten.

15.30 Uhr: Und jetzt was Süßes!

Am Mercato Nuovo lässt sich Porcellino, das Bronzewildschwein, die Schnauze reiben – das soll Glück bringen. In der Nachbarschaft bietet Venchi Gourmetschokolade und Gelati an. Ein Eis auf die Hand, und weiter geht's. Über die berühmte Steinbogenbrücke Ponte Vecchio erreichen Sie Oltrarno – die beschaulichere Seite von Florenz.

Links: Zwischendurch was Süßes muss sein!
Rechts: auf der Piazzale Michelangelo

16.30 Uhr: Was Schickes, handgemacht

Oltrarno ist bekannt für Werkstätten und Ateliers, in denen Lederwaren, Schmuck und andere Dinge traditionell gefertigt werden. Madova (Via de Guicciardini 1r, www.madova.it) bietet etwa feine Lederhandschuhe. Lust auf extravagante Damenmode? Dann schauen Sie bei Tiziana Alemanni vorbei (Sdrucciolo de' Pitti, 20r, www.tizianaalemanni.it).

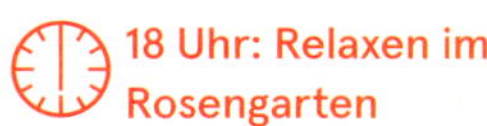

18 Uhr: Relaxen im Rosengarten

Zurück am Fluss steigen Sie an der Piazza Santa Maria Soprano in den Bus (C4 Direzione Ferrucci) und an der Haltestelle Ferrucci (8 Min. Fahrzeit) wieder aus. Über die Via dei Bastioni gelangen Sie in den Giardino delle Rose, einen historischen Rosengarten, der noch Geheimtipp-Status hat. Mindestens so betörend wie der Duft der Blumen ist der Blick auf die Stadt.

19.30 Uhr: Romantik zum Sonnenuntergang

Über die Scalea dei Monte alle Croci geht's recht steil hinauf zur 1000 Jahre alten Kirche San Miniato in Monte. Gleich daneben ist die Piazzale Michelangelo die Aussichtsterrasse der Stadt. Es gibt keinen schöneren Ort, um die Sonne hinter den Hügeln versinken zu sehen. Für einen stilvollen Sundowner bietet sich La Loggia (Piazzale Michelangelo 1) an.

Zurück ins Zentrum fahren schließlich die Buslinien C1 oder C3.

❹ ★★ Firenze (Florenz)

Was?	Hauptstadt der Toskana, Wiege der Renaissance
Warum?	Großartige Architektur, herausragende Kunstwerke in einer atemberaubend schönen Landschaft
Wann?	Oktober, April und Mai sind klimatisch ideal; wer vor allem wegen der Kunstschätze in den Kirchen und Museen kommt, kann sie im Winter ohne Warteschlangen genießen
Wie lange?	Mindestens 3 Tage – besser länger

Beiderseits des Arno in anmutigem Hügelland gelegen, erlebten Kunst und Kultur in Florenz (S. 122) unter der Herrschaft der Medici im 14./15. Jh. eine unvergleichliche Blüte – mit eindrucksvollen Bauten auf engstem Raum, dicht gefüllt mit den berühmtesten italienischen Kunstwerken der Zeit.

Im Jahr 1436 vollendete Filippo Brunelleschi mit der gewaltigen Kuppel den Neubau des Duomo (Basilica di Santa Maria del Fiore). Zur Ausstattung gehören zwei gemalte Reiterstandbilder berühmter *condottieri* (Söldner) von Andrea del Castagno und Paolo Uccello – andere Schätze aus Dom und Baptisterium sind ausgelagert in das Museo dell'Opera del Duomo an der Rückseite des Gebäudes. Auch die frei stehende (wohl auf Vorgängerbauten des 5./6. Jh. errichtete) achteckige Taufkirche Battistero (11. Jh.) ist mit farbigem Marmor verkleidet. Die Bronzeportale (Originale im Dommuseum) stammen von Andrea Pisano (1330er-Jahre) und Lorenzo Ghiberti (1452, von Michelangelo *Porta del Paradiso*, »Paradiespforte«, genannt). In der Kuppel leuchtet die einzig erhaltene Folge von Florentiner Mosaiken (1225). Gegenüber erhebt sich der Campanile (1334) nach einem Entwurf Giottos, 1337 umgestaltet mit rotem, grünem und weißem Marmor sowie Skulpturen und Reliefs. Einen schönen Blick auf die Stadt genießt man von seiner Galerie (414 Stufen geht es dort hinauf).

Zentrum der Macht: der um 1330 errichtete »alte Palast« (Palazzo Vecchio), das ehemalige Rathaus der Stadt auf der Piazza della Signoria

Blick von der Domkuppel am Campanile vorbei auf die Dächer der Stadt

Meisterwerke der Renaissance

Die Galleria dell'Accademia beherbergt Michelangelos weltberühmte Skulptur des sich zum Kampf gegen Goliath rüstenden »David«. 1504 geschaffen als Symbol der freiheitlichen Republik Florenz für die Piazza della Signoria, bedeutete sie für den damals 26-Jährigen den künstlerischen Durchbruch. Sechs weitere hochrangige Werke von ihm sind hier ausgestellt, andere Säle zeigen Gemälde des 13. und 14. Jhs. sowie historische Musikinstrumente.

Ein Museum hatte der Medici-Fürst Cosimo I. nicht im Sinn, als er den Architekten Giorgio Vasari 1559 mit dem Projekt beauftragte: Der Herrscher über den Stadtstaat Florenz wünschte sich einen Gebäudekomplex, in dem die wichtigsten Ministerien und Verwaltungsämter *(uffizi)* vereint waren. Vasari löste die Aufgabe meisterlich, in dem er zwischen Palazzo Vecchio und dem Fluss Arno eine symmetrische, von Arkaden gesäumte Anlage schuf, in die er bereits bestehende Gebäude – darunter eine Kirche und eine Münzprägewerkstatt – integrierte. Während der Verwaltungsapparat unten seinen Aufgaben nachging, bestückten die Medici die hellen Räume im Obergeschoss mit ihrer Sammlung antiker Skulpturen. Im Lauf der Zeit sammelten die Medici auch Gemälde von den herausragenden Künstlern ihrer Zeit. Heute verfügt kein anderes Museum der Welt über einen vergleichbaren Bestand an künstlerisch hochrangigen Gemälden wie die Galleria degli Uffizi.

Geschichte und Geschichten

Das trutzige Bauwerk des Museo Nazionale del Bargello hat eine bewegte Historie: Im Jahr 1255 erbaut als Sitz des »Capitano del Popolo«, des damaligen Oberhauptes der Stadtregierung, fungierte es später als *Domizil des podestà* – als Sitz des obersten Ratsherrn. Vom 16. Jh. an ließen die Medici hier den Polizeihauptmann *(bargello)* residieren, Gefängnis und Folterkammer waren angeschlossen.

Die drei Stockwerke des Museums umfassen einen Innenhof mit Portikus und eleganter Außentreppe, die mit Terrakotta und Wappenschilden verziert ist. Bis 1786 fanden hier Exekutionen statt. Die Verurteilten verbrachten ihre letzte Nacht in der Kapelle im ersten Stock. Nach der Vollstreckung hängte man die leblosen Körper demonstrativ ans Fenster – zur Abschreckung. Nach der Einigung Italiens wurde das ehemalige Polizeiquartier renoviert, und das erste Nationalmuseum des frischgebackenen Staates zog ein. Heutigen Besuchern bietet sich gleich im ersten Saal, der Michelangelo und seinen Zeitgenossen gewidmet ist, ein Highlight – Michelangelos »Trunkener Bacchus« (1496/97).

An der schmalsten Stelle des Arno überwand man wohl schon in etruskischer Zeit den Fluss. Die älteste steinerne Brücke der Stadt, Ponte Vecchio, wurde aber erst im 14. Jh. errichtet.

Die Piazza della Signoria ist gesäumt von eindrucksvollen Bauten wie dem Palazzo Vecchio als ehemaligem Regierungssitz, vor dem eine Kopie von Michelangelos »David« steht. Einen Besuch wert sind die große mosaikengeschmückte Versammlungshalle im Turm, der Salone dei Cinquecento, sowie die Privatgemächer der Medici.

Die Loggia dei Lanzi (1382), eine ehemalige Zeremonienhalle an der Südseite, ist geschmückt mit erstrangigen Renaissance-Skulpturen (Originale und Kopien) wie

Cellinis »Perseus« (1545) mit triumphierend erhobenem Medusenhaupt und Giambolognas »Raub der Sabinerinnen«.

Die Tourist Information vermittelt auch Führungen durch die schönen Kunsthandwerks- und Antiquitätengeschäfte des Oltrarno (mit Werkstattbesuchen).

Südlich des Arno

Zum Oltrarno, dem Bezirk »jenseits des Flusses«, gelangt man am besten über den Ponte Santa Trinità, der zudem die schönste Sicht auf den Ponte Vecchio von 1345 bietet. Der weiträumige Palazzo Pitti mit dem Giardino di Boboli war vormals eine Medici-Residenz. Heute ist hier die Galleria Palatina untergebracht, die Gemälde aus Renaissance und Barock zeigt. Von der Porta San Niccolò am Arno-Ufer geht es hinauf zum Piazzale Michelangelo, von wo Sie einen herrlichen Blick auf die Stadt genießen.

KLEINE PAUSE

Ein Glas Wein, ein leichtes Mittagessen – das **FishingLab Alle Murate** (Via del Proconsolo 16r, tgl. außer Di 12–23 Uhr) gehört zu den Favoriten der Florentiner.

224 B5

Tourist Information
Piazza Stazione 4
www.firenzeturismo.it, www.imuseidifirenze.it, www.firenzecard.it

Duomo, Museo dell'Opera del Duomo, Battistero, Campanile
Piazza del Duomo
https://duomo.firenze.it
Dom: Mo–Sa 10.15–16.45; Kuppel: tgl. 8.15–19.30 Uhr; Domkrypta: Mo–Mi und Fr 10–17, Do 10–16.30, Sa 10–16.45 Uhr; Campanile: tgl. 8.30–20 Uhr; Baptisterium: Mo–Sa 8.15–10.15, 11.15–20, So 8.30–1, 1. Sa des Monats 8.30–14 Uhr
20 € (gilt für Dom, Campanile, Krytpa, Baptisterium und Dommuseum, jeweils ein Eintritt innerhalb von 72 Std.), Kombiticket mit Dombesteigung 30 €

Galleria dell'Accademia
Via Ricasoli 58–60
www.imuseidifirenze.it
Di–So 8.15–18.50 Uhr
12 €, bei Sonderausstellungen mehr

Galleria degli Uffizi
Piazzale degli Uffizi 6
www.uffizi.it (Buchung mit 4 € Aufschlag: www.b-ticket.com)
Di–So 8.15–18.30, Juni–Sept. Di/Mi bis 21.50 Uhr März–Okt. 20 €, Nov.–Feb. 12 € (Ticket gilt auch für das Museo Archeologico Nazionale)

Museo Nazionale del Bargello
Via del Proconsolo 4
www.imuseidifirenze.it
Mo, Mi–Fr und 1.,3, und 5. So des Monats 8.15–13.50, Sa 8.15–18.50 Uhr, Di geschl.
9 € (plus 3 € Vorverkaufsgebühr)

Palazzo Vecchio
Piazza della Signoria
www.imuseidifirenze.it
Fr–Mi 9–19, Do 9–14 Uhr 12,50 €, Kombiticket Museum & Turm 17,50 €

Palazzo Pitti
Piazza Pitti 1
www.uffizi.it/en/pitti-palace
Di–So 8.15–18.50 Uhr
Kombiticket für alle Museen im Palazzo März–Okt. 16 €, Nov.–Feb. 10 €

Siena

Was?	**Faszinierende Mittelalterkulisse**
Warum?	**Ohne Siena ist keine Toskana-Reise komplett**
Wann?	**Oktober, April und Mai; spektakulär ist das mittelalterliche Reitturnier Palio (2. Juli, 16. Aug.)**
Wie lange?	**1–2 Tage**
Was noch?	**Weiter Panoramablick von der schmalen Torre del Mangia**

Im Mittelalter waren Siena und Florenz erbitterte Konkurrenten – schließlich triumphierte Florenz und glänzte als Wiege einer neuen Epoche, als Zentrum der Renaissance. Siena aber hat sich seine mittelalterliche Kulisse bewahrt und prunkt mit einem der schönsten Plätze Italiens.

Das Zentrum der Stadt lässt sich angenehm zu Fuß erkunden, aber wer mit der Bahn ankommt, ist gut beraten, vom Vorplatz den Bus zu nehmen, um einen anstrengenden Marsch bergauf zu vermeiden. Die weiträumige Piazza del Campo wird beherrscht vom gotischen Rathaus Palazzo Pubblico, in dem das Museo Civico logiert: Ambrogio Lorenzettis Freskenzyklus in der Sala della Pace zeigt die Auswirkungen der »Guten und schlechten Regierung« (1338). Ein Aufstieg auf die Torre del Mangia belohnt mit herrlichem Ausblick. Im Juli und August ist die Piazza del Campo Schauplatz des legendären Palio-Rennens.

Hereinspaziert: Sienas Plätze sind eine Bühne des Lebens – und die Piazza del Campo ist vielleicht die schönste davon.

Den Domplatz schmücken drei der schönsten Gebäude Sienas, allen voran der imposante Duomo Santa Maria Assunta mit schwarz-weißer Marmorfassade und intarsiertem Marmorfußboden im Innern. Am Eingang zur Biblioteca Piccolomini im Seitenschiff finden sich Fresken Pinturicchios zum Leben Papst Pius' II.

Gegenüber erhebt sich das Krankenhaus Santa Maria della Scala mit Fresken von Vecchietta, Domenico di Bartolo und anderen zur bald tausendjährigen Geschichte des Hauses. Zu den Attraktionen

Siena wurde auf drei Hügeln zwischen den Flüssen Elsa und Arbia erbaut. Hier ein Blick auf den marmorverkleideten Dom von der Via Camporegio.

des Museo dell'Opera del Duomo zählen Donatellos Marmortondo »Madonna mit Kind« (1456–59) und Duccios monumentale »Maestà« (1308–11).

Die Pinacoteca Nazionale besitzt hochkarätige Beispiele der Sieneser Schule, von Guido da Siena, Duccio und Simone Martini, Sassetta, Vecchietta oder Giovanni di Paolo.

KLEINE PAUSE

Zur genüsslichen Abkühlung lädt die **Bar-Gelateria La Costarella** (kein Schild) in der Via di Città 33, Ecke Costa dei Barbieri/Via di Fontebranda.

224 B4

Tourist Information
Palazzo Berlinghieri, Campo 7
www.discovertuscany.com

Museo Civico, Torre del Mangia
Piazza del Campo 1 ☎ 057 729 26 15
Museum: Nov.–Feb. 10–18, März–Okt. 10–19 Uhr; Turm: Mitte Okt.–Feb. 10–16, März–Mitte Okt. 10–19 Uhr Museo Civico, Santa Maria della Scala und Turm 20 € (2 Tage gültig), ohne Turmbesteigung 14 €

Dom, Baptisterium, Krypta, Museo dell'Opera del Duomo, Libreria Piccolomini
Piazza Duomo
www.operaduomo.siena.it
Domkomplex (inkl. Baptisterium, Krypta), Libreria Piccolomini und Porta di Cielo: März–Okt. Mo–Fr 10.30–19, Sa 10.30–18, So 13.30–18, Nov.–Feb. Mo–Sa 10.30–17.30, So 13.30–17.30 Uhr, Museo dell'Opera: März–Okt. tgl. 10.30–19, sonst bis 17.30 Uhr Dom und Libreria 7 €, Dom, Dommuseum und Libreria 15 €

Surreale Badewanne

Nahe Saturnia stürzt Thermalwasser von einem Felsen in die Tiefe und sammelt sich in stufenförmigen Naturbecken, bevor es rauschend und dampfend weiterfließt. Rund ums Jahr können Sie sich hier in den 37 Grad warmen Fluten aalen. An Feiertagen und Wochenenden sind die Becken oft überfüllt. Kommen Sie frühmorgens oder am späten Abend – auch Wintertage sind perfekt: Dann hat der Ort etwas Mystisches. Eintauchen, entspannen und der Natur danken für dieses Geschenk!

Anreisedetails und Tipps unter www.discovertuscany.com/maremma/thermal-baths-of-saturnia.html

 Pisa

Was?	Im Mittelalter Seemacht, heute quirlige Studentenstadt mit weltberühmter Architektur-Ikone
Warum?	Weil diese Ikone – der Schiefe Turm von Pisa – nach langer Restaurierung wieder bestiegen werden kann
Wann?	Spätabends, vor dem Nachthimmel, sieht der berühmteste Turm der Welt noch schiefer und unwirklicher aus
Wie lange?	Mindestens einen halben Tag

Von einstigem Reichtum zeugen die Altstadt (mit schönen Kirchen und in Pisaner Gelb getünchten Fassaden) sowie die Piazza dei Miracoli mit dem legendären Glockenturm.

Den »Platz der Wunder« (Piazza dei Miracoli) beherrscht ein mittelalterliches Marmorensemble: der Dom mit dem schiefen – und dadurch weltberühmt gewordenen – Glockenturm, das Baptisterium und der Monumentalfriedhof Camposanto in Form eines lang gestreckten Kreuzgangs mit Rundbogenarkaden. Schon beim Bau 1173 geriet der Campanile (Glockenturm) in Schieflage und wurde in den 1990er-

»La torre pendente« heißt der Schiefe Turm von Pisa im Italienischen – hier mit der Fontana dei Putti im Vordergrund.

Jahren grundlegend renoviert. Der im 11. Jh. begonnene Duomo Santa Maria Assunta galt lange als gewaltigster Kirchenbau der Christenheit, seine gestreifte Marmorfassade diente in ganz Italien als Vorbild. Im Jahr 1595 wurden bei einem Brand viele Kunstschätze zerstört, erhalten blieben das Apsismosaik »Christus als Pantokrator« von Cimabue und die reich verzierte Kanzel von Giovanni Pisano. Bauplastik u. a. präsentiert heute das Museo dell'Opera del Duomo.

Blick ins Innere des ab dem 13. Jh. errichteten Doms

KLEINE PAUSE

Eine alteingesessene noble Adresse für Kaffee und Gebäck ist **Salza** (Borgo Stretto 46, www.salza.it) in der Altstadt.

224 A5

Tourist Information
Piazza Vittorio Emanuele II 16
www.turismo.pisa.it

Piazza dei Miracoli
Piazza dei Miracoli
www.opapisa.it

tgl. ab 9 Uhr (verschiedene Schließzeiten) Dom: frei; Schiefer Turm: 20 € (Ticket mit Zeitfenster); Baptisterium, Camposanto, Museo dell'Opera del Duomo, Museo delle Sinopie: einzeln 7 €, Kombiticket für alle Attraktionen (ohne Turm) 10 €, mit Turm 27 €; Onlinetickets sinnvoll: www.opapisa.it/en/tickets/buy)

Nach Lust und Laune!

44 Urbino

Das malerische Urbino wird geprägt von Renaissance-Architektur (einem der besterhaltenen Ensembles Italiens) mit dem zweitürmigen Palazzo Ducale des Herzogs Federico da Montefeltro als markantestem Gebäude. Es beherbergt die Galleria Nazionale delle Marche mit meisterlichen Gemälden. Eine der Hauptsehenswürdigkeiten im Duomo Santa Maria Assunta ist das »Letzte Abendmahl« des Urbiner Meisters Federico Barocci.

In Raffaels Geburtshaus Casa di Raffaello werden Reproduktionen seiner Gemälde gezeigt sowie Werke des Vaters Giovanni Santi und befreundeter Künstler wie Timoteo Viti und Giulio Romano.

Das Oratorio di San Giovanni Battista schmücken Fresken zum Leben Johannes' des Täufers (1416) von Jacopo und Lorenzo Salimbeni.

223 E3
www.turismo.marche.it

Galleria Nazionale delle Marche
Piazza Duca Federico 107
www.galleriaborghese.it
Mo 8.30–14, Di–So 8.30–19.15 Uhr
10 €

Casa di Raffaello
Via Raffaello Sanzio 57
07 22 32 01 05
www.accademiaraffaello.it
März–Okt. Mo–Sa 9–13, So 10–12.30, Nov.–Feb. Mo–Sa 9–13.30, So 10–12.30 Uhr 4 €

45 Gubbio

Auf Terrassen vor der Kulisse des Monte Ingino (auf den eine Seilbahn führt) winden sich die schmalen mittelalterlichen Gassen von Gubbio, dessen zentrale Piazza della Signoria vom Palazzo dei Consoli (14. Jh.) dominiert wird. Stolz des dortigen Museo Civico sind die bronzenen Tavole eugubine (Eugubinische Tafeln): Im 15. Jh. entdeckt, vermitteln ihre religiös-liturgischen Texte einen Eindruck des alten umbrischen Dialekts.

Seit Jahrhunderten feiert man in Gubbio am 15. Mai, dem Tag des hl. Ubaldo, die Corsa dei Ceri (Kerzenrennen): In einem Wettlauf werden drei 200 kg schwere »Kerzen« auf hölzernen Haltern die Via Sant' Ubaldo hinauf zur Basilica di Sant' Ubaldo nahe dem Gipfel des Monte Ingino getragen (wo die Gebeine des Heiligen ruhen).

223 E2

Museo Civico
Palazzo dei Consoli, Piazza Grande
Mo–Fr 10–13 und 15–18, Nov.–März 14.30–17.30, Sa/So 10–18 Uhr 7 €

46 Perugia

Studenten der hiesigen Universität beleben das Straßenbild der umbrischen Hauptstadt – sie treffen sich gern bei der alten Fontana Maggiore (13. Jh.) am Corso Vannucci zwischen Piazza Italia und Piazza IV Novembre: Einst wurde der Brunnen gespeist mit Wasser aus dem Monte-

Pacciano-Aquädukt. Zu den Schätzen des Duomo di San Lorenzo zählt die Reliquie des Verlobungsrings der Jungfrau Maria, aufbewahrt in einer Schatulle in der Cappella del Sant'Anello.

Der mächtige gotische Palazzo dei Priori beherbergt die Galleria Nazionale dell' Umbria mit Werken von Malern wie Fra Angelico, Piero della Francesca und Perugino sowie dem Bildhauer Arnolfo di Cambio aus dem 12. bis 16. Jh. Perugias ehemalige Hauptkirche, die Chiesa di San Pietro, geht aufs 10. Jh. zurück.

Heil- und Kräuterpflanzen kann man im hübschen Klostergarten Orto Botanico Medievale anschauen.

223 D2
turismo.comune.perugia.it

Galleria Nazionale dell'Umbria
Corso Vannucci 19
www.gallerianazionaleumbria.it
Nov.–März Di–So 8.30–19.30, April–Okt. auch Mo 12–19.30 Uhr
10 €

47 Assisi

Assisi ist verbunden mit dem Namen des hl. Franziskus (1182–1226), der hier in der Basilica di San Francesco begraben liegt. Das Gotteshaus (13. Jh.) überragt die Altstadt an den Hängen des Monte Subiaso. Allegorien über dem Hauptaltar der Unterkirche zeigen die Regeln des Franziskanerordens: Keuschheit, Armut und Gehorsam; im rechten Querschiff findet sich Cimabues Porträt des Ordensgründers. Die Oberkirche schmückt Giottos 28-teiliger Freskenzyklus zum Leben des Heiligen (1300). Die gotische Basilica di Santa Chiara (13. Jh.) ist einer einheimischen Vertrauten des Franziskus gewidmet, der hl. Clara.

223 E1
www.visit-assisi.it

Basilica di San Francesco
Piazza San Francesco
www.sanfrancescoassisi.org
Unterkirche: April–Okt. Mo–Sa 6–18.45; Nov.–März 6–17.45 Uhr; Oberkirche: April–Okt. Mo–Sa 8.30–18.45, Nov.–März 8.30–17.45 Uhr
frei

Basilica di Santa Chiara
Piazza Santa Chiara
www.assisisantachiara.it frei

48 Spoleto

Ihren kulturellen Ruf verdankt die umbrische Stadt dem Festival dei Due Mondi (Juni/Juli) und ihren antiken Bauwerken wie dem Arco di Druso und der Casa Romana (beide 1. Jh.), mutmaßliches Domizil der Mutter Kaiser Vespasians, Vespasia Polla. Eindrucksvoll ist auch der Aquädukt Ponte delle Torri (14. Jh.), der 230 m lang in 80 m Höhe zwischen Spoleto und Monteluco die Schlucht des Tessino überspannt.

Der Duomo Santa Maria Assunta mit schönem Renaissance-Portikus und acht Fensterrosen birgt Fresken Filippo Lippis (1406–69, der hier begraben ist). Das Archäologische Museum im ehemaligen Kloster Sant'Agata in der Oberstadt zeigt

Funde der Bronzezeit aus der Rocca, der 1355 erbauten päpstlichen Burg, wo einst Lucrezia und Cesare Borgia, die unehelichen Kinder von Papst Alexander VI., lebten.

In der Unterstadt lohnen die Pinacoteca sowie die Kirchen San Salvatore und San Ponziano einen Besuch.

223 E1
https://guide.umbriaonline.com

49 Orvieto

Auf einem Tuffstein-Hochplateau liegt die von Weinbergen umgebene Stadt. Der Bau des gotischen Duomo Santa Maria mit prächtiger Fassade wurde im 13. Jh. begonnen. Im Inneren birgt die Cappella di San Brizio einen bedeutenden Freskenzyklus. Die Darstellung des »Jüngsten Gerichts« beeinflusste Michelangelos Arbeit in der Sixtinischen Kapelle.

Im sorgsam restaurierten Palazzo Faina gegenüber dem Dom findet man eine sehenswerte etruskische Sammlung mit Grab-Beigaben aus der Umgebung der Stadt.

Ein außergewöhnliches Relikt kriegerischer Zeiten ist der von Papst Clemens VII. 1527 angelegte Pozzo di San Patrizio, ein 60 m tiefer Brunnen mit raffiniertem Zugangssystem, der im Belagerungsfall Orvietos Wasserversorgung sicherstellen sollte (Zugang über die Piazza Cahen).

223 D1 www.orvietoviva.com

Von den einst über 50 Geschlechtertürmen San Gimignanos sind noch 15 erhalten.

50 San Gimignano

Das Bild des mittelalterlichen Stadtkerns wird beherrscht von Geschlechtertürmen, die auch die Collegiata (Domkirche Santa Maria Assunta, um 1300) an der Piazza del Duomo überragen. An deren reichem Freskenschmuck besticht vor allem das »Jüngste Gericht« (1410) von Taddeo di Bartolo.

Im Palazzo del Popolo (1288) nebenan kann man in der Sala del Consiglio (auch Sala di Dante) Lippo Memmis Monumentalbild der »Thronenden Madonna« (1317) bewundern. Die romanisch-gotische Kirche Sant'Agostino ziert ein Freskenzyklus zum »Leben des hl. Augustinus« von Benozzo Gozzoli, den Hauptaltar eine »Krönung der hl. Jungfrau« von Piero del Pollaiuolo.

Die Cappella di San Bartolo (Bartholomäus-Kapelle) birgt sterbliche Überreste des Heiligen (1228–1300) und einen schönen Altar von Benedetto da Maiano.

San Gimignano ist auch die Heimat eines hochgeschätzten Weißweins – Vernaccia di San Gimignano. Kennenlernen können Sie ihn bei einer Verkostung im Weinmuseum (Via della Rocca 1, www.sangimignanomuseovernaccia.com).

222 C2
www.comune.sangimignano.si.it

Pinacoteca und Torre Grossa
Piazza del Duomo 2
www.sangimignano.com
April–Okt. 10–19.30, Okt.–März 11–17.30 Uhr Kombiticket (mit Palazzo Comunale, Museo Archeologico, Spezieria di Santa Fina, Galleria d'Arte Moderna e Contemporanea, Museo Ornitologico) 9 €

51 Lucca

Zentrum der toskanischen Provinzhauptstadt ist die Piazza San Michele mit der romanischen Kirche San Michele in Foro, deren Name an das einstige römische Forum erinnert. Das Hauptportal des Duomo di San Martino zieren Hauptwerke romanischer Reliefkunst von Nicola Pisano. Interessant im Innern ist das achteckige Sakramentshäuschen *(tempietto)* mit dem *Volto Santo* (Heiligen Antlitz), einem Kruzifix aus Zedernholz – angeblich mit den wahren Gesichtszügen Christi von Nicodemus geschaffen. Das Chorgestühl ist geschmückt mit Ansichten der Stadt.

222 B3 www.luccaturismo.it

San Michele in Foro
Piazza San Michele
05 83 41 96 89 tgl. 7.40–12 und 15–18 Uhr (außer bei Gottesdiensten)
frei

Duomo di San Martino
Piazza San Martino
Mo–Do 10–17, Fr/Sa 10–18, So 12–18 Uhr; Campanile: Mo–Do 10–16, Fr–So bis 17 Uhr
Dommuseum 4 €, Schatzkammer 3 €

Die ovale Piazza del Anfiteatro in Lucca erinnert an ein im 2. Jh. errichtetes Amphitheater.

Wohin zum … Übernachten?

Preise für ein Doppelzimmer pro Nacht:
€ unter 200 Euro
€€ 200 bis 350 Euro
€€€ über 350 Euro

ASSISI

Hotel Berti €
Im Herzen von Assisi und in fußläufiger Entfernung zu allen Sehenswürdigkeiten wohnen Sie hier eher schlicht, aber bequem. Sommers wird das Frühstück in der blumengeschmückten Vorhalle aufgetragen. Die von denselben Inhabern betriebene Trattoria »Da Cecco« in der Nähe bietet in mittelalterlichem Ambiente traditionelle umbrische Küche (Spezialität des Hauses: *cannelloni*).
223 B2 Piazza San Pietro 24
07 5 81 34 66 www.hotelberti.it

FIRENZE (FLORENZ)

Antica Torre Tornabuoni €€–€€€
In der vornehmen Via Tornabuoni, zwischen Designerboutiquen und dem Arno-Ufer, ragt ein mittelalterlicher Wohnturm auf, der heute auf einigen Etagen als Hotel fungiert. Von manchen Zimmern können Sie auf den Ponte Vecchio sehen – eleganter möbliert sind aber die Zimmer mit Domblick. Es gibt eine unfassbar schöne Dachterrasse mit Barservice und Restaurant.
222 C3 Via Tornabuoni 1
05 52 65 81 61 www.tornabuoni1.com

Glance €€
Schickes City-Hotel mit gut ausgestatteten Zimmern und sehr freundlichem Service. Vor dem Haus liegt die belebte Via Nazionale. Vorn gibt es Lärmschutzfenster, nach hinten raus ist es auch bei geöffnetem Fenster ruhig. Auf der Terrasse im obersten Stock genießen Sie einen traumhaften Florenz-Blick, vom Pool, Liegestuhl oder von der Bar.
222 C3 Via Nazionale 23
05 529 00 82
www.glancehotelflorence.com

Guelfo Bianco €€
Herrlich zentral liegt dieser Palazzo aus dem 15. Jh., nur ein paar Schritte sind es zum Dom. Innen versprüht das Boutiquehotel mit seinen verwinkelten Räumlichkeiten, Balken und Treppchen historischen Charme.
222 C3 Via Camillo Cavour 29
055 28 83 30 www.ilguelfobianco.it

Palazzo Castri €€–€€€
Elegantes Boutiquehotel an der grünen Piazza Indipendenza – zentral, aber ruhig. Die Zimmer sind stylish eingerichtet, Designfreunde haben an der raffinierten Beleuchtung von Bad und Dusche ihre Freude. Lauschig sitzen Sie im schönen Innenhof, wo Sie sich auch mal bei einer Siesta im Liegestuhl vom Besichtigungsprogramm erholen können. Nachmittags werden Gäste zum High Tea mit kleinen Köstlichkeiten geladen.
222 C3 Piazza della Indipendenza 7
055 47 21 18
www.palazzocastri.com

LUCCA

Palazzo Alexander €€–€€€
Elegante, charmante Residenz (und ehemaliges Mädcheninternat) im Herzen der Stadt, mit den Sehenswürdigkeiten und mehreren guten Restaurants in unmittelbarer Nähe. Das Haus stammt aus dem 12. Jh. und wurde später opulent barock umgestaltet, mit viel Gold und Gelb. Großzügige Zimmer mit glänzendem Parkett, vergoldeten Spiegeln, bequemen Sitzmöbeln und Marmorbädern.
222 B3 Via Santa Giustina 48
05 83 58 35 71
www.hotelpalazzoalexander.it

PERUGIA

Hotel Fortuna €
Stolzes Palais im Herzen der Altstadt, dessen historischer Charakter in den Zimmern indes weniger spürbar ist – dafür umso mehr beim Frühstück in der Halle aus dem 14. Jh. Draußen lockt eine sonnige Terrasse, in der Umgebung finden Sie jede Menge Cafés und Bars, wo man vom Sightseeing pausieren und Leute beobachten kann.

+ 223 D2 ✉ Via Luigi Bonazzi 19
☎ 07 55 72 28 45
🌐 www.hotelfortunaperugia.com

PISA

Royal Victoria €
Seit 1839 in Familienbesitz; es ist durch seine Lage zwischen Bahnhof und Piazza dei Miracoli (10 Min. Fußweg) ein idealer Ausgangspunkt für Besichtigungen und Einkaufsbummel. 48 sauber gepflegte Zimmer mit und ohne Bad (auch Drei- und Vierbettzimmer). Parken gegen Gebühr.
+ 222 B3 ✉ Lungarno Pacinotti 12
☎ 05 0 94 01 11 🌐 www.royalvictoria.it

SAN GIMIGNANO

La Cisterna €–€€
Das 1918 gegründete Hotel in einem historischen Haus am gleichnamigen Platz zählt im Ort zu den besten seiner Kategorie und hat mit dem »Le Terrazze« ein exzellentes Restaurant zu bieten.
+ 222 C2 ✉ Piazza della Cisterna 23
☎ 05 77 94 03 28 🌐 www.hotelcisterna.it

SIENA

Hotel Santa Caterina €€
Ein Stück außerhalb der Stadtmauern (rund 15 Min. von der Piazza del Campo) erwarten den Gast in einem ehemaligen Patrizier-Palais 22 komfortable kleine Zimmer mit altem Gebälk, Fliesenböden, Klimaanlage. Frühstück bei schönem Wetter im ruhigen Gärtchen.
+ 222 C2 ✉ Via E.S. Piccolomini 7
☎ 05 77 22 11 05
🌐 www.hotelsantacaterinasiena.com

Il Giardino di Pantaneto €
In einem historischen Palazzo befinden sich hinter neogotischer Fassade zwölf charmante Gästezimmer mit zeitgemaßem Komfort. Das Beste an diesem B&B aber ist der traumhaft schöne Garten, in dem bei gutem Wetter gefrühstückt werden kann.
+ 222 C2 ✉ Via Pantaneto 77
☎ 05 77 57 49 10
🌐 www.ilgiardinodipantaneto.com

URBINO

Albergo Italia €
Moderne Pension nahe dem Dom mit eher schlicht wirkenden, aber komfortablen Zimmern. Das Frühstück wird auch im schönen Garten serviert. In der Umgebung finden Sie zahlreiche Bars und Restaurants.
+ 223 E3 ✉ Corso Garibaldi 32
☎ 07 22 27 01 🌐 www.albergo-italia-urbino.it

Wohin zum … Essen und Trinken?

Preise für eine Vorspeise und ein Hauptgericht ohne Getränke:

€	unter 30 Euro
€€	30 bis 60 Euro
€€€	über 60 Euro

FIRENZE (FLORENZ)

Cantinetta Antinori €–€€€
Das »Weinkellerchen« im renommierten Palazzo Antinori gehört einem der bedeutendsten Weinproduzenten Italiens, der auch Olivenöl und andere eigene Agrarerzeugnisse vertreibt (www.antinori.it). Mit seinem Namen verbindet sich die neue

Brot, Wein, Pasta: fertig ist die (toskanische) Küche.

Generation der *Supertuscans* (Supertoskaner), einer inoffiziellen Kategorie toskanischer Weine. Unter den kleinen Mahlzeiten und köstlichen Snacks, die im großzügig-eleganten Speiseraum im familieneigenen Palazzo serviert werden, findet man toskanische Klassiker wie *pappa al pomodoro* (Tomaten-Brot-Suppe) oder *ribollita* (Gemüsesuppe). Trotz der eher lässigen Atmosphäre sollte man zum exquisiten Ambiente passend gekleidet erscheinen.
222 C3 Piazza Antinori 3
055 29 22 34
www.cantinetta-antinori.com Mo–Sa 12–14.30 und 19–22.30 Uhr; im Aug. geschl.

Casalinga €€
Traditionelle Trattoria mit ordentlicher toskanischer Basisküche, freundlicher Bedienung und lebendiger Atmosphäre, wie man es bei einem seit Generationen von derselben Familie geführten Restaurant erwartet.
222 C3 Via del Michelozzi 9r, nahe Piazza di Santo Spirito
055 21 86 24 www.trattorialacasalinga.it
Mo–Sa 12–14.30 und 19–22 Uhr

Obicà Mozzarella Bar €€
Im Innenhof des vornehmen Palazzo Tornabuoni dreht sich alles um Mozzarella. Man kann alle in Italien vertretenen Sorten in ihren vielfältigen Zubereitungsarten genießen. Der Name der Kette stammt aus dem Neapolitanischen und bedeutet »Hier ist es!«.
222 C3 Via Tornabuoni 16
05 52 77 35 26 http://obica.com
Mo–Fr 12–16, 18.30–23, Sa/So 12–23 Uhr

Osteria del Cinghiale Bianco €
Das »Weiße Wildschwein« ist eine Trattoria alten Stils in einem ruhigen Sträßchen am Arno, seit einem halben Jahrhundert in Familienbesitz und mit verlässlich guter toskanischer Küche, von der *ribollita* bis zum zarten Wildschwein aus der Maremma.
222 C3 Borgo San Jacopo 43r, Oltrarno
05 5 21 57 06 www.cinghialebianco.com
tgl. 18.30–22.30, Sa/So auch 12–14.30 Uhr

Vivoli €
Seit drei Generationen unbestritten die beste Eisdiele von Florenz, in einem Seitensträßchen der Via Ghibellina bei Santa Croce. Beste Zutaten und handwerkliche Zubereitung – was man schmeckt.
222 C3 Via dell'Isola delle Stinche 7r
05 5 29 23 34 www.vivoli.it
Di–Sa 7.30–21/24, So 9–21/24 Uhr

LUCCA

Buca di Sant'Antonio €€
Eines der besten Restaurants im Zentrum mit traditioneller Küche und etwas steifem Ambiente.
222 B3 Via della Cervia 3
05 8 35 58 81
www.bucadisantantonio.com
Di–So 12.30–14.30, Di–Sa 19.30–22.30 Uhr

Ristorante Giglio €€€
In stilvoller Palazzo-Atmosphäre genießt man saisonale Gerichte aus heimischen Zutaten wie Lamm vom Rost mit knoblauchgewürzten Rübstielen oder gegrillten Dorsch mit Kichererbsen und rohem Schinken.
222 B3 Piazza del Giglio 2
05 83 49 40 58
www.ristorantegiglio.com
Do–Mo 12–14 und 19.30–22 Uhr

ORVIETO

Grotte del Funaro €
Außergewöhnliches Restaurant in den Gewölben einer ehemaligen Seilerei. Die Küche ist teils deftig, mit Schweinefleisch vom Grill, versteht sich aber auch auf Feines. Herrlicher Blick von der Terrasse.
224 C3 Via Ripa Serancia 41
07 63 34 32 76
www.grottedelfunaro.it
Di–So 12–15 und 19–22.30 Uhr

PERUGIA

Osteria il Gufo €–€€
Kreativ bereitet man in diesem Lokal typische Gerichte der Gegend zu, mit täglich wechselnder Speisekarte: Was der Markt gerade Gutes hergibt, landet schmackhaft zubereitet auf dem Teller. Schön ist es auch,

glasweise die Weinkarte zu erforschen und dazu ein paar Häppchen zu verzehren.
✢ 223 D2 ✉ Via della Viola 18
☎ 07 55 73 41 26 🌐 www.osteriailgufo.it
🕐 Mi–So 19–24, Sa/So auch 12–15 Uhr

PISA

Osteria dei Cavalieri €€
Traditionsreiches Lokal in der Altstadt nahe der Piazza dei Cavalieri mit klassisch toskanischer Küche wie *pasta fritta* (gebratene Nudeln), *ossobucco con fagioli* (Ossobuco mit Bohnen) oder *trippa alla pisana* (Kutteln mit Speck, Karotten, Zwiebeln und Kräutern). Preiswerter Mittagstisch mit Einzelgerichten und Festpreis-Menüs.
✢ 222 B3 ✉ Via San Frediano 16
☎ 05 0 58 08 58
🌐 www.osteriacavalieri.pisa.it
🕐 Mo–Fr 12.30–14, 19.45–22, Sa 19.45–22 Uhr

SAN GIMIGNANO

Dorandò €€€
In den kühlen Gewölben eines alten Palazzo lassen sich feine Gerichte – nach Slow-Food-Prinzipien – genießen. Regionale Zutaten treffen auf Know-how und Passion.
✢ 222 C2 ✉ Vicolo dell'Oro 2
☎ 05 77 94 18 62 🌐 www.ristorantedorando.it
🕐 Ostern–Okt. tgl. 12–14.30, 19–21.30; Nov.–Ostern Mo geschl., Dez./Jan. ganz geschl.

SIENA

Sotto le Fonti €–€€
Beste Adresse für authentische Gerichte und Weine der Region ist diese Osteria mit schlichtem Ambiente und profundem kulinarischen Anspruch. Sie hat sich dem Slow-Food-Gedanken verschrieben, wo sie ausgezeichneten Ruf genießt. Kein Zufall also, dass hier nur Hausgemachtes saisongerecht auf den Tisch kommt! Unbedingt probieren sollte man die hiesige Schinken-Spezialität *Cinta Senese* und im Herbst die wahrlich göttlich schmeckenden frischen Trüffel.
✢ 222 C2 ✉ Via Esterna Fontebranda 118
☎ 05 77 22 64 46 🌐 www.sottolefonti.it
🕐 Mo–Sa 12–15 und 19–21.30 Uhr

Wohin zum … Einkaufen?

Ein Einkaufsbummel in Mittelitalien – das ist der pure Genuss. Schöne Dinge finden sich allerorten – nicht nur in den Städten, auch in winzigen Ortschaften locken bunte Wochenmärkte, auf denen Händler von Lebensmitteln bis hin zu Haushaltswaren, Schuhen, Oberbekleidung und Dessous eine bemerkenswerte Produktpalette ausbreiten. Die Herstellung von Keramik, Mode, Schmuck und Lederwaren hat in Mittelitalien eine lange Tradition. Heute beleben viele junge Kreative altes Handwerk in ihren Ateliers und Werkstätten wieder neu. Als kleine Mitbringsel bieten sich Parfums aus Florenz an – oder, wenn es was Kulinarisches sein darf, die herrlichen Wein-, Käse- und Wurstspezialitäten der Region.

Am interessantesten zum Einkaufen ist sicherlich das Zentrum der toskanischen Hauptstadt **Florenz**, mit zahlreichen Designer-Läden entlang der Via Tornabuoni sowie etwas preiswerteren Geschäften um die Piazza della Repubblica und an der Via dei Calzaiuoli. Unter den Märkten der Stadt sticht der quirlige von **San Lorenzo** hervor, wo man vom Ledergürtel bis zum Fußball-T-Shirt alles bekommt. In der Nähe befindet sich auch die riesige alte Markthalle, der **Mercato Centrale**, wo lukullische Genießer auf ihre Kosten kommen.

Berühmt ist Florenz seit jeher für seinen Schmuck und die seit 1593 auf dem **Ponte Vecchio** residierenden Juwelierläden. Schön ist ein Bummel durch die Kunstgewerbe-Lädchen des Altstadtviertels **Oltrarno** mit breit gefächertem Sortiment von Möbeln und Antiquitäten bis hin zu Marmorpapier und qualitätsvollen Papeteriewaren.

In der ältesten und **schönsten Apotheke** Europas bekommt man Naturkosmetik und edle Duftwässerchen (Officina Profumo Farmaceutica di Santa Maria Novella, Via della Scala 16). Erkundigen Sie sich bei der Tourist Information nach Adressen für Traditionshandwerk.

Nicht ganz so groß ist das Angebot in **Siena** mit der Via di Città als Haupt-Shopping-Meile), wo man aber auch leicht fündig wird bei Lederwaren, Schuhen und Mode, Keramik oder Papierwaren. Eine süße Spezialität ist das *Panforte di Siena*, ein lebkuchenartiges Mandelgebäck auf Oblaten mit kandierten Früchten – oft sehr hübsch verpackt und so ein ideales Souvenir.

In **San Gimignano** gibt es viele Töpferwaren, Artikel aus Olivenholz sowie Tisch- und Bettwäsche, während in **Lucca** Juweliere und Modegeschäfte das Bild prägen. Die umbrische Hauptstadt **Perugia** ist Einkaufszentrum für die gesamte Region, mit dem betriebsamen Corso Vannucci und schönen Geschäften in der Bahnhofsgegend. Ein gutes Mitbringsel von hier ist Schokolade.

In **Spoleto** ist vorwiegend die Unterstadt empfehlenswert zum Shopping, aber auch der tägliche Markt auf der Piazza del Mercato in der Altstadt sowie deren Boutiquen und Antiquitätenläden. In **Assisi** lassen sich gut Devotionalien und Keramik erwerben, Letztere auch in **Orvieto** sowie in **Deruta**, wo sie in großem Stil hergestellt werden.

Wein und Öl aus der Toskana und Umbrien kann man auch direkt beim Erzeuger kaufen – zu Olivenbauern geht's auf der umbrischen Ölstraße (www.stradaoliodopumbria.it), Weine kann man entlang etlicher **Weinstraßen** kennenlernen, z. B. entlang der **Strada del Vino Chianti Colli Fiorentini** oder der **Strada del Vino Vernaccia di San Gimignano** (www.stradevinoditoscana.it).

Wohin zum … Ausgehen?

Was Besucher an Mittelitalien besonders schätzen, sind die vielen historischen und kulturellen Feste. Musikalisch – von Klassik bis Jazz – geht's im Sommer hoch her.

Bis ins Mittelalter zurück reicht die Tradition des berühmten **Palio** in Siena (www.ilpalio.org), ein Pferderennen auf der Piazza del Campo in historischen Kostümen (jeweils am 2. Juli und 16. August) – mit sehr viel Zulauf, weshalb man einen Besuch sorgsam planen sollte. An Ostern feiert man in Florenz den **Scoppio del Carro**, die »Verbrennung« eines blumengeschmückten Fuhrwerks mit Prozession und Feuerwerk vor dem Dom, gefolgt am 15. Mai von der **Corsa dei Ceri in Gubbio** (www.ceri.it), wo in einem verrückten Lauf riesige »Kerzen« aus Holz zum Gipfel des Monte Ingino getragen werden.

Neben den – meist dem örtlichen Schutzheiligen gewidmeten und mit Prozessionen, Musik und kleinen Gelagen begangenen – regionalen Festtagen gibt es auch **kulinarische Feste** *(sagre)*, die sich um lokale Spezialitäten drehen (Auskunft erteilen die Touristeninformationen).

Ältestes Musikfestival ist der in Florenz von Mai bis Mitte Juli stattfindende **Maggio Musicale Fiorentino** (www.maggiofiorentino.it); internationalen Ruf genießt – mit einer breiten Palette an Oper, Ballett und Konzerten – das hypermoderne **Teatro dell'Opera**. Beliebt ist auch das sommerliche Musik- und Tanz-Festival **Estate Fiesolana** in Fiesole, mit Aufführungen im antiken Amphitheater (www.estatefiesolana.it).

Im Juni/Juli lockt im umbrischen Spoleto das **Festival dei Due Mondi** (www.festivaldispoleto.com) und in Perugia das Umbria **Jazz-Festival** (www.umbriajazz.com). Beim **Trasimeno Music Festival** werden Kirchen und Palazzi in verschiedenen Orten zu Veranstaltungsorten für Klassik-Konzerte (www.trasimenomusicfestival.com).

Nachtleben mit **Clubs** und **Livemusik** gibt es vorwiegend in Universitätsstädten wie Florenz, Siena und Perugia, im Sommer tobt das Party-Leben an einem der längsten Sandstrände Italiens im Badeort Viareggio.

Vor allem im Frühling präsentiert sich Mittelitalien als **Wanderparadies** – in der Toskana bestens erschlossen durch das System der *strade bianche* (weißen Straßen). Wer höher hinaus möchte, ist gut aufgehoben im umbrischen Hügelland, auch im Herbst. Hinweise für bestimmte Routen erteilen die Touristeninformationen.

Agriturismo-Einrichtungen bieten häufig auch **Reitausflüge** an. Besonders intensiv erlebt man Mittelitaliens Landschaften beim **Radeln**. Mit dem E-Bike lassen sich auch hügelige Strecken mühelos bewältigen.

»Steinerne Krone Apuliens« wird das westlich von Bari gelegene, im Auftrag des Stauferkaisers Friedrich II. errichtete Castel del Monte auch genannt.

Süditalien

Die Sonne, die Farben, das Temperament der hier heimischen Menschen und die Schärfe der Speisen – im Süden ist alles intensiver und entfaltet viel Magie.

Seite 144–169

Erste Orientierung

Rauer, ärmer erscheint Italien südlich von Rom. Das Klima ist trockener und heißer, die Landschaft wechselt zwischen sprödem Fels und fruchtbaren Tälern. Von außergewöhnlicher Schönheit präsentiert sich so mancher Küstenabschnitt. Antike Ruinen legen Zeugnis ab von den Griechen, Römern und anderen Völkern, die hier vor tausenden Jahren Kulturgeschichte schrieben.

Als wichtigste Stadt des heutigen Süditalien erstreckt sich zu Füßen des Vesuvs das quirlige Napoli (Neapel), Hauptstadt Kampaniens und drittgrößte Stadt Italiens. Die vom Vulkan zerstörten Städte Pompei und Ercolaneo künden detailreich wie kaum eine andere Ausgrabungsstätte vom Alltagsleben vor zweitausend Jahren. Südwärts schließt sich, gesprenkelt mit idyllischen Orten wie Ravello, die Halbinsel Sorrento an, von wo man auf die berühmte Insel Capri gelangt. Noch weiter südlich hinterließen griechische Siedler die großartigen Tempel von Paestum, ein Stück tiefer in die Vergangenheit führen die Höhlen von Matera, einmalig sind die kegelförmigen *trulli* bei Alberobello. Auf der Ostseite, in Apulien, glänzt Lecce mit schöner Barock-Architektur, locken die pinienbestandenen Kreidefelsen des Gargano und ganz im Norden der Parco Nazionale d'Abruzzo, wo Gämsen, Wölfe und Braunbären heimisch sind.

TOP 10

5 ★★ Sorrento & Amalfitana (Sorrent & Amalfiküste)
9 ★★ Pompei & Monte Vesuvio (Pompeji & Vesuv)

Nicht verpassen!

52 Parco Nazionale d'Abruzzo
53 Napoli (Neapel)

Nach Lust und Laune!

54 Ercolaneo (Herculaneum)
55 Ravello
56 Paestum
57 Matera
58 Lecce
59 Alberobello
60 Parco Nazionale del Gargano
61 Capri

Pescara
Sulmona
52 Parco Nazionale d'Abruzzo
60 Parco Nazionale del Gargano
San Severo
Manfredonia
Isernia
Cassino
Lucera
Foggia
Barletta
Cerignola
Bari
Andria
Gaeta
Benevento
Caserta
Pompei & Monte Vesuvio
Melfi
Altamura
Napoli 53
9
Lioni
59 Alberobello
Brindisi
Potenza
Matera 57
Ercolano 54
55 Ravello
Ìsola d'Ischia
Sorrento
Mesagne
61 Capri
5
Battipaglia
Bernalda
Taranto
Lecce 58
Sorrento & Amalfitana
56 Paestum
Viggiano
Policoro
Senise
Episcopia
Gallipolli
Máglie
Pisciotta
Sapri
Trebisacce
50 km
30 mi
Marina di Leuca
Morano Calabro
Rossano
Belvedere Marttimo
Longobucco
Cosenza
S. Giovanni in Fiore
Crotone
Amantea
Rogliano
Catanzaro
Vibo Valentia
Soverato
Serra S. Bruno
Marina di Gioiosa Jonica
Reggio Calabria
Bianco

Mein Tag in bella Napoli

Laute Wochenmärkte, alteingesessene Pizzerien, das Auf und Ab mit dem Funicolare, eine quirlige Altstadt und die Spuren von zweieinhalbtausend Jahren Kulturgeschichte – all das ist Neapel, das Sie an diesem Tag über und unter der Erde entdecken können.

9 Uhr: Spaziergang auf der Uferpromenade

Eine der schönsten Straßen 53 Neapels (S. 158) ist die Via Carracciolo, die direkt am Meer entlang vom feinen Stadtteil Mergellina zum Castel dell' Ovo führt. An der Uferpromenade treffen sich Jogger und Spaziergänger. Lassen auch Sie sich zum Tagesauftakt hier die frische Luft um die Nase wehen, beginnen Sie den Spaziergang am kleinen Hafen von Mergellina.

Vielleicht treffen Sie noch ein paar Fischer an, die direkt ab Boot den frischen Fang verkaufen. Und lassen Sie den Blick übers Meer schweifen: Bis nach Capri kann man schauen. Nach etwa einer halben Stunde haben Sie das Kastell erreicht.

10 Uhr: Rauf nach Vomero

Weiter geht es nun stadteinwärts durch die Via Santa Lucia zur Station der Standseilbahn an der Piazetta Augusteo. Die Neapolitaner lieben ihre *funicolare*: Diese verbindet schon seit 1928 die historische Altstadt mit dem auf dem gleichnamigen Hügel gelegenen Wohnbezirk Vomero. Hier oben ist man privilegiert, atmet frische Luft, erfreut sich am herrlichen Panorama.

10.45 Uhr: Obst, Gemüse und Dessous

Was wäre eine italienische Stadt ohne ihre Wochenmärkte? Der Vomero hat einen der attraktivsten *mercati* Neapels: den Mercato Antignano (Mo–Sa 8–13.30 Uhr). Hier wird so ziemlich

16 Uhr: Ausflug in die Unterwelt
16 Uhr
Ende
CENTRO ANTICO
Napoli Sotterranea
Piazza San Gaetano
Piazza Bellini
Bar Lemmelemme
Bourbon Jazz-Club
Via dei Tribunali
Pizzeria Port'Alba
Museo Cappella San Severo
20.30 Uhr
19 Uhr
10.45 Uhr: Obst, Gemüse und Dessous
Piazza Medaglie d'Oro
Mercato Antignano
Piazza degli Artisti
10.45 Uhr
VOMERO
Funicolare di Montesanto
Via Toledo
Via Benedetto Croce
13.30 Uhr
Piazza Monteoliveto
La Cucina di Elvira
12 Uhr
Castel Sant'Elmo
13.30 Uhr: Barocke Skulpturenpracht
12 Uhr: Mittagessen bei Elvira
Funicolare Centrale
10 Uhr
Piazetta Augusteo
Piazza Trieste e Trento
Via Chiaia
Piazza Plebiscito
300 m
300 yd
Villa Comunale
Via Caracciolo
SANTA LUCIA
Via Santa Lucia
Via Partenope
Castel dell'Ovo
Start
9 Uhr
Porto
9 Uhr: Spaziergang auf der Uferpromenade
10 Uhr: Rauf nach Vomero

Direkt am Meer entlang führt die Via Carracciolo vom feinen Stadtteil Mergellina zum Castel dell'Ovo.

alles geboten, was der Mensch tagtäglich braucht. Das Beste aber ist das Temperament der Verkäuferinnen und Verkäufer, die mit Witz und kräftigem Organ werben – neapolitanischer Alltag in Reinkultur.

12 Uhr: Mittagessen bei Elvira

Wenn Ihnen der Bummel über den schönen Markt so richtig Appetit gemacht hat, ist jetzt La Cucina di Elvira (Via Bernini 42, Di–So 12–16 und 19-22.30 Uhr) die richtige Adresse. Ein einfaches Lokal, familiengeführt, mit typisch neapolitanischen Gerichten. Lecker!

13.30 Uhr: Barocke Skulpturenpracht

Zurück zur Zahnradbahn und hinab zur Ausgangsstation Augusteo. Von dort spazieren Sie durch Altstadtgassen zur Capella San Severo, einst Grabkapelle für Neapels Adel – heute Museum (tgl. 9–19 Uhr, 8 €) mit barocker Skulpturenpracht. Herausragend ist der »Cristo velato« (verschleierter Jesus) von Giuseppe Sanmartino (1753). Makaber muten die beiden Skelette in der Krypta an, Resultate eines düsteren Experiments, gefertigt im 18. Jh. von einem Arzt aus Palermo, um seinen Kollegen eine Vorstellung vom menschlichen Innenleben zu geben.

16 Uhr: Ausflug in die Unterwelt

Weiter geht es zur Piazza San Gaetano. Hier tauchen Sie in Neapels faszinierende Unterwelt ab. Unterhöhlt wurde die Stadt bereits von

Bevor es in die Unterwelt und später zum Jazz geht, ist ein Teller Pasta zur Stärkung ideal.

den Griechen der Antike. Die holten sich die Steine für den Bau von Stadtmauer und Tempeln aus dem Untergrund. In den unterirdischen Gewölben bestatteten sie schließlich ihre Toten. Täglich um 16 Uhr werden Führungen durch die Katakomben angeboten (www.napolisotterranea.org, engl., 15 €).

19 Uhr: Aperitivo auf der Piazza Bellini

Als *aperitivo* bezeichnet man in Italien nicht nur ein Getränk, sondern auch den im ganzen Land beliebten Brauch, sich am frühen Abend in der Bar zu treffen, um einen Drink zu bestellen und sich am Buffet zum günstigen Festpreis zu bedienen – Oliven, Käsewürfel, pikante Salami und andere Kleinigkeiten stehen dort bereit. Sehen und gesehen werden, auch das gehört beim Aperitivo dazu. Suchen Sie sich ein Plätzchen in der Bar Lemmelemme an der Piazza Bellini – um diese Uhrzeit definitiv die beste Adresse am Platz.

20.30 Uhr: Erst Pizza, dann Jazz

Und was machen Neapolitaner am Abend? Pizza essen, na klar. Eine der berühmten historischen Pizzerien ist nur einen Katzensprung entfernt, die Pizzeria Port'Alba (Via Port'Alba 18, tgl. 11.30–1.30 Uhr). Anschließend können Sie den Abend im nahegelegene Bourbon Jazz-Club (Via Bellini 52, www.bourbonstreetjazzclub.com, Di–Sa ab 20 Uhr) stilvoll ausklingen lassen.

5 ★★ Sorrent & Amalfiküste

Was?	Kleine Buchten, bizarre Felsen, pittoreske Orte und das Meer
Warum?	Malerischer ist Italiens Küste nirgendwo
Wann?	Im Herbst, wenn es etwas ruhiger zugeht
Wie lange?	Eine Woche
Was noch?	Sündhaft gute Meeresküche und wunderbarer lokaler Wein

Am südlichen Ende des Golfs von Neapel liegt auf einem Tuffsteinplateau, umgeben von Zitronen- und Orangenhainen, der beliebte Badeort Sorrent. Von hier aus lässt sich bestens die gleichnamige Halbinsel erkunden, samt der Amalfiküste mit ihren steilen, bizarren Felsen.

Sorrento (Sorrent)

Mit dem Auto von Neapel nach Sorrent zu fahren, ist ein von vielen Staus getrübtes Vergnügen. Weshalb geübte Fahrer hier besser mit einer Vespa unterwegs sind.

Im Hafen von Sorrent herrscht reger Schiffsverkehr: Vom »Großen« Alten Hafen Marina Grande sind Fischerboote unterwegs, Fähren nach Napoli, Ischia und Capri verkehren von der zentraler gelegenen Marina Piccola. Touristen bietet das Städtchen jeden erdenklichen Komfort, einschließlich Grand Hotels und interessanten Restaurants. Nach einem Cappuccino am Hauptplatz, der belebten Piazza Torquato Tasso mit einer Statue des in Sorrent geborenen Dichters (1544–1595), können Sie schön durch die Gässchen schlendern und Läden mit Keramik, Holzintarsien und dergleichen durchstöbern. Allerorten wird als hiesige Spezialität der Zitronen-Likör *limoncello* angeboten.

Amalfitana (Amalfiküste)

Der 80 km lange Küstenstreifen zwischen Positano und Salerno zählt zu schönsten Landschaften Italiens: Durch zahllose Nadelkurven führt die Straße an schroffen Felsen vorbei, auf denen waghalsig kleine Ortschaften in den blauen Himmel ragen. Pastellfarbene Häuser mit roten Ziegeldächern wechseln mit steilen Gartenterrassen, wo Wein, Oliven und Zitrusfrüchte gedeihen. Lohnend ist ein Aufenthalt im Künstlerstädtchen Positano, dessen Häuser äußerst malerisch an zwei Berghängen hinaufklettern. Nicht minder eindrucksvoll ist Amalfi mit seinem außergewöhnlichen Dom

Es gibt ein paar Dinge im Leben, die möchte man mal gemacht haben: die grandiose Amalfiküste entlangfahren, auf dem Sentiero degli Dei wandern oder an einem von Felsen eingerahmten Strand wie Marina di Praia baden (im Uhrzeigersinn von oben).

in arabisch-normannischem Stil. Auf einem Sträßchen mit vielen Windungen und Kehren durch Zitronen- und Olivenhaine gelangen Sie nach Ravello (S. 161) in einzigartiger Lage 300 m rund über dem Meer.

KLEINE PAUSE

Das Restaurant **O'Parrucchiano** in Sorrent (Corso Italia 71, www.parrucchiano.com) bietet den Gästen das Ambiente eines historischen Gewächshauses – und als Spezialität *peperoni ripieni alla Sorrentina* (gefüllte Paprikaschoten).

227 D2
www.amalfitouristoffice.it
Fahrpläne unter www.eavsrl.it

9 ★★ Pompeji & Vesuv

Was?	Antike Stadt am Fuße des Vulkans, der ihren Untergang brachte
Warum?	Pompeji ist erstaunlich gut konserviert
Wann?	April, Ende Sept./Okt.; frühmorgens nach Pompeji, dann schafft man nachmittags noch den Ausflug auf den Vesuv
Wie lange?	Pompeji 3–4 Std., Ausflug (ab Pompeji, Shuttletouren mit Guide werden dort angeboten) zum Vesuv ca. 2,5 Std.

Der Vulkankegel des Vesuv und die antike Stadt, die unter seinen Eruptionen im Jahr 79 begraben wurde, bilden eine der eindrucksvollsten Sehenswürdigkeiten Süditaliens.

Monte Vesuvio (Vesuv)

Weithin sichtbar ist die markante Silhouette des Vesuvs, dessen Flanken bis an Neapel heranreichen. Der letzte Ausbruch des Vulkans (1944) ist schon mehr als ein halbes Jahrhundert her. Da er unter ständiger Beobachtung von Seismologen steht, hat man nichts zu befürchten, wenn man den Weg zum Kraterrand über steiles, mit Schlacken bedecktes Terrain erklimmt. So abenteuerlich übrigens der Blick in den Kessel ist: Noch überwältigender wirkt an klaren Tagen die Panoramasicht vom Gipfel des heute als Schutzzone ausgewiesenen Bergs (www.vesuviopark.it).

Pompeji, wohlhabende Stadt in der Antike, dann zerstört und 1600 Jahre lang vergessen, ist heute eine Touristenattraktion.

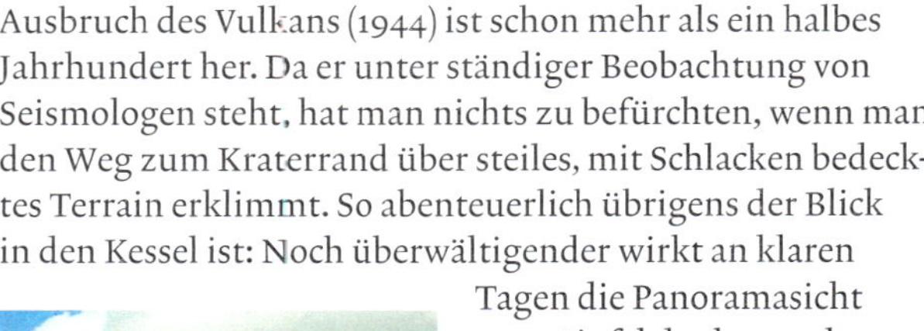

Pompei (Pompeji)

Ein tragisches Schicksal widerfuhr Pompeji mit der radikalen Zerstörung im Ascheregen, der zugleich den darunter begrabenen Ort anderthalb Jahrtausende konservierte. Im Bimsstein-Ascheregen des Vulkanausbruchs 79 n. Chr. starben viele Einwohner, wo sie gera-

Der Krater des Vesuvs: Blick in die Mondlandschaft (links); eine Attraktion von Pompeji sind die schönen Fresken der freigelegten Häuser, hier in der Villa dei Misteri (rechts).

de standen oder lagen. Wer nicht erstickte, verglühte später in der immensen Hitze. Seit Beginn der systematischen Freilegung entfaltete sich allmählich das authentische Bild einer römischen Provinzstadt mit Straßen, Plätzen, Tempeln, Thermen, Theatern, Villen und anderen Gebäuden, die vom damaligen Alltagsleben zeugen.

Bemerkenswert sind etwa die Villa dei Misteri, das Haus der Vetti (mit schönen Fresken), das Forum mit Kolonnaden sowie das stattliche Haus des Fauns (mit wieder angelegtem Garten). Beeindruckend ist es auch, die Nekropole am Stadttor Porta Sarno abzuschreiten. Einen Teil der Funde und viele originale Fresken zeigt das weltberühmte Museo Archeologico Nazionale in Neapel (S. 158).

KLEINE PAUSE

In direkter Umgebung des Ausgrabungsareals finden sich **Cafeterien** und **Restaurants.**

227 D2

Pompeji
Scavi di Pompei, Zugänge: Porta Marina, Piazza Esedra, Piazza Anfiteatro
www.pompeiisites.org

18 €, Kombiticket (3 Tage gültig, auch für die Ausgrabungsstätten Oplontis und Boscoreale)
Pompei Villa dei Misteri oder Pompei Santuario (www.eavsrl.it)

52 Parco Nazionale d'Abruzzo

Was?	Nationalpark im Apennin, Refugium für Braunbären, Wölfe und andere bedrohte Tierarten
Warum?	Ein Dorado für aktive Naturliebhaber mit ausgedehnten Waldgebieten und Zweitausendergipfeln
Wann?	Im Frühsommer, wenn die Bergwiesen blühen
Wie lange?	Mindestens 2 Tage
Was noch?	Hübsche kleine Ortschaften wie das mittelalterliche Scanno

Einst ein königliches Jagdrevier, ist der im Jahr 1923 gegründete Nationalpark heute ein geschütztes Gebiet für die typische Flora und Fauna der südlichen Abruzzen – eine der schönsten Landschaften Italiens.

Im Dörfchen Civitella Alfedena, südöstlich von Pescasseroli, gibt es das Museo del Lupo Appenninico, wo man viel über den hiesigen Apenninen- oder Italienischen Wolf *(Canis lupus italicus)* erfährt.

Im dem 44 000 ha großen Areal des Naturparks dehnen sich Buchen- und Walnusswälder aus, durchsetzt mit Eschen, Weißdorn und Hainbuchen. Hier leben zahlreiche bedrohte Tierarten wie Gämse, Bergziege, Luchs, Apenninen-Wolf und Marsikanischer Braunbär *(Ursus arctos marsicanus)*. Wenn im Frühsommer die Bergwiesen buchstäblich in Farborgien explodieren, ertönen darüber die Schreie von Steinadler, Hühnerhabicht und Wanderfalke – der Park ist ein Eldorado für Ornithologen mit über 300 verschiedenen Vogelarten. Auch die Pflanzenwelt ist vielfältig, mit 1200 Spezies, darunter allein 250 verschiedenen Pilzen.

Gute Tipps für Wandernde

Ein guter Ausgangspunkt für die Erkundung des Parks ist das Besucherzentrum in der hübschen Gemeinde Pescasseroli (1167 m), mit kleinem Naturkundemuseum zum Lebensraum der Abruzzen und einer Pflegestation für verletzte Tiere. Die hier erhältliche Wanderkarte verzeichnet 150 Routen und diverse Schutzhütten, in denen man übernachten kann. Zudem lässt sich der Park auch auf dem Pferderücken oder per Mountainbike erobern. Aus Pescasseroli stammte der Philosoph, Dichter und Politiker Benedetto Croce (1866–1952), dessen Geburtshaus, den Palazzo Sipari (Piazza Benedetto Croce), Sie besichtigen können.

Eine Wanderung im Abruzzen-Nationalpark ist ein ganz besonderes Erlebnis.

Das schöne Drumherum

Lohnend sind auch die kleinen Ortschaften der Umgebung – etwa das mittelalterliche Scanno (nordöstlich Pescasseroli) oder Opi (südöstlich) mit einem Gämsenmuseum. Das nordöstlich von Scanno gelegene Sulmona bietet als Spezialität zuckerüberzogene Mandeln *(confetti)* und ist stolzer Geburtsort des römischen Dichters Ovid (43 v.–17 n. Chr.).

KLEINE PAUSE

Mit frisch belegten Panini (Brötchen) und Kaffee können Sie sich in der **Enoteca Sapore Di Vino** im Zentrum von Pescasseroli stärken (Piazza V. Veneto 2, Tel. 08 63 91 05 58).

226 C4

Centro Visita di Pescasseroli/Museo Naturalistico
Via Colli dell'Oro, Pescasseroli
www.parcoabruzzo.it
Juli/Aug. tgl. 10–18.30, sonst 10–17.30 Uhr
6 €
Avezzano, dann Bus bis Pescasseroli

Museo del Lupo Appenninico
Via Santa Lucia, Civitella Alfedena
www.parcoabruzzo.it
tgl. außer Di 10–13.30 und 14–17.30 Uhr 3 €

㊸ Napoli (Neapel)

Was?	Hauptstadt der Region Kampanien, drittgrößte Stadt Italiens und kultureller Mittelpunkt des Südens
Warum?	Faszinierende Altstadt mit UNESCO-Weltkulturerbe-Status und pulsierender Vitalität
Wann?	Jederzeit, nur nicht im Hochsommer
Wie lange?	2–3 Tage

An einem hinreißend schönen Küstenstreifen erstreckt sich das stolze Neapel (S. 148), dessen Altstadt sich bei näherem Hinsehen als Schatzkiste entpuppt. Zudem bescherten die nahe gelegenen Grabungsstätten am Vesuv der Stadt eine der besten archäologischen Sammlungen der Welt.

Autofahren in Neapel ist chaotisch und zeitaufwendig. Benutzen Sie besser die öffentlichen Verkehrsmittel.

Das quirlige Chaos im Herzen der Stadt trägt nicht unwesentlich zu ihrem ganz eigenem Charme bei. Bei der Orientierung hilft die Tourist-Information (Piazza del Gesù) am Ende der Spaccanapoli – einer Magistrale durch die Altstadt, die parallel zum Hafen verläuft, gesäumt von Kirchen, kleinen Plätzen, Läden, Bars und Restaurants. Nördlich davon sind Duomo San Gennaro und Archäologisches Museum zu finden, südwestlich liegt auf einem Hügel das von einem Park umgebene ehemalige Kartäuserkloster Certosa di San Martino. Östlich stoßen Sie in einem stillen Klostergarten auf die gotische, von Domenico Vaccaro 1742 barock umgestaltete Basilika Santa Chiara, Grablege der Könige von Neapel.

Mosaike, Erotica und Herkules treffen auf einen Stier

Das auch mit Funden aus Pompeji und Herculaneum bestückte Museo Archeologico Nazionale verfügt über zum Teil exzellent erhaltene Exponate aus dem 8. Jh. v. Chr. bis zum 5. Jh. n. Chr. Neben Wandgemälden sind Mosaiken, Skulpturen, Glas- und Silberarbeiten ausgestellt. (Hier findet man auch das Original des berühmten Tiermosaiks mit der Warnung *Cave Canem* (»Hüte dich vor dem Hund«), das einst in Pompeji die Schwelle der Casa del Poeta tragico (Haus des Tragischen Dichters) abseits der Via di Nola zierte. Eine Besonderheit bildet das Gabinetto Segreto (Geheime Kabinett) mit seiner Sammlung gewagter Erotica. Zu den Glanzstücken des Hauses gehören Skulpturen eines Stiers und Herkules aus dem Besitz der römischen Adelsfamilie Farnese.

Neapolitanisches Kulturerbe

Einen interessanten Kontrast zur Antike bildet der von Karl III. von Spanien, König beider Sizilien, als Sommerresidenz der Bourbonen erbaute Palast, genannt Museo e Real Bosco di Capodimonte, der die riesige Kunst- und Porzellansammlung seiner Mutter Elisabetta Farnese beherbergte (mit Arbeiten der neapolitanischen Manufaktur Capodimonte).

Keine 10 km vom markanten Doppelkrater des Vesuvs entfernt liegt Neapel, für Stendhal »die schönste Stadt der Welt«.

KLEINE PAUSE

In Neapel wurde die Pizza erfunden – einmal sollten Sie sie in einer der Traditionspizzerien verspeisen, etwa in der **Pizzeria di Matteo** (Via dei Tribunali 94, Mo–Sa 10–23 Uhr).

✢ 227 D2

Tourist Information
✉ Piazza del Gesù
🌐 www.infoturismonapoli.it, www.campaniartecard.it
🚆 Napoli Centrale

Museo Archeologico Nazionale
✉ Piazza Museo Nazionale 19
☎ 08 14 42 21 49
🌐 https://mann-napoli.it
🕐 tgl. außer Di 9–19.30 Uhr
🎟 18 €

Museo e Parco di Capodimonte
✉ Via Miano 2
☎ 08 17 49 91 11
🌐 www.museocapodimonte.beniculturali.it
🕐 tgl. außer Mi 8.30–19.30 Uhr
🎟 15 €

Picknick am Castel del Monte

Eine achteckige Burg mit acht achteckigen Türmen: Viele Rätsel gibt Castel del Monte, die Burg des Stauferkaisers Friedrich II., der Nachwelt auf. Der Verteidigung diente das Kastell jedenfalls nicht, denn Wehranlagen fehlen. Vermutlich hat sich der für seine Zeit ungewöhnlich gebildete Herrscher, der sich auch mit dem Papst anlegte, selbst ein Denkmal gesetzt. Breiten Sie die Decke aus und verweilen Sie im Schatten der Mysterien-Burg, um über deren Strahlkraft zu staunen.

www.weltkulturerbe.com/europa/italien/castel-del-monte.html

Nach Lust und Laune!

54 Ercolano (Herculaneum)

Beim Vesuvausbruch im Jahr 79 wurde neben Pompeji auch die Küstenstadt Ercolano so stark zerstört, dass sie ein Jahrtausend lang unbewohnt blieb. Der Ascheregen richtete hier weniger Schaden an hölzernen Bauteilen an, weshalb oft mehrere Stockwerke stehen blieben, vor allem an der Hauptstraße Cardo IV.

In der Villa dei Papiri überdauerten 1700 antike Schriftrollen (heute im Museo Archeologico Nazionale in Neapel). Vielzahl und Qualität der in Herculaneum erhaltenen Wandgemälde und Mosaiken lassen auf ein blühendes Gemeinwesen schließen, allen voran das Casa di Nettuno genannte Haus eines Weinhändlers, wo man auf ein prächtiges Mosaik des Meeresgottes Neptun und seiner Gattin Amphitrite stieß. Wie Pompeji gehört auch Herculaneum zum UNESCO-Weltkulturerbe.

227 D2 Scavi di Ercolano
www.pompeiisites.org
April–Okt. tgl. 8.30–19.30, Nov.–März 8.30–17 Uhr 13 €
Ercolano (www.eavsrl.it)

55 Ravello

Hoch über dem Meer thront das idyllische Städtchen mit mittelalterlichem Marktplatz und prächtiger, löwengetragener Kanzel im romanischen Dom San Pantaleone. Im terrassierten Park der maurisch inspirierten Villa Rufolo (13. Jh.) erging sich schon Giovanni Boccaccio, Autor des »Decamerone«; Richard Wagner fand hier im Jahr 1880 Anregungen zu einem Bühnenbild seines »Parsifal«. Seit 1953 finden jährlich Festspiele zu Ehren des Komponisten statt (www.ravellofestival.com).

Das Oscar-Niemeyer-Auditorium, ein futuristischer Konzertsaal der Fondazione Ravello, ist das Alterswerk von Oskar Niemeyer. Nicht weniger fantastisch, nur noch exzentrischer, ist die Villa Cimbrone (heute Hotel) mit einem tollem Garten und berühmtem Belvedere.

227 D2

Villa Rufolo
Piazza Duomo
www.villarufolo.com
tgl. 9–17 Uhr 7 €

Villa Cimbrone
Via Santa Chiara
www.hotelvillacimbrone.com
Park tgl. 9–17 Uhr (die Villa ist ein Hotel)

Blick vom Park der Villa Rufolo bei Ravello

56 Paestum

Das 35 km südlich von Salerno gelegene Paestum (UNESCO-Welterbe) wurde im 6. Jh. v. Chr. als *Poseidonia* von griechischen Siedlern gegründet und im 3. Jh. v. Chr. von den Römern erobert. Aus der Frühzeit stammen drei dorische Tempel, darunter der Hera-Tempel. Nach Zerstörungen im 9. Jh. durch die Sarazenen und im 11. Jh. durch die Normannen wurde Paestum von seinen Einwohnern aufgegeben und erst im 18. Jh. wiederentdeckt.

Die Funde der Ausgrabungsstätte kann man im Museo Nazionale Archeologico besichtigen. Besonders schön ist das wohl von etruskischen Malereien beeinflusste Gemälde aus der im Jahr 1968 entdeckten Tomba del Tuffatore (Grab des Tauchers, um 480 v. Chr.).

227 E1 www.infopaestum.it

Ausgrabungsstätte
museopaestum.cultura.gov.it
Kombiticket mit Museum März–Nov. 12 €, Dez.–Feb. 6 €
Paestum (www.sitabus.it)

Museo Nazionale Archeologico
Via Magna Grecia Kombiticket mit Ausgrabungsstätte (s. o.)

57 Matera

Seit etwa 7000 Jahren existieren in den Kalksteinschluchten bei Matera, Hauptstadt der östlichen Basilicata, die Sassi (»Steine«) genannten höhlenartigen Behausungen. In den 1950er-Jahren galt Materas Altstadt mit den prekären Wohnverhältnissen als »Schande der Nation«. Heute sind die sanierten Höhlenhäuser schicke Hotels, Restaurants und Ateliers – und Materas Altstadt UNESCO-Weltkulturerbe.

Hera-Tempel (um 450 v. Chr.) in Paestum

Auch 120 Kirchen wurden in den Fels getrieben, darunter San Pietro Caveoso und Santa Maria de Idris. Unbedingt einen Ausflug lohnt die Cripta del Peccato Originale, eine Felsenkirche in der Umgebung von Matera. Erst 1963 wurde die in einer Schlucht verborgene Kirche mit Wandmalerei aus dem 8. Jh. von einem Hirten entdeckt (nur geführte Touren nach Anmeldung, www.criptadelpeccatooriginale.it).

228 C3 www.visitmatera.it

Museumswohnung im Sasso Caveoso (Matera)

58 Lecce

Barocke Heiterkeit bestimmt die Architektur des auch »Florenz des Südens« genannten Lecce auf der apulischen Halbinsel Salento. Sakrale wie profane Bauten sind meist aus dem örtlichen goldgelben Tuffstein erbaut. Das opulente Stadtbild entstammt vorwiegend dem 16. bis 18. Jh., als Lecce unter spanisch-bourbonischer Herrschaft seine Blüte erlebte.

Entlang der Via Palmieri und der Via Libertini stehen stolze Palazzi, errichtet von wohlhabenden Bankiers und Kaufleuten. Einer der wichtigsten Baumeister jener Periode war Giuseppe Zimbalo, als dessen Meisterstück die Fassade der Basilica di Santa Croce (1646) an der Via Umberto I gilt. Von Figuren und Ornamenten geradezu überflutet, war sie für Zeitgenossen wie ein Bilderbuch zu lesen. Zentrales Thema: der Triumph der Christen über die Osmanen. Den historischen Hintergrund bildete die Seeschlacht von Lepanto im Jahr 1571.

Im über 2000 Jahre alten Lecce stößt man auch auf Bauwerke früherer Epochen, so auf ein römisches Amphitheater aus dem 1. Jh. Sehenswert ist das Castello Carlo Magno, wo ein kleines Museum der für Lecce typischen Pappmachékunst *(cartapesta)* gewidmet ist.

Einen ausgezeichneten Ruf genießt zudem die einheimische Küche mit deftigen Pastagerichten – mit würzigem Ziegenricotta.

Detail an der Basilica di Santa Croce in Lecce

229 F2/3
www.viaggiareinpuglia.it

59 Alberobello

Zu den erstaunlichsten Sehenswürdigkeiten des italienischen Südens gehören die Trulli genannten Rundhäuser von Alberobello (UNESCO-Weltkulturerbe) mit ihren kegelförmigen Dächern. Für diese wurden Steinplatten überkragend – ohne Mörtel! – aufeinander geschichtet. Den Abschluss bilden Steine, deren vielfältige Formen noch nicht gedeutet werden konnten.

Hunderte solcher oft mehrere Jahrhunderte alten Häuschen – wie man sie sonst in dieser Form allenfalls in Syrien findet – verleihen dem Ort ein fremdartiges Gepräge. Die vorwiegend weiß getünchten Trulli beherbergen inzwischen auch Hotels, Restaurants oder Läden; es gibt sogar eine relativ moderne Trullo-Kirche: Sant'Antonio aus dem Jahr 1926.

Aus der Masse heraus sticht der zweistöckige Trullo Sovrano an der

Piazza Sacramento. Rings um das Städtchen finden sich auch noch weitere Kegelbauten, vor allem an der Straße nach Martina Franca.

↗ 229 D3
🌐 www.prolocoalberobello.it

Trullo Sovrano
✉ Piazza Sacramento 10
☎ 08 04 32 60 30
🌐 www.trullosovrano.eu
🕐 tgl. 10–12.20 und 15.30–18, April–Okt. bis 18.30 Uhr 🎟 2 €

60 Parco Nazionale del Gargano

Am Sporn des italienischen »Stiefels«, an der apulischen Adria, liegt der Nationalpark auf einer 65 km langen und 45 km breiten Halbinsel. Neben einer Küstenlandschaft mit bizarren Felsen, schönen Stränden, Fischerdörfchen und weißen Häusern bilden seine Hauptattraktion die alten Pinienwälder der Foresta Umbra (»Schattiger Wald«), die im Sommer Schutz vor der Hitze bieten.

Der alte Fischerort Peschici am Nordende lockt mit gewundenen Gässchen und langen Sandstränden – von hier gelangt man auch auf die Isole Tremiti und westlich zu den Lagunen von Varano und Lesina, wo man Vögel beobachten kann.

Zudem gibt es auf der Halbinsel zwei Wallfahrtsstätten: das Santuario di San Michele in Monte Sant'Angelo (wo Erzengel Michael dem hl. Laurentius in einer Höhle erschienen sein soll) und San Pio da Pietrelcina in San Giovanni Rotondo, wo der »Volksheilige« Pater Pio (1887–1968) lebte und wirkte.

↗ 228 C5
🌐 www.parcogargano.it
🚆 Manfredonia (www.ferroviedelgargano.com)

Kunstvoll gemauerte Bauernhäuser mit kegelförmigen Dächern: die »Trulli« von Alberobello

Durch den niedrigen Eingang der Grotta Azzurra (Capri) passen nur kleine Ruderboote.

61 Capri

Die Reize der 10 km² großen Felseninsel im Golf von Neapel schätzten schon illustre Kreise des antiken Rom: So hielt sich Kaiser Augustus gerne hier auf; sein Nachfolger Tiberius verlegte für sein letztes Lebensjahrzehnt sogar den Regierungssitz hierher. Heute ist die Insel in den Sommermonaten von Touristen völlig überlaufen – was sich u. a. in astronomischen Übernachtungspreisen niederschlägt.

Von der Marina Grande gelangen Sie per Standseilbahn zum Stadtzentrum, dessen von zahlreichen Boutiquen, Cafés und Restaurants gesäumter Hauptplatz Piazza Umberto I beherrscht wird von der maurisch anmutenden Kirche Santo Stefano.

Ruhiger zu geht es im höher gelegenen kleinen Anacapri mit herrlichem Panoramablick, wo die Villa des schwedischen Arztes Axel Munthe (1857–1949) steht, der durch sein erstmals im Jahr 1929 erschienenes »Buch von San Michele« weltbekannt wurde.

Von der Piazza della Vittoria in Anacapri führt sommers ein Sessellift auf den Monte Solaro (580 m) – der Rückweg lässt sich zu Fuß bewältigen durch die Wälder von Anginola.

Capris größtes Naturwunder sind tiefe Felsgrotten am Meer, am berühmtesten die Grotta Azzurra (Blaue Grotte) mit ihrem geheimnisvollen Farbenspiel (regelmäßige Bootsverbindung ab Marina Grande).

227 D2 www.capritourism.com
regelmäßige Verbindungen von Neapel oder Sorrent nach Capri und Anacapri

Villa San Michele
Via Axel Munthe 34, Anacapri
www.villasanmichele.eu 10 €

Wohin zum ... Übernachten?

Preise für ein Doppelzimmer pro Nacht:

€	unter 200 Euro
€€	200 bis 350 Euro
€€€	über 350 Euro

AMALFI

Floridiana €
In historischen Mauern bietet dieses Drei-Sterne-Hotel zeitgemäßen Komfort im Schatten des Dom. Frühstücksraum mit prächtigen Fresken an der Decke.
227 D2 Via Brancia 1
08 98 73 63 73 www.hotelfloridiana.it

CAPRI

Gatto Bianco €€–€€€
Kleines, schickes, nahe der quirlig-mondänen Piazetta gelegenes Hotel mit Spa. Relativ gutes Preis-Leistungs-Verhältnis.
227 D2 Via Vittorio Emanuele 32
08 18 37 02 03
www.gattobianco-capri.com

La Minerva €€€
Ruhig gelegenes, beschaulich-elegantes Drei-Sterne-Hotel nahe dem Stadtzentrum. Hell eingerichtete Zimmer, schöner Garten, luxuriöser Swimmingpool.
227 D2 Via Occhio Marino 8
08 18 37 70 67 www.laminervacapri.com
Okt./Nov.–Mitte März geschl.

LECCE

Torre del Parco €
Charmantes Hotel mit kleiner Wellnessoase, nur wenige Fußminuten von der historischen Altstadt. Günstige Preise in der Nebensaison.
229 F2/3 Viale Torre del Parco 1
0832 34 76 94 www.torredelparco.com

NAPOLI (NEAPEL)

Decumani Hotel de Charme €–€€
Boutiquehotel im hübschen alten Palazzo Sforza (dem ehemaligen Domizil des letzten Bourbonen-Bischofs in Neapel). Die zentrale Lage ist ideal für die Erkundung der Altstadt.
227 D2
Via San Giovanni Maggiore Pignatelli 15
08 15 51 81 88 www.decumani.com

Grand Hotel Vesuvio €€€
Traditionsreiches Luxushotel, dessen Zimmer stilvoll mit Antiquitäten eingerichtet sind. Den Gästen steht neben einem Limousinen-Service ein hauseigenes Schiff zur Verfügung. Vom Dachterrassen-Restaurant »Caruso« genießt man einen schönen Blick über die Stadt.
227 D2 Via Partenope 45
08 17 64 00 44 www.vesuvio.it

Miramare €€
Die mondäne Villa, mit wundervollem Blick auf den Golf von Neapel, war ursprünglich ein Privathaus und beherbergte später das hiesige US-Konsulat. Nostalgisches Ambiente, Panoramasicht von der Terrasse.
227 D2 Via Nazario Sauro 24
08 17 64 75 89 www.hotelmiramare.com

PARCO NAZIONALE D'ABRUZZO

Pagnani €
Modernes Hotel in den Bergen bei Pescasseroli mit 24 geräumigen Zimmern.
226 C4 Via Collacchi 4, Pescasseroli
08 63 91 28 66 www.hotelpagnani.it

POMPEI (POMPEJI)

Hotel Diana €
Nur einen Steinwurf entfernt von den Ausgrabungsstätten liegt das modern renovierte Hotel. Gepflegte Zimmer, schöner Garten.
227 D2 Vico Sant'Abbondio 10
08 18 63 12 64 www.pompeihotel.com

POSITANO (AMALFIKÜSTE)

Villa Franca €€–€€€
Bestens ausgestattetes Hotel mit recht geschmackvoll eingerichteten Zimmern und einem schönen Blick auf die Bucht vom Pool wie von der Terrasse des Restaurants.

✈ 227 D2 ✉ Viale Pasitea 318
☎ 08 9 87 56 55 ⊕ www.villafrancahotel.it

RUGGIANO (PARCO NAZ. DEL GARGANO)

Hotel Elisa €
Familiengeführtes Drei-Sterne-Hotel im malerischen Küstenort Peschici. Ein Abschnitt des feinen Sandstrandes ist für Hotelgäste reserviert. Mit regionalen Produkten sorgen »die Frauen der Familie« fürs leibliche Wohl.
✈ 227 F4 ✉ Via Borgo Marina 1, Peschici
☎ 0884 96 40 12 ⊕ http://hotelelisa.it

SORRENTO (SORRENT)

Imperial Tramontano €€–€€€
Stilvoll eingerichteter Palazzo, dessen ältester Flügel auf das 16. Jh. zurückgeht; mit schönem Wintergarten, Pool, Privatstrand.
✈ 227 D2 ✉ Via Vittorio Veneto 1
☎ 08 18 78 25 88 ⊕ www.hoteltramontano.it
◑ Jan./Feb. geschl.

Wohin zum ... Essen und Trinken?

Preise für ein Vor- und Hauptspeise ohne Getränke:

€	unter 30 Euro
€€	30 bis 60 Euro
€€€	über 60 Euro

ALBEROBELLO

La Fontana 1914 €
Unkompliziertes, freundliches Altstadtlokal mit den leckersten *patate al forno* (Ofenkartoffeln) weit und breit. Dazu gibt's Bier vom Fass oder Hauswein, mehr braucht es eigentlich nicht. Wenn doch: Es werden auch Fleischgerichte, Würste, Pasta und große Salate serviert.
✈ 229 D3 ✉ Largo M. Cosmo 55
☎ 380 369 6969 ◑ tgl. 12–15, 19–22.30 Uhr

AMALFI

Tari €–€€
Gemütlicher Familienbetrieb, in dem frische Zutaten in traditioneller Weise zu höchst schmackhaften Fisch- und Pastagerichten oder Pizzen verarbeitet werden.
✈ 227 D2 ✉ Via Capuano 9/11
☎ 089 87 18 32 ⊕ www.amalfiristorantetari.it
◑ tgl. 11.30–22.30 Uhr

CAPRI

Mammà €€€
Zwei Michelin-Sterne krönen den Spitzenkoch Gennaro Esposito, Chef des im Herzen Capris gelegenen Restaurants. Gourmetküche vom Feinsten mit viel Fisch und Meeresfrüchten sowie einem traumhaften Blick auf die Bucht von Neapel. Nur mit Reservierung!
✈ 227 D2 ✉ Via Madre Serafina 6
☎ 08 18 37 74 72 ⊕ www.manfredihotels.com
✉ Di–So 12–15.30, 19–24 Uhr; Nov.–März geschl.

Da Tonino €€–€€€
Fern der Touristenschwärme wird man in diesem Feinschmeckerlokal am Arco Naturale verwöhnt mit einer üppigen regional-internationalen Weinkarte und aparten mediterranen Gerichten.
✈ 227 D2 ✉ Via Dentecala 15
☎ 08 18 37 67 18
⊕ www.ristorantedatonino.com
◑ Di–So 12–15 und 19–23 Uhr

LECCE

Enoteca Mamma Elvira
Junges, stylishes Weinlokal in der Altstadt, in dem man sich zu jeder Tageszeit durch die leckere Salento-Küche schlemmen kann.
✈ 229 F2/3 ✉ Via Umberto I
☎ 0832 1 69 20 11 ⊕ www.mammaelvira.com
◑ tgl. 18–3 Uhr

MATERA

Ristorante del Caveoso €€
Familiengeführte Trattoria in den Gewölben eines traditionellen *sasso:* Auf den Tisch kommen regionale Spezialitäten, guter Wein.
✈ 228 C3 ✉ Via Buozzi 21
☎ 08 35 31 23 74
⊕ www.ristorantedelcaveoso.it
◑ Do–Di 12.30–15 und 19.30–23 Uhr

MONTE SANT'ANGELO (PARCO NAZIONALE DEL GARGANO)

Medioevo €–€€
Nach lokalen Rezepten wird hier Sensationelles auf den Tisch gezaubert, wozu am besten einer der guten Weine von der Karte schmeckt. Ein Traum: die in Rum eingelegten Feigen mit Mandeln.
228 B5 Via Castello 21, Monte Sant'Angelo
08 84 56 53 56 www.ristorantemedioevo.it
12–14.30, 20–22 Uhr, Sept.–Juni Mo geschl.

NAPOLI (NEAPEL)

Gran Caffè la Caffettieria €
Elegantes Café an der Piazza dei Martiri mit schöner Terrasse. Regionale Spezialitäten.
227 D2 Piazza dei Martiri 26
08 17 64 42 43
www.grancaffelacaffettiera.com
Mo–Do 7–22.30, Fr bis 24, Sa bis 2, So bis 23 Uhr

POMPEI (POMPEJI)

Ristorante-Pizzeria Carlo Alberto €–€€
Pasta, Pizza und Meeresfrüchte kann man sich in dem unprätentiösen kleinen Lokal nahe der Ausgrabungsstätte schmecken lassen – und nach einem köstlichen Dessert etwas für den Magen tun: mit *Grappa del Vesuvio* aus Lacrima-Christi-Trester vom Vesuv.
227 D2 Via Carlo Alberto 15
08 18 63 32 31
tgl. 11.30–15.30 und 18.30–22.30 Uhr

SORRENTO (SORRENT)

Il Buco €€–€€€
In den Mauern eines ehemaligen Klosters kommen zum Beispiel *Fusilli al ragù Genovese* (Spiralnudeln mit Lamm-Ragout) auf den Tisch oder Meeräsche auf einem Bett von Orangenscheiben und Pecorino, gefolgt von hinreißenden Desserts.
227 D2
Rampa Seconda Marina Piccola 5
08 18 78 23 54 www.ilbucoristorante.it
tgl. außer Mi 12.30–14.30 und 19–22.30 Uhr, im Jan.–Mitte Feb. geschl.

Wohin zum … Einkaufen?

Italiens »Mezzogiorno« südlich von Neapel ist seit jeher eine der ärmsten Gegenden des Landes – wobei man in der Großstadt Neapel gleichwohl eine gute Auswahl beim Einkaufen hat. Auch in den Städtchen und Badeorten auf der Halbinsel von Sorrento wird man leicht fündig bei Antiquitäten und Nippes, während größere Orte wie Bari und Lecce einiges an Mode-Boutiquen und Kunsthandwerk zu bieten haben.

Neapels schicke Shoppingmeile ist das Viertel Santa Lucia, wo man vor allem an der Via Chiaia und der Via Toledo auch Warenhäuser und Läden von Modeketten antrifft sowie qualitätvolle Lederwaren bekommt. Zu den empfehlenswerten Mitbringseln gehören Schmuck, Antiquitäten und kunstgewerbliche Artikel, als preiswertere Alternative Kamee-Broschen oder Korallen-Schmuck.

Jahrhundertelange Tradition hat in Neapel die Herstellung von Figuren für **Krippen** *(presepi)*. Ein Einkaufserlebnis besonderer Art erwartet einen entlang der Spaccanapoli mit ihren winzigen Lädchen, wo außer besagten Krippenfiguren bunte Keramik und Töpferwaren angeboten werden.

Fast jedes Viertel unterhält seinen eigenen **Straßenmarkt** – am ergiebigsten für Lebensmittel sind Pignasecca und Mercato di Sant' Antonio, sehr malerisch ist der Blumenmarkt Mercato dei Fiori.

Für Kunstfreunde interessant sind die **Museums-Shops** von Neapel und Pompeji, wo Reproduktionen römischer Antiken und exzellente Bildbände zum Verkauf stehen.

Südlich von Neapel ist zum Einkaufen die Halbinsel von Sorrento mit der Amalfiküste am interessantesten, in deren Boutiquen man reichlich Auswahl findet, von Strandbekleidung bis zur eleganten Abendgarderobe. Überall wird bunt bemalte **Keramik** verkauft, vom Tellerchen bis zum Tafelaufsatz in den Farben Blau und Gelb mit Motiven wie Weintrauben, Zitronen oder dem Küken – Symbol der Keramikstadt Vietri sul Mare.

Aus den hiesigen Zitronen gewonnen wird in Amalfi, Sorrent und Capri der beliebte Likör **Limoncello** (»Zitrönchen«) – pur als Digestiv getrunken oder zur Erfrischung gemischt mit Prosecco. Im lukullischen Bereich bietet sich (in Apulien produziertes) **Olivenöl** an, auch die Qualität hiesiger **Weine** hat enorm gewonnen: Beides kann man häufig direkt beim Produzenten erwerben. Stets eine Fundgrube sind Pasticcerie und Salumerie, eine gute Wahl auch der hervorragende Ziegenkäse der Region oder die Nudel-Spezialität *orecchiette*.

Wohin zum … Ausgehen?

Für kulturell Interessierte hat in Süditalien vor allem Neapel musikalisch eine Menge zu bieten.

Das **Teatro San Carlo** (www.teatrosancarlo.it) in Neapel ist Italiens ältestes Opernhaus, mit Spielzeit von Dezember bis Mai sowie Konzerten und Ballett außerhalb der Saison. Eine renommierte Tanzbühne ist das **Teatro Politeama** (www.teatro-politeama.com), in dem häufig internationale Ensembles mit aufwendigen Produktionen gastieren. Auskunft über das aktuelle Geschehen erteilt die Tourist-Information, in der man auch das monatlich erscheinende Infoblatt *Qui Napoli* bekommt.

Wichtigstes unter den traditionellen Festen ist die dem Stadtheiligen gewidmete **Festa di San Gennaro** (1. So im Mai, 19. Sept. und 16. Dez.) – dann wird eine Phiole mit getrocknetem Blut des Patrons unter großer Anteilnahme den Massen präsentiert: Aus der Schnelligkeit, mit der sich das Blut verflüssigt, schließt man auf das Schicksal der Stadt im kommenden Jahr.

Beim **Festival Musicale di Ravello** (Juni–Aug.; www.ravello festival.com) finden einige Veranstaltungen im schönen Park der Villa Rufolo (www.villarufolo.it) statt. Im grandiosen **Teatro Paisiello** von Lecce erklingen rund ums Jahr klassische Musik, Jazz und Pop, gelegentlich gibt es Ballett-Aufführungen. Die **Club-Szene** auf der Halbinsel von Sorrent und an der Amalfiküste rühmt sich einiger der coolsten Sommer-Clubs Italiens, einige in Felshöhlen am Meer – angesagt sind L'Africana (www.africanafamous club.com) in Praiano oder Music on the Rocks (www. music ontherocks.it) in Positano.

Wassersportbegeisterte finden an der Küste um **Sorrent** alles vor, von Segeln und Windsurfen bis hin zu Sporttauchen oder Schnorcheln – fehlende Ausrüstung lässt sich hier problemlos mieten. Kurse in der Hochsaison (Mitte Juli–Ende Aug.) sollte man allerdings rechtzeitig reservieren.

Die Isole Tremiti vor der Küste des Gargano sind ein beliebtes **Tauchrevier**, zudem lassen sich die Inseln mit dem Kanu umrunden (www. leisoletremiti.it). Traumhafte **Strände**, die auch im Sommer nicht überlaufen sind, finden sich vor allem im Salento – z. B. Caletta di Aquaviva bei Lecce, Porto Badisco bei Otranto oder Spiaggia di Punta della Suina bei Galipoli.

Immer attraktiv: **Schiffstouren**, auf denen Sie Wasser, Wind und Sonne genießen können – von Neapel aus nach Capri und Ischia oder vom Gargano aus zu den Isole Tremiti. Zum **Wandern** bietet sich bevorzugt im Frühling und Frühsommer der Parco Nazionale d'Abruzzo an (www.parcoabruzzo.it). Auskunft über Wander-, Reit- und Radwege erteilt das Besucherzentrum in Pescasseroli (www.pescasseroli.net).

Apulien lässt sich auch gut mit dem **Rad** erkunden: mit entsprechendem Kartenmaterial, das die nicht-asphaltierten Strecken ausweist, oder man bucht eine geführte Tour.

Mit dem Rad unterwegs in Süditalien

Badefreuden an Siziliens Nordküste, vor der bezaubernden Altstadtkulisse von Cefalù

Sizilien & Sardinien

Italiens große Inseln sind kleine Welten für sich. Als Schmelztiegel der Kulturen empfiehlt sich die eine, als Hirtenland mit traumhaften Stränden die andere.

Seite 170–191

Erste Orientierung

In Italien gibt es zwei landschaftlich besonders reizvolle und kulturell einzigartige Inseln, die jede für sich eine Reise wert sind – Sizilien aufgrund seiner Berge, alten Städte, bedeutenden Ausgrabungsstätten und beliebten Ferienorte, Sardinien wegen seines urtümlichen Landesinnern sowie, als Kontrast, der mondänen Costa Smeralda.

Zu den eindrucksvollsten antiken Bauten der Südküste Siziliens gehören die griechischen Tempel von Agrigent und die drei Jahrtausende alte Stadt Siracusa. Weiter im Norden, am Fuße des Ätna, Europas größtem aktiven Vulkan, liegt Taormina, Siziliens wohl beliebtestes Urlaubsziel. Richtung Westen gelangt man zu den bemerkenswerten römischen Mosaiken von Piazza Armerina, nordwestlich über die Berge in die Hauptstadt Palermo. In deren Umgebung befindet sich der normannische Dom von Monreale. Östlich von Palermo lockt mit herrlichen Stränden, guten Restaurants und einem schmucken Dom das malerische Cefalù.

Die Hauptattraktion Sardiniens bildet seine schöne Küste, von der lieblichen Costa Smeralda über die Korallen-Riviera bei Alghero bis zu den bizarren Felsen der Cala Gonone im Osten. Einen Besuch wert ist aber auch das wilde Landesinnere mit dem Parco Nazionale del Gennargentu als Heimstatt seltener Flora und Fauna sowie kleinen Dörfern, wo man noch traditionelles Handwerk der Insel pflegt.

Im Süden winkt neben Cagliari, der modernen Hauptstadt in alten Stadtmauern, mit Nora eine römische Ausgrabungsstätte am Meer.

Nicht verpassen!

62 Siracusa (Syrakus)
63 Taormina & Monte Etna (Ätna)
64 Agrigento (Agrigent)
65 Sardegna (Sardinien)

Nach Lust und Laune!

66 Cefalù
67 Palermo
68 Monreale
69 Piazza Armerina

S. Teresa Gallura
Tempio Pausania
Olbia
Porto Torres
Sassari
Alghero
Ozieri
Siniscola
Sardegna
65
Bosa
Macomer
Nuoro
P. La Marmora
1834 m
Oristano
Lanusei
Laconi
Guspini
Ballao
Muravera
Iglesias
Cagliari
Quartu Sant'Elena
Carbonia
50 km
30 mi

Stromboli
924 m
Barcelona Pozzo di Gotta
Capo d'Orlando
Palermo
67
Cefalù
66
Messina
Trapani
68
Monreale
Alcamo
63
Taormina
Monte Etna
63
Marsala
Lercara Friddi
Nicosia
Adrano
Castelvetrano
Sciacca
Caltanissetta
Catania
Sicilia
69
Piazza Armerina
Agrigento
64
Augusta
Caltagirone
Siracusa
62
50 km
30 mi
Gela
Ragusa
Ispica

Mein Tag mit Einheimischen

Palermo war immer schon ein Schmelztiegel der Kulturen. Die Bauwerke aus arabisch-normannischer Zeit gehören zum Welterbe der UNESCO, die barocken Palazzi künden von der Grandezza vergangener Tage, auch die Mafia hat dieser Stadt ihren Stempel aufgedrückt. Begegnen Sie engagierten Menschen, schauen Sie hinter die Kulissen – lassen Sie sich bezaubern vom Spirit Palermos.

10 Uhr: Sightseeing mit der Anti-Schutzgeld-Initiative

Eines vorweg – kein Tourist auf Sizilien muss Angst vor der Mafia haben, die Heimat der Cosa Nostra ist eine absolut sichere Urlaubsregion. Doch politisch und wirtschaftlich hielt die kriminelle Vereinigung die Insel und ihre Hauptstadt 67 Palermo (S. 186) jahrzehntelang im Würgegriff. Öffentliche Aufträge wurden illegal vergeben, Fördergelder in großem Stil abgezweigt, Gegner kaltgestellt.

Mit Bürgermeister Leoluca Orlando stellte sich in den 1990er-Jahren erstmals ein Politiker auf der Insel massiv gegen die mafiösen Machenschaften – und wurde mit seiner klaren Haltung zum Hoffnungsträger und Vorbild vieler junger Leute.

Die Initiative »Addio Pizzo« – nein zum Schutzgeld – ist ein Kind dieses Aufbruchs, den man in Palermo *primavera* (Frühling), nennt. Inzwischen prangt der »No Pizzo«-Aufkleber an den Türen von Hunderten Geschäften und Lokalen der Stadt. Wer hier kauft oder einkehrt, lässt die Cosa Nostra nicht mitverdienen, so die Idee hinter dem Kon-

10 Uhr: Sightseeing mit der Anti-Schutzgeld-Initiative
Start
10 Uhr
Addio Pizzo Travel
Piazza G.Verdi
Teatro Massimo
Via Francesco Crispi
Via Roma
Via Maqueda
Obicà Mozzarella Bar
13.30 Uhr
500 m
500 yd
Ende
18 Uhr
Domus Kitchen (8 km)
Corso Vittorio Emanuele II
Indipendenza
Piazza Indipendenza
Via Roma
Via Maqueda
309
Corso Calatafimi
Calatafimi
Villa Tasca
15 Uhr
13.30 Uhr: Pause mit Panorama
15 Uhr: Ein Nachmittag im Paradies
18 Uhr: Kochen mit Antonio

Addio-Pizzo-Stadtspaziergang: »In einem italienischen Lokal riskiert man allenfalls, eine schlechte Pizza zu essen. Die Interessen der Mafia sind so groß geworden, dass eine Pizza zu klein ist.« (Leoluca Orlando)

zept. Dass die kleinen Schutzgelderpressungen heute allenfalls ein Nebenerwerb der Mafia sind und die großen Geschäfte längst im industriell starken Norden Italiens sowie durch globale Deals gemacht werden, ist auch den Gründern von Addio Pizzo klar. Doch ihr Anliegen und ihre Botschaft sind brandaktuell – es geht um Zivilcourage, um ein Zeichen gegen Ohnmacht, Angst und Schweigen angesichts von Unrecht und Gewalt.

Ein Addio-Pizzo-Spaziergang führt durch Palermos Altstadtgassen, über den bunten Wochenmarkt, in originelle Läden und Ateliers, er bietet kulinarische Kostproben und gibt Einblicke in den sizilianischen Alltag (www.addiopizzotravel.it, auch engl.).

13.30 Uhr: Pause mit Panorama

Auch wenn es bereits beim Stadtspaziergang einiges zu naschen gab, ist es jetzt Zeit, einzukehren und auszuruhen. Ein hübscher Ort dafür ist die Dachterrasse der Obicà Mozzarella Bar (Eingang durch Kaufhaus Rinascente, Via Roma, www.obica.com/restaurants/palermo, tgl. 10–22.30 Uhr) – dort können Sie sich mit Mozzarella, Salat und Grillgemüse stärken oder auch nur einen Kaffee trinken und haben dabei die Kirche San Domenico im Blick – barocke Pracht *à la siciliana*.

15 Uhr: Ein Nachmittag im Paradies

Am Rande der Stadt, an der Straße, die von Palermo nach Monreale

Caprese (Mozzarella mit Tomaten) zur Stärkung vor dem Nachmittag im Paradies (rechts)

führt, liegt die Villa Tasca, ein prachtvoller Adelssitz aus dem 16. Jh., der heute ein Hotel ist. Der romantische Landschaftspark mit subtropischer Vegetation ist eine Welt für sich, die nicht nur Botanik-Fans in ihren Bann zieht. Angelegt wurde er im 19. Jh. – mit dem Anspruch, eine Vision des Paradieses auf Erden zu schaffen. Gekrönte Häupter wandelten durch diesen Garten, Komponisten wie Richard Wagner und Giuseppe Verdi ließen sich hier inspirieren.

18 Uhr: Kochen mit Antonio

Antonio liebt das Kochen und die kulinarischen Schätze seiner Insel. Wie man die typischen Aromen Siziliens in köstliche Speisen verwandelt, können Sie sich während eines abendfüllenden Kochkurses in einer kleinen Gruppe (2–12 Pers.) von ihm zeigen lassen. Den ganzen Abend müssen Sie natürlich nicht in der Küche stehen. Die Resultate, ein Vier-Gänge-Menü, lassen Sie sich in geselliger Runde schmecken – ein krönender Abschluss.

Villa Tasca
✉ Viale Regione Siciliana Sud-Est 399
🌐 https://villatasca.com
Nov.–Mitte März Sa/So 10–17 Uhr, sonst auch Di–Fr, im Sommer vormittags geschl., wechselnde Zeiten 3 €
Bus 309 ab Piazza Indipendenza; ca. 5 km mit dem Auto

Kochkurs mit Antonio
✉ Via Scala Carini 73
🌐 www.domuskitchen.com Buchung online
85 €/Pers. (2–12 Pers. pro Kurs), mit Marktbesuch 130 €/Pers.; Antonio holt Gäste auch vom Hotel ab (nach Absprache)

62 Siracusa (Syrakus)

Was?	Stadt an der sizilianischen Ostküste
Warum?	Geballte Kulturgeschichte: Um 730 v. Chr. von griechischen Kolonisten gegründet, war Syrakus in der Antike eine der schönsten und mächtigsten Städte der Region – später hinterließen Römer, Normannen und andere ihre Spuren
Wann?	Juli und August sind bisweilen glutheiß, sonst jederzeit
Wie lange?	Am besten einen ganzen Tag, mindestens 4–5 Stunden

So viel Kultur, so viele Kulturen – diese Stadt lässt einen staunen. Vor zweieinhalb Jahrtausenden bauten griechische Kolonisten hier einen mächtigen Apollontempel, in spätrömischer Zeit diente er als Kirche, im Mittelalter den Sarazenen als Moschee. Antike, Mittelalter, Neuzeit – ein Spaziergang wird zum Streifzug durch die Epochen. Zum Entspannen lädt die attraktive Barock-Altstadt ein mit schmucken Plätzen, schmalen Gassen, netten Läden und Cafés.

Der moderne Teil von Syrakus schmiegt sich an die Südostküste und ist ein Resultat der Bombardements während des Zweiten Weltkriegs wie des raschen, unspektakulären Wiederaufbaus. Einer Katastrophe verdankt auch die hübsche Barock-Altstadt auf der Halbinsel Ortigia ihr Erscheinungsbild – 1693 erschütterte ein Erdbeben die Stadt, danach wurde das Zentrum um die Piazza Pancale wieder aufgebaut im Stil der Zeit, mit üppigen geschwungenen Formen und reichen Ornamenten. Dabei tat man das, was man in dieser Gegend noch bei jedem Epochenwechsel tat – brauchbare Materialien wurden »recycelt«, steinerne Hinterlassenschaften neu genutzt. So überdauerten im barocken Dom auch die Säulen eines antiken Athena-Tempels (5. Jh.), der einst an dieser Stelle gestanden hatte. Diesen Säulen (ital. *Colonne*) verdankt der Dom auch seinen Namen, Santa Maria delle Colonne.

Barocke Pracht im 35 km südwestl. gelegenen Nachbarstädtchen Noto: Der Palazzo Villadorata mit seinen aufwendig skulptierten Balkonstützen wurde im Jahr 1737 errichtet.

Den Apollon-Tempel hatten griechische Siedler bereits in den frühen Jahren ihrer Kolonie erbaut. Von Korinth kommend ließen sie sich auf der Halbinsel Ortiga nieder und gründeten um 730 v. Chr. eine neue Stadt – Syrakusai.

Neben den Römern, die Syrakus 213 v. Chr. eroberten, hinterließen auch Byzantiner, Normannen und Spanier hier ihre Spuren. Am eindrucksvollsten sind die im Parco Archeologico della Neapolis erhaltenen griechischen Bauten wie das in den Fels gehauene Teatro Greco (5. Jh. v. Chr.), das ein halbes Jahrtausend vor dem Anfiteatro Romano entstand und rund 15 000 Zuschauern Platz bot. Im antiken Steinbruch Latomia del Paradiso starben 413 v. Chr. Tausende von athenischen Kriegsgefangenen, an der Ara di Ierone (Altar des Hieron) gegenüber wurden oft Hunderte von Stieren den Göttern geopfert.

Prächtigster »Salon der Stadt« ist die Piazza del Duomo in Syrakus.

KLEINE PAUSE

Bei **Don Camillo** (S. 189, So. geschl.) in der Via Maestranze 96 gibt es guten Fisch und Käse aus regionaler Produktion.

---

233 F2

Tourist Information
Piazza Minerva 4
www.siracusaturismo.net
Siracusa

Parco Archeologico della Neapolis

Largo Paradiso
093 16 62 06
www.siracusaturismo.net
Mo–Sa 8.30–16.45, So 8.30–13.45 Uhr 13 €

⑥③ Taormina & Monte Etna

Was?	Stadt an der sizilianischen Ostküste, am Fuß des Ätna
Warum?	Zwischen Meer und Bergen bietet Taormina eine atemberaubende Verbindung von Kultur und Natur
Wann?	Im Frühling, wenn alles blüht, oder zur Weinlese (Sept.–Ende Okt.); reizvoll ist es hier aber auch im Winter, wenn man am Ätna Ski laufen kann
Wie lange?	Taormina mit Ausflug auf den Ätna – ist an einem Tag zu schaffen. Für eine große Vulkan-Trekkingtour mit Guide sollten Sie aber einen ganzen Tag einplanen

Taormina an der Nordostküste, auf einer Terrasse des Monte Tauro hoch über dem Meer gelegen, ist Siziliens attraktivster Ferienort. Schicke Läden bestimmen vor allem im Sommer das Bild, zu dem auch das Glitzern des Meeres und die Sicht auf den nahen Ätna gehören.

Taormina

Herrlich ist der Blick vom antiken Theater auf den Ätna.

Rings um die zentrale Piazza IX Aprile und die Hauptstraße Corso Umberto I lässt es sich schön durch alte Bogengänge flanieren, vorbei an üppig mit Blumen geschmückten Balko-

nen. Als Abwechslung vom Massenansturm auf die Cafés und Bars bietet sich das Museo Siciliano d'Arte e Tradizioni Popolari an, ein Heimatmuseum mit verschiedensten Exponaten – vom religiösen Gemälde bis zum Haushaltsgegenstand. Die Attraktion der Stadt ist das Teatro Greco, das eigentlich ein römisches Bauwerk ist, von dessen Sitzreihen in perfektem Halbrund man auch die Sicht auf das Ionische Meer und den Ätna genoss. »Griechisch« am Griechischen Theater von Taormina ist nur die historische Epoche, in der es errichtet wurde: im 3. Jh. v. Chr. unter Hieron II. von Syrakus.

Gipfelstürmer: Vom Rifugio Sapienza am Monte Etna starten Geländebusse bis in 2900 Meter Höhe, weiter geht es dann in Begleitung autorisierter Bergführer.

Monte Etna (Ätna)

Dieser unter seiner Schneekuppe schlummernde Gigant von einem Vulkan ist immer noch bedrohlich aktiv. Beständig gibt es kleinere Eruptionen, die Risse und Spalten am Kegel bilden, ihn jedoch bislang nicht wegsprengten. Unter dem kahlen Gipfel breiten sich fruchtbare, teils bewaldete Hänge aus. Am besten kann man die faszinierende Landschaft auf geführten Trekkingtouren (6 Std., www.excursionsetna.com) kennenlernen. Wer auf eigenen Faust wandern möchte, sollte sich zuvor bei der Tourist-Info über die jeweils aktuellen Vulkanaktivitäten informieren.

KLEINE PAUSE

Schön an einem kleinen Platz bei der Stadtmauer von Taormina gelegen, bietet das **Porta Messina** (S. 189) neben Pasta und Pizza auch regionale Spezialitäten.

---

233 F3 (Taormina); 223 E/F3 (Ätna)

Tourist Information
Palazzo Corvaja, Piazza Santa Caterina, Taormina; Via Vittorio Emanuele II 172, Catania
www.visitsicily.info

Museo Siciliano d'Arte e Tradizioni Popolari
Palazzo Corvaja, Piazza Santa Caterina, nahe Corso Umberto I, Taormina
tgl. 9–20 Uhr
frei

Teatro Greco
Via Teatro Greco
www.opera-festivals.com (Termine für Opern in der Arena)
tgl. 9–19, im Winter 9–16 Uhr
10 €

64 Agrigento (Agrigent)

Was?	Ruinen der antiken Stadt Akragas und Eingang zum Tal der Tempel
Warum?	Faszinierende Begegnung mit der antiken Welt
Wann?	Im Juli und August werden Besichtigungstouren schnell zur Strapaze, sonst jederzeit
Wie lange?	1–2 Tage

Abgesehen von ein paar Geschäften und Restaurants hat das moderne Städtchen wenig zu bieten. Hauptsehenswürdigkeit ist das »Tal der Tempel«, das bedeutendste Ensemble griechischer Tempelanlagen außerhalb des Mutterlands und UNESCO-Weltkulturerbe.

»Schönste der Sterblichen« nannte der griechische Lyriker Pindar die antike Stadt Akragas.

Die Valle dei Templi, eigentlich ein Hochplateau, umfasst die Reste der antiken Stadt Akragas mit nicht weniger als neun Tempeln. Im Jahr 582 v. Chr. von griechischen Siedlern gegründet, fiel sie im Lauf der Zeit Erdbeben und Eroberern zum Opfer. Am besten erhalten von den dorischen Kultstätten ist der Tempio della Concordia (Concordia-Tempel, um 450 v. Chr.). Entlang der Via Sacra stehen Tempel der Hera/Juno und des Herakles. Unvollendet blieb der Bau des gewaltigen Tempio di Giove (Tempel des Zeus/Jupiter). Zahlreiche Funde der Ausgrabungsstätte werden im besuchenswerten Museo Archeologico präsentiert.

KLEINE PAUSE

Nahe dem Areal wartet die **Trattoria dei Templi** (S. 189), in San Leone der **Leon d'Oro** (Viale Emporium 102) mit großem Gastgarten.

232 C2

Tourist Information
Via Empledocle 73
092 22 03 91

Valle dei Templi
www.lavalledeitempli.it

Juli–Mitte Sept. Mo–Fr 8.30–23, Sa/So bis 24, sonst tgl. 8.30–20 Uhr
Juli–Nov. 12 €, sonst 10 €

Museo Archeologico
Contrada San Nicola
8 €, Kombiticket (Valle dei Tempi/Museo) Juli–Nov. 15,50 €, sonst 13,50 €

Ab 21 Uhr werden die Tempel angestrahlt.

Nachts im Tal der Tempel

Schon tagsüber sind die Überreste der antiken Stadt Akragas ungemein faszinierend. Vor zweieinhalb Jahrtausenden errichteten griechische Kolonisten hier Bauwerke von unübertroffener Eleganz. Manches liegt heute in kolossalen Trümmern, anderes trotzt dem Zahn der Zeit. Im Sommer hält die archäologische Stätte ihre Tore bis spätabends geöffnet, an den Wochenenden sogar bis Mitternacht. Setzen Sie sich auf die Stufen des Concordia-Tempels, schauen Sie in den Sternenhimmel, spüren Sie einen Hauch von Ewigkeit …

www.lavalledeitempli.it

⑥⑤ Sardegna (Sardinien)

Was?	Italiens zweitgrößte Insel, 200 km vom Festland entfernt
Warum?	Sardinien ist eine Welt für sich
Wann?	Zum Wandern im Frühling und Herbst, zum Badeurlaub von Juni bis September
Wie lange?	Mindestens eine Woche

Einst ein karges Hirten-Eiland, avancierte Sardinien mit herrlicher Küste und kristallklarem Wasser zum Dorado betuchter Sonnenanbeter. Die Insel hat aber auch noch ein recht ursprüngliches Landesinneres mit schöner Berglandschaft.

Die Schriftstellerin und Nobelpreisträgerin Grazia Deledda (1871–1936) wurde in Nuoro im nordöstlichen Zentralsardinien geboren. Ihr Geburtshaus ist als Museum zu besichtigen (Via Grazia Deledda 42, www.isresardegna.it).

Prunkstück Sardiniens ist die Costa Smeralda (Smaragd-Küste) nördlich von Olbia, wo sich ein Luxus-Domizil ans andere reiht und der Jetset zu Hause ist. Aber auch Normalsterblichen winken wunderschöne Buchten (südlich von Olbia) mit bezahlbaren Unterkünften.

Die moderne, lebendige Großstadt Cagliari an der Südküste ist eine phönizische Gründung und sah im Lauf der Zeit viele Eroberer in ihren Mauern: So erbauten Pisaner im Mittelalter das Castello San Michele und bereits die Römer das Anfiteatro, wo noch heute Kulturveranstaltungen für bis zu 10 000 Zuschauer stattfinden. Von der Burg und der Bastione San Remy (wo sonntags ein Flohmarkt stattfindet) hat man einen fantastischen Blick über die Stadt.

Alghero, der quirlige Städtchen zeugt nach wie vor bei Straßenschildern sowie im Dialekt der Einwohner von katalanischem Einfluss. Von der mittelalterlichen Stadtbefestigung blieben sieben Türme erhalten, darunter die Torre del Portal aus dem 14. Jh.

Von den Küsten ins Landesinnere

Jenseits der Badeorte an der Küste lockt das karge, doch interessante Binnenland, wo Wildschweine und Mufflons durch Eichenwälder streifen und auf manchem Bauernhof die Zeit stehen geblieben zu sein scheint. Pecorino-Käse, Haselnüsse, Anis und Honig sind typische Produkte, als Mitbringsel emp-

Im Uhrzeigersinn von ganz oben: Die Robinson-Buchten an der Steilküste des Golfo di Orosei sind oft nur mit dem Boot zu erreichen; Wallfahrten wie hier in Cagliari werden überall auf der Insel zelebriert; der »Bärenfelsen« markiert das nach ihm benannte Capo d'Orso.

fehlen sich auch Schmiedeprodukte, Stickereien und Wollteppiche. Ideal zum Wandern, egal, ob ein paar Stunden oder Tage, ist das Gennargentu-Gebirge.

KLEINE PAUSE

Probieren Sie ein Degustations-Menü in dem Fischlokal **Al Tuguri** (S. 190) in Alghero.

231

Tourist Information
Via Roma 145, Cagliari
www.sardegnaturismo.it

Anfiteatro Romano di Cagliari
Viale Sant'Ignazio da Laconi
Di–So 9–16 Uhr
3 €

Museo Etnografico Sardo
Via A. Mereu 56, Nuoro
078 42 57 03 www.isresardegna.it
Di–So Mitte März–Sept. 10–13, 15–20, Okt.–Mitte März 10–13, 15–19 Uhr 5 €

Nach Lust und Laune!

66 Cefalù

Zwischen dem Felsen Rocca di Cefalù und dem Meer erstreckt sich das hübsche mittelalterliche sizilianische Städtchen. Sein Weichbild wird dominiert von der mächtigen, in arabisch-byzantinisch-normannischem Stil erbauten Säulenbasilika des Duomo San Salvatore (Baubeginn im Jahr 1131 unter König Roger II., geweiht 1267). Unter den Kunstschätzen sticht das Apsis-Mosaik »Christus als Pantokrator« (Weltenherrscher) von 1148 hervor. Der mit Palmen bestandene Domplatz lädt zu einer Pause ein. Sportliche erklettern den 278 m hohen Burgberg Rocca (mit einem Diana-Tempel aus dem 2. Jh. v. Chr.), von dem man einen schönen Rundblick genießt.

233 D4
www.comune.cefalu.pa.it

Capella Palatina in Palermos Normannenpalast

67 Palermo

Siziliens Hauptstadt (S. 174) verfügt über quirlige Märkte besonders im Altstadt-Viertel Il Capo, schmucke Barock-Architektur und interessante Museen. Die Blütezeit der Stadt begann um 1200 unter dem Stauferkaiser Friedrich II., der in der Kathedrale begraben liegt. Sehenswert ist die Hofkapelle des Palazzo Reale (Normannenpalast), die mit herrlichen Mosaiken verzierte Cappella Palatina.

In den Catacombe dei Cappuccini, der Gruft des Kapuzinerklosters, fanden mit Kalk und Arsen mumifizierte Leichname von Mönchen ihre letzte Ruhe. Heiterer ist ein Bummel über die Einkaufstraßen Viale della Libertà und Via Maqueda oder den Mercato della Vucciria an der Piazza San Domenico.

232 C4
www.visitsicily.info

Catacombe dei Cappuccini
Piazza Cappuccini 1
www.comune.palermo.it
April–Okt. tgl. 9–13 und 15–18, Nov.–März Mo–Sa 9–13 und 15–18, So 9–13 Uhr 3 €

68 Monreale

Unweit von Palermo an der Nordküste Siziliens zieht eine 800 Jahre alte Kirche jährlich 1 Mio. Besucher an: der Duomo Santa Maria Nuova von Monreale – einziges Relikt eines gewaltigen Baukomplexes mit Kloster und mehreren Palästen, das der Normannenkönig Guglielmo II.

in den Jahren 1172 bis 1176 errichten ließ. Architektonisch verbindet die Kirche in einer Art symbolischer Symbiose dreier Kulturen romanische (Grundriss), arabische (Blendbögen) und byzantinische Elemente (Goldgrundmosaiken). Geradezu überwältigend schön sind die den ganzen Innenraum überziehenden Mosaiken (vollendet 1182), eine Bilderfibel der Schöpfung.

Eindrucksvoll präsentiert sich auch der Chiostro (Kreuzgang) der angrenzenden einstigen Benediktiner Abtei (12. Jh.) mit 228 Säulen in arabischem Stil, der zu den schönsten in ganz Italien zählt.

232 C4

Dom
Piazza Duomo
www.duomomonreale.com
Mo–Sa 9–12.45 und 14–16.45, Do 14–17 Uhr frei

Chiostro
Piazza Guglielmo II Buono
Mo–Sa 9–18.30, So 9–13 Uhr
8 €

69 Piazza Armerina

Im bergigen Inneren Siziliens, nahe dem Städtchen Piazza Armerina, findet man mit der Villa Romana del Casale (UNESCO-Weltkulturerbe) die großzügige Anlage eines spätantiken Landsitzes, der – im 12. Jh. von einem Erdrutsch verschüttet – 1929 ausgegraben wurde. Die exzellente Qualität der konservierten Mosaiken ließ auf einen ranghohen Bauherrn schließen, wobei sich weder

Großflächiges Bodenmosaik in der Villa Romana del Casale

Hinweise auf Kaiser Maximian (reg. 285–305) noch dessen Sohn Maxentius bestätigten. Heute geht man davon aus, dass die Villa unter Kaiser Konstantin (reg. 306–337) entstand.

Viele der Mosaiken zeigen Jagdmotive, so auch das größte (65 m²) im Korridor zum Innenhof: Elefanten, Tiger, Strauße, Rhinozerosse und weitere Exoten für Kämpfe mit Gladiatoren und Tierhetzen in der Arena. Auf einem anderen Mosaik vergnügen sich athletische Mädchen in bikiniartiger Kleidung beim Ballspiel, und es gibt eine humorvolle Szene mit Kindern, die von Pfauen und Hasen verfolgt werden.

233 E2
www.piazzaarmerina.org

Villa Contrada Casale
Piazza Armerina
www.villaromanadelcasale.it
tgl. April–Okt. 9–19, Nov.–März 9–16 Uhr
10 €

Wohin zum ... Übernachten?

Preise für ein Doppelzimmer pro Nacht:

€	unter 200 Euro
€€	200 bis 350 Euro
€€€	über 350 Euro

SIZILIEN

PALERMO

Principe di Villafranca €–€€
Vier-Sterne-Haus im Stadtzentrum mit schicken, modernen Zimmern und privilegiertem Zugang für Hotelgäste zum örtlichen Hamam und Beach Club.
232 C4 Via Giuseppina Turrisi Colonna 4
09 16 11 85 23
http://principedivillafranca.it

PIAZZA ARMERINA

La Casa sulla Collina d'Oro €
Gemütliches altes Bauernhaus aus Stein mit modernem Komfort im Herzen der Insel.
233 E2 Via P. Mattarella
09 3 58 96 80
www.lacasasullacollinadoro.it

SIRACUSA (SYRAKUS)

Algila Ortigia Charme Hotel €€–€€€
Charmantes Hotel im Herzen der Altstadt auf der Insel Ortigia, das in einem Palazzo aus dem 19. Jh. 30 unterschiedlich eingerichtete Zimmer mit typisch sizilianischer Note bietet, zudem ein Restaurant mit mediterraner Küche.
233 F2 Via Vittorio Veneto 93
09 3 14 65 186 www.algila.it

Gutkowski €
Das kleine, moderne Hotel ist in seiner Kategorie eines der besten am Platz und liegt in der Nähe der wichtigsten Sehenswürdigkeiten – etwa dem Tempio di Apollo.
233 F2 Lungomare Vittorini 26
09 31 46 58 61 www.guthotel.it

TAORMINA

Villa Belvedere €€–€€€
Komfortable Unterkunft in der Nähe des Stadtparks mit einem schönen, palmenbestandenen Garten und Zimmern mit Balkon, manche mit Blick auf den Ätna.
233 F3 Via Bagnoli Croce 79
09 4 22 37 91
www.villabelvedere.it März–Okt.

Das Hotel Cala di Volpe in Porto Cervo war die erste Luxusherberge an der Costa Smeralda.

SARDINIEN

ALGHERO

Angedras €
Komfort und Gastlichkeit zu zivilen Preisen, nicht weit vom Zentrum Algheros. Einfache, saubere Zimmer mit Balkon oder Patio; im Innenhof kann man sich auch zu einer Erfrischung treffen. Die Inhaber betreiben auf den alten Festungsanlagen ein exzellentes Terrassen-Restaurant.
231 D4 Via Frank 2
07 99 73 50 34 www.angedras.it

CAGLIARI

Forte Village €€€
Das hochkarätige Ensemble anspruchsvoller Wohnanlagen, Restaurants, Sport- und Wellness-Einrichtungen liegt direkt an der Küste.
231 E1 Santa Margherita di Pula
07 09 21 88 18
www.fortevillageresort.com März–Okt.

PORTO CERVO

Cala di Volpe €€€
Mit allen Annehmlichkeiten eines Luxushotels wird man hier in Bestlage an der wunderschönen Costa Smeralda verwöhnt.
231 F5 Costa Smeralda
07 89 97 61 11 www.marriott.com

Wohin zum ... Essen und Trinken?

Preise für Vor- und Hauptspeise ohne Getränke:
€ unter 30 Euro
€€ 30 bis 60 Euro
€€€ über 60 Euro

SIZILIEN

AGRIGENTO (AGRIGENT)

Trattoria dei Templi €€
Durch die Nähe der Ausgrabungsstätten herrscht hier oft Hochbetrieb – und wegen der schmackhaften Fischgerichte wie Tintenfisch, Garnelen oder Schwertfisch, auch mit Pasta oder als herzhafter Eintopf. Stilvolle Gasträume mit Terrakottaböden, Gewölbe und Holzbalken.
232 C2
Via Panoramica dei Templi 15
09 22 40 31 10
Mo–Sa 12.30–15 und 19.30–23 Uhr, So nur mittags

CEFALÙ

Del Duomo €–€€
Das vor allem mittags gut besuchte Lokal am Dom glänzt mit einheimischer Küche und Osteria-Klassikern wie *tortellini in brodo* (Tortellini in Hühnerbrühe) oder *risotto ai frutti di mare* (Risotto mit Meeresfrüchten) sowie einer gut sortierten Weinkarte. Am schönsten speist man auf der Terrasse.
233 D4 Via Seminario 5
09 21 42 18 38
Mi–Mo 12.30–15.30 und 19–23.30 Uhr; Nov.–Feb. geschl.

PALERMO

Ristorante Cin Cin €–€€
Fisch vom Feinsten genießt man in dem beliebten Restaurant, z. B. Salat mit Garnelen und Früchten, *caponata* mit Oktopus und Auberginen oder Steaks vom Schwertfisch mit Orange. Auch Kochkurse bietet man an.
232 C4 Via Manin 22 09 16 12 40 95
www.ristorantecincin.com Mo–Sa 19–22 Uhr

Osteria dei Vespri €€
Elegantes Restaurant, wohl eines der besten der ganzen Insel, in dem man sich etwa Streifen vom Thunfisch mit würziger Kapernsauce schmecken lässt. Ob drinnen oder auf der Terrasse: Reservierung erforderlich!
232 C4 Piazza Croce Dei Vespri 6
09 16 17 16 31 www.osteriadeivespri.it
Mo–Sa 12.30–14.30 und 19.30–22.30 Uhr

SIRACUSA (SYRAKUS)

Don Camillo €€€
Für Kreativität sorgt Küchenchef Giovanni

Guarneri in diesem Fischlokal in der Altstadt mit Spezialitäten wie der opulenten Fischsuppe *zuppa di mucco*.
✢ 233 F2 ✉ Via Maestranze 96
☎ 09 31 67 133
🌐 www.ristorantedoncamillosiracusa.it
◑ Mo–Sa 13–14.30 und 20–22.30 Uhr

Ristorante Porta Marina da Salvo €€–€€€
In altehrwürdigen Gewölben auf der Insel Ortigia residiert dieses schöne Restaurant von Küchenchef Salvo di Mauro, das mit köstlichen Fisch- oder Fleischgerichten und guten Weinen zu überzeugen weiß.
✢ 233 F2 ✉ Via dei Candelai 35
☎ 09 312 25 53
🌐 www.ristoranteportamarina.it
◑ Di–Sa 12–14.30 und 19.30–22.30 Uhr

TAORMINA

Porta Messina €
Pizza, Pasta und Meeresfrüchte zu anständigen Preisen serviert das gemütliche Lokal nahe der Stadtmauer. Empfehlenswert sind der Fang des Tages frisch vom Grill und die sizilianischen Nachspeisen.
✢ 233 F3 ✉ Largo Giove Serapide 4
☎ 09 42 22 39 53
🌐 www.ristoranteportamessina.com
◑ tgl. 12–14.30 und 19–24 Uhr

Trattoria da Nino €€
Familienbetrieb mit Blick auf sizilianische und kalabrische Küste, wo Gnocchi oder Ravioli, gefüllt mit Ricotta und Spinat, oder frischer Thunfisch auf den Tisch kommen.
✢ 233 F3 ✉ Via Pirandello 37
☎ 094 22 12 65
🌐 www.trattoriadaninotaormina.com
◑ tgl. 12–14 und 19–22.30 Uhr

SARDINIEN

ALGHERO

Al Tuguri €€
Gemütliches Lokal in der Altstadt, das – mit Schwerpunkt auf Fisch und Meeresfrüchten – sardische und katalanische Einflüsse kombiniert. Je nach Saison kommen etwa

»Malloreddu« heißt ein aus Hartweizengrieß zubereiteter Pastaklassiker der Sarden.

cozze, piselli e gamberi (Miesmuscheln und Hummerkrabben mit Erbsen) auf den Tisch oder *acciughe marinate* (marinierte Sardellen in Weißwein mit Rucola).
✢ 231 D4 ✉ Via Maiorca 113–115
☎ 07 9 97 67 72 🌐 www.altuguri.it
◑ Mo–Sa 12.30–14 und 20–22.30 Uhr; 20. Dez.–Feb. geschl.

CAGLIARI

Lillicu €–€€
Bodenständige Trattoria alten Stils, seit zwei Generationen in Familienbesitz. Neben Pasta-Gerichten liegt der Schwerpunkt auf Fisch und Meeresfrüchten, die täglich fangfrisch auf den Tisch kommen.
✢ 231 E1 ✉ Via Sardegna 78
☎ 07 06 52 970 ◑ 12.30–15, 20.30–23 Uhr; 2 Wochen im Aug. geschl.

Dal Corsaro €€€
Hier zeigt Stefano Deidda, wie kreative Gourmetküche auf Sardisch geht. Regionale Zutaten und kulinarische Traditionen inspirieren den Chef, der sich auch mit einem Michelin-Stern schmücken darf.
✢ 231 E1 ✉ Viale Regina Margherita 28
☎ 07 0 66 43 18 🌐 www.stefanodeidda.it
◑ Di–So 20–23 Uhr

GENNARGENTU

Su Gologone €€–€€€
Exzellenter Landgasthof zwischen Oliena

und Dorgali, woher auch die Zutaten der hier schon seit Generationen bewährten und tradierten Rezepte stammen, ob beim Wildschwein oder dem sardischen Traditionsgericht *Porceddu* (Spanferkel vom Rost, über offenem Feuer gegart) – dazu passen die charaktervollen hiesigen Weine. Schöne Terrasse mit Ausblick.
✢ 231 E3 ✉ Loc. Su Gologone, Oliena
☎ 07 84 28 75 12 🌐 www.sugologone.it
◐ tgl. 12–13.30 und 20–22.30 Uhr; Nov.–März geschl.

Wohin zum ... Einkaufen?

SIZILIEN
Die größte Auswahl beim Einkaufen hat man auf Sizilien in Palermo, das über so malerische wie gut sortierte Lebensmittelmärkte verfügt. Beliebte **Einkaufsmeilen** sind Corso Vittorio Emanuele und Viale della Libertà. **Elegantere Läden** findet man im vornehmen Taormina, besonders für Kleidung, Lingerie, qualitätvolle Tisch- oder Bettwäsche, modische Urlaubsbekleidung, Schmuck und heimisches Kunsthandwerk wie **Töpferwaren**, oftmals hergestellt in der »Keramikhauptstadt« Caltagirone.

Schöne Läden für einheimisches **Kunsthandwerk** (wie Körbe und Teppiche) gibt es aber auch in Syrakus, Cefalù und Agrigento.

SARDINIEN
Auch auf Sardinien ist die Hauptstadt das führende Einkaufsparadies: In Cagliari findet man Geschäfte für Haushaltswaren und Wäsche, außerdem **Kunst- und Antiquitätenläden**. Während die Souvenirshops der Altstadt mit Vorsicht zu genießen sind, gibt es recht gute in der Hafengegend und beim **Largo San Felice**. Jeden 2. So im Monat findet auf der **Piazza Carlo Alberto** ein Markt für Trödel und Kunsthandwerk statt.

Auch in **Olbia** und **Alghero** (wo viel Korallenschmuck angeboten wird) lässt es sich ganz gut shoppen.

Wer es stilvoll und schick liebt, zückt seine Kreditkarte am besten an der mondänen **Costa Smeralda**, deren Preise allerdings oftmals maßlos überteuert scheinen. Typische Mitbringsel aus Sardinien sind handgewebte **Wollteppiche** und herzhaft-köstlich schmeckender **Pecorino-Käse**.

Wohin zum ... Ausgehen?

SIZILIEN
Das ganze Jahr Spielzeit für Oper und klassische Musik hat das **Teatro Massimo** (www.teatromassimo.it) an der Piazza Verdi in Palermo. Von der Atmosphäre her am attraktivsten sind jedoch die sommerlichen **Freilichtaufführungen** in den antiken Theatern von Taormina und Syrakus, wobei auch griechische Tragödien auf dem Programm stehen (www.taormina-arte.com).

Eine recht interessante **Club- und Bar-Szene** findet man in Taormina und nördlich des Zentrums in Palermo, eher bescheiden gibt sich diesbezüglich die Szene in Cefalù.

Überall möglich ist **Wassersport** wie Schwimmen, Tauchen und Segeln – viele Hotels verfügen über Pool oder Badestrand. Auch Tennis kann man spielen sowie wandern oder reiten, im Winter sogar Skilaufen (Infos in den Touristenbüros).

SARDINIEN
Guten Ruf in Sachen Musical, Theater und Tanz genießt das **Teatro Comunale** (www.teatroliricodicagliari.it) in Cagliari, wo sich auch das **Nachtleben** sehen lassen kann, ähnlich in Alghero und erst recht an der Costa Smeralda. Eine große Rolle auf Sardinien spielen folkloristische, meist zugleich religiöse Feste, wie vor Ostern das Pferderennen **La Sartiglia** in Oristano, die **Sagra di Sant'Efisio** in Cagliari (1. Mai) zu Ehren des Inselpatrons oder die **Cavalcata-Prozessionen** in historischen Kostümen und teils hoch zu Ross an Himmelfahrt in Sassari.

Außer Bootstouren und Wassersport wie Segeln, Tauchen, Windsurfen bietet Sardinien vor allem im Gennargentu schöne **Wanderwege**.

Südlich von Vieste auf der Gargano-Halbinsel lässt sich die von schönen Buchten eingeschnittene Küste auch gut mit dem Kanu erkunden.

Touren

Unterwegs in der südlichen Toskana und auf der Gargano-Halbinsel zeigt sich Italien in seiner ganzen Vielfalt.

Seite 192 – 199

Südliche Toskana

Was?	Tour
Länge	261 km
Dauer	11 Std. (am besten in 2 Tagen)
Start/Ziel	Siena ↟ 224 B4

Diese Tour führt Sie durch hübsche historische Städtchen und einige der landschaftlich reizvollsten Gegenden der Toskana.

1–2
Von Siena aus geht es über die SS2 in das gut 25 km südöstlich gelegene Buonconvento. Über die Brücke und dann rechts gelangen Sie ins Zentrum mit seinen Backsteinhäuschen und dem interessanten Museo d'Arte Sacra della Val d'Arbia (an der Hauptstraße im Palazzo Ricci).

2–3
Fahren Sie weiter auf der SS2 bis zur Abzweigung in Richtung Montalcino. Durch eine

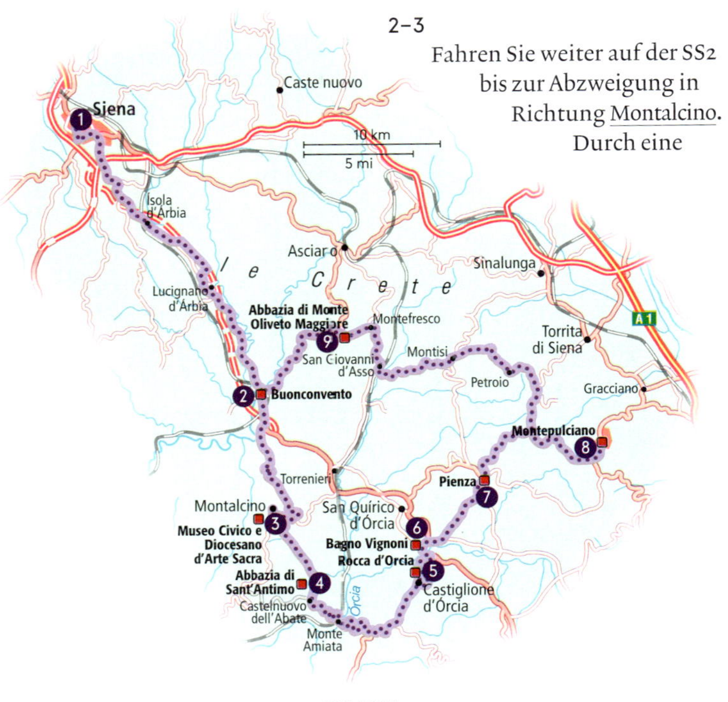

liebliche, urtümliche Landschaft geht es rund 9 km bis zur Einmündung rechts hinter einem Hügel, die bis zur Ortsgrenze führt. Folgen Sie dort entgegen dem Uhrzeigersinn dem Verlauf der Stadtmauer bis zum Kreisverkehr auf dem Hügel, wo rechter Hand nahe der Rocca (La Fortezza) Parkplätze liegen. Wie viele toskanische Städtchen wurde Montalcino schon von den Etruskern gegründet und ist heutzutage eine der weltweit meistgeschätzten Adressen für gute Rotweine. Den berühmten Brunello und andere gute Weine können Sie gut bei den Weinbauern der Umgebung verkosten, einen ersten Vorgeschmack gibt es in der urigen Enoteca la Fortezza di Montalcino (Piazzale Fortezza 3, www.enotecalafortezza.com).

Die Traumlandschaft der Toskana – hier in der Provinz Siena – gibt »der Seele … das Gefühl, dass es ihr gut tut, hier zu sein.« (D. H. Lawrence)

3–4

Nach der Besichtigung Montalcinos folgen Sie vom Kreisverkehr am Parkplatz der Beschilderung zur etwa 10 km südlich gelegenen Abbazia di Sant'Antimo, wo Sie sich rechts Richtung Kloster halten. Es liegt idyllisch inmitten von Olivenhainen und bewaldeten Hügeln und ist auch aufgrund seiner Architektur und Geschichte einen kleinen Aufenthalt wert.

4–5

Kehren Sie nun wieder zur Hauptstraße zurück, wo Sie hinauf nach Castelnuovo dell'Abate fahren, oben auf dem Hügel rechts abbiegen und dem Schild »Stazione Monte Amiata« hügelabwärts folgen. Anschließend kommen Sie an der Bahnstation Monte Amiata vorbei, überqueren die Orcia und fahren weiter zum Monte Amiata selbst, wo es über Serpentinen zum Abzweig Richtung Castiglione d'Orcia hinauf geht. Es folgt eine noch steilere Panoramastrecke bis zu einer Einmündung, die in das Städtchen mit seinem imposanten Fort Rocca d'Orcia (13. Jh.) führt.

5–6

Sie durchqueren Castiglione d'Orcia und fahren anschließend bergab, nach etwa 5 km linker Hand wieder auf die

SS22. Folgen Sie ihr nach Bagno Vignoni. Parken kann man direkt am Eingang des Ortes, wo schon zu etruskischer und römischer Zeit Badeanlagen existierten mit heißem, schwefelhaltigem Quellwasser, wie man es heute in der Ortsmitte in einem riesigen Außenbecken findet.

6–7

Auf der Weiterfahrt bergab halten Sie sich am Ende der Straße links und nehmen dann die Straße in Richtung Pienza; folgen Sie der Beschilderung hinauf in den Ort. Pienza zählt zum UNESCO-Weltkulturerbe und lässt sich gut bei einem Bummel rund um die zentrale Piazza Pio II erkunden.

7–8

Von Pienza geht es weiter bergauf zur Abzweigung nach Montepulciano. Suchen Sie sich einen Parkplatz außerhalb der Stadtmauern. Das herrlich gelegene Bergstädtchen gehört zu den schönsten der Toskana.

8–9

Anschließend fahren Sie wieder bergab, dann rechts in Richtung Pienza bis zum Abzweig nach Torrita di Siena (rechts), dort biegen Sie aber links ab auf die Straße nach Petroio. Fahren Sie durch Petroio und Castelmuzio auf der SP71 bis nach Montisi. Durch den kleinen mittelalterlichen Ort Montisi geht es nach San Giovanni d'Asso und bei der nächsten Kreuzung rechts Richtung Abbazia di Monte Oliveto Maggiore, die man 3 km hinter Montefresco erreicht. Friedlich liegt die imponierende Klosteranlage der Benediktiner (13. Jh.) im Hügelland der Crete Senesi. Ihr Großer Kreuzgang mit dreistöckiger Loggia enthält einen Freskenzyklus Luca Signorellis und Sodomas zum Leben des Ordensgründers, des hl. Benedikt. Die Rückfahrt nach Siena erfolgt über die SR451 bis Buonconvento, wo Sie wieder auf die SS2 gelangen.

Der 35-teilige Freskenzyklus zum Leben des des hl. Benedikt im Großen Kreuzgang der Abbazia di Monte Oliveto Maggiore gilt als einer der schönsten der Renaissance.

KLEINE PAUSE

In Montalcino kehrt man früher oder später immer auf einen Brunello ein. In der **Enoteca Grotta del Brunello** gibt's zudem herrliche Aufschnittplatten mit lokalen Spezialitäten (Via Costa Garibaldi 3, Tel. 0577847177, tgl. 9–23 Uhr).

Halbinsel Gargano

Was?	Tour
Länge	208 km
Dauer	3–4 Std.
Start	Nördlich von Foggia → 228 B4
Ziel	San Severo/Autostrada A14 → 228 B5

Diese Erkundungsfahrt führt über den Sporn des italienischen »Stiefels« in die bergige apulische Halbinsel an der Adria.

Meist geht es auf dieser Tour an der Küste entlang (hier an der Baia delle Zagare), mit kleinen Abstechern ins Landesinnere.

1–2
Verlassen Sie die A14 bei der Ausfahrt Foggia und fahren Sie auf der SS89 Richtung Manfredonia. Kurz vor dem Ort zweigt die SS159 ab zur romanischen Kirche Santa Maria di Siponto (12. Jh.), zwischen den Ruinen der antiken Hafenstadt Sipontum gelegen.

2–3
Nach etwa 3 km erreichen Sie die alte Residenzstadt Manfredonia. Die Burg, erbaut von König Manfred (1232–1266), beherbergt heute ein Museum zur Geschichte des Gargano.

3–4
Halten Sie sich nun 15 km nordöstlich auf der SS89, bis es links abgeht zum etwa 800 m hoch gelegenen Ort Monte

Sant'Angelo mit seiner in Italien hochverehrten Wallfahrtskirche: Der Legende nach erschien im Jahr 493 an der Stelle des heutigen Santuario di San Michele Arcangelo der Erzengel Michael dem hl. Laurentius, Bischof von Sipontum.

4–5
Weiter geht die Fahrt von Monte Sant'Angelo nach Osten in Richtung Adria und Mattinata, bis Sie östlich der Baia delle Zagare zur Grotta Smeralda (Smaragd-Grotte) gelangen, eine der schönsten ihrer Art an diesem Teil der Küste.

5–7
Von der Baia delle Zagare geht es nach einem Abstecher ins Landesinnere zur Testa del Gargano (mit Felsentor Arco San Felice) zurück zur Küste nach Vieste an der Ostspitze der Halbinsel, einem der schönsten Badeorte Apuliens.

6–7
Entlang der Küste erreichen Sie den schmucken, nordwestlich von Vieste gelegenen Fischerort Peschici, zugleich ein guter Ausgangspunkt für eine Tour zum Parco Nazionale del Gargano. Sie biegen hinter Peschici beim Dorf Valazzo von der Küstenstraße nach Süden ab und fahren landeinwärts nach Vico del Gargano, ein Zentrum der Olivenöl-Produktion.

Die Altstadt von Vieste wurde auf einem sich weit ins Meer schiebenden Felsvorsprung errichtet, der Punta San Francesco.

7–8

Über ein Serpentinensträßchen gelangen Sie ins Herz der Foresta Umbra (»Schattiger Wald«) auf ein Kalkplateau mit reichem alten Pinien- und Laubbaum-Bestand, wo man auch auf seltene Orchideen oder Hirsche und Mufflons trifft.

8–9

Durch Waldlandschaft führt die SS528 nach Süden bis zum Abzweig der SS272 westlich von Monte Sant'Angelo. Nach einer Fahrt durch das Pilgerstädtchen San Giovanni Rotondo und San Marco in Lamis endet die Tour bei der Auffahrt zur A14 in San Severo.

KLEINE PAUSE

Zum Mittagessen bietet sich die urig in einer Höhle eingerichtete **Locanda del Dragone** (April–Nov., €€) in Vieste an – Küche und Weinkeller bieten gleichermaßen Niveauvolles.

Strandleben an der Baia di Sfinale südöstlich von Peschici (Apulien): Immer gut zu wissen, dass ein Lifeguard den Überblick behält.

Praktische Informationen

Was vor der Reise wichtig ist, wie Sie vor Ort gut zurechtkommen und viele Infos mehr erfahren Sie hier.

Seite 200–212

VOR DER REISE

Auskunft

Italienische Zentrale für Tourismus (ENIT): Viele Informationen zu Italien bekommt man gebündelt beim italienischen Fremdenverkehrsamt ENIT. Auf dem Portal www.italia.it stellt es vor allem die Top-Destinationen vor. Auf der Website www.enit.it finden Sie unter dem Stichwort »Prospekte« eine Auswahl an Prospekten zum Download.

In Deutschland:
☎ 069 23 74 34 🌐 www.enit.de

In Österreich:
☎ 1 505 16 39 🌐 www.enit.at

In der Schweiz:
☎ 04 45 44 07 97 🌐 zurigo@enit.it

Informationen vor Ort
In allen Orten, die touristisch von Interesse sind, informieren entweder die Fremdenverkehrsbüros der Region oder der Gemeinde. Zumeist werden sie als Accoglienza turistica oder Infopoint ausgewiesen. Wo der Service der öffentlichen Hand zu wünschen übrig lässt, springt die landesweit tätige Initiative »Pro Loco« (www.unioneproloco.it) ein. Vielerorts bietet Pro Loco auch Stadtführungen an.

Websites
https://sonoitalia.de: der Blog liefert stets aktuelle Insidertipps für Italienfans – egal ob Reiseziele, Kulinarik oder Bücher
www.verliebt-in-italien.at: jede Menge Inspirationen für Stopps entlang der Reiseroute - Museen, Restaurants u. v. m.
www.arte.it/calendario-arte: informiert über aktuelle hochkarätige Ausstellungen in ganz Italien

Apps
ENIT-Italia: App des Italienischen Fremdenverkehrsbüros mit GPS-Navigation, Events ...
ZonzoFox: digitaler Begleiter mit Touren
Pronto Treno/Trenitalia: Zugfahrpläne und Tickets

Diplomatische Vertretungen

Deutsche Botschaft
✉ Via San Martino della Battaglia 4, Rom
☎ +39 064 92 13 🌐 https://italien.diplo.de

Österreichische Botschaft
✉ Via Pergolesi 3, Rom
☎ +39 06 844 01 41
🌐 www.bmeia.gv.at/oeb-rom

Schweizer Botschaft
✉ Via Barnaba Oriani 61, Rom
☎ +39 06 809 571
🌐 www.eda.admin.ch/roma

Italienische Botschaft in Deutschland
✉ Hiroshimastr. 1, Berlin
☎ 030 25 44 00
🌐 https://ambberlino.esteri.it

Italienische Botschaft in Österreich
✉ Rennweg 27, Wien
☎ 01 712 51 21 🌐 https://ambvienna.esteri.it

Italienische Botschaft in der Schweiz
✉ Elfenstr. 14 Bern ☎ 031 350 07 77
🌐 https://ambberna.esteri.it

Elektrizität
In Italien herrscht 220 Volt Wechselstrom. Neben den Steckdosen für Eurostecker trifft man aber auch noch auf die älteren dreipoligen Dosen, einen Adapter dafür bekommen Sie in der Regel an der Hotelrezeption – und ansonsten in jedem Elektrogeschäft.

Ermäßigungen
In den staatlichen Museen ist der Eintritt für EU-Bürger unter 18 Jahren frei, 18- bis 25-Jährige zahlen den halben Preis. Am 1. Sonntag im Monat ist der Eintritt in allen staatlichen Museen frei.

Vor allem in den größeren, touristisch bedeutsamen Städten wie Mailand, Florenz und Rom lassen sich mit einer **City Card** oder einem **City Pass** Sightseeing-Kosten senken. In der Regel reduzieren sich damit nicht nur die Eintrittspreise für Attraktionen, man man auch die öffentlichen Verkehrsmittel gratis nutzen.

Feiertage

1. Jan.	Neujahr (Capodanno)
6. Jan.	Dreikönigstag (Epifania)
März/April	Ostern/Ostermontag (Pasqua/ Pasquetta)
25. April	Tag der Befreiung vom Faschismus (Festa della Liberazione)
1. Mai	Tag der Arbeit (Festa del Lavoro)
1. Juni	Fest der Republik (Festa della Repubblica)
24. Juni	Johannistag (San Giovanni, Stadtpatron)
29. Juni	St. Peter und Paul
15. Aug.	Mariä Himmelfahrt (Ferragosto)
1. Nov.	Allerheiligen (Tutti Santi)
8. Dez.	Tag der Unbefleckten Empfängnis (Immacolata Concezione)
25. Dez.	Weihnachten (Natale)
26. Dez.	Santo Stefano

Geld

Währung: Italien gehört zur Eurozone. Für die Schweiz gilt: 1 € = ca. 1, CHF, 1 CHF= 0,99 Euro (der tagesaktuelle Wechselkurs auf www.oanda.com).
Kreditkarten: Die meisten Banken und Geschäfte, Hotels und Autovermieter etc. akzeptieren die gängigen internationalen Kreditkarten *(carta di credito)*.
Quittungen: Laut Gesetz muss der Kunde alle Rechnungen und Zahlungsbelege mit sich führen.
Trinkgeld: Freundlich ist es, einen guten Service mit 10 % der Rechnungssumme zu honorieren; Stadtführer, Taxifahrer, Hotelpersonal bekommen etwas Kleingeld.
Sperrnummern: Unter der einheitlichen Sperrnotruf-Nummer +49 116 116 kann man in Deutschland Bank- und Kreditkarten, Online-Banking-Zugänge, Handykarten und die elektronische Identitätsfunktion des Personalausweises bei Verlust sperren lassen.

Für Österreich gilt die Telefonnummer:
☎ +43 1 204 88 00
Die Schweiz hat keine einheitliche Notfallnummer; die wichtigsten sind:
☎ +41 44 659 69 00 (Swisscard);
☎ +41 8 48 88 86 01 (UBS Card Center)
☎ +41 58 9 58 83 83 (VISECA)
☎ +41 848 88 88 77 (PostFinance)

Gesundheit

Krankenversicherung: Prinzipiell können Sie mit Ihrer Europäischen Krankenversicherungskarte auch ärztliche Dienstleistungen in Italien in Anspruch nehmen. Einschränkungen gibt es bei der Wahl von Praxis und Arzt: Nur beim staatlichen Gesundheitsdienst – in einem Krankenhaus und beim ärztlichen Notdienst *(pronto soccorso)* – wird die Leistung direkt über Ihre Kasse abgerechnet. Wenn Sie eine Facharztpraxis aufsuchen, müssen Sie die Rechnung gleich dort bezahlen. Die Kosten können Sie sich zu Hause von der Krankenkasse erstatten lassen (nicht immer in vollem Umfang). Es empfiehlt sich daher, eine Auslandskrankenversicherung abzuschließen, die im Notfall auch die Kosten für den Rücktransport übernimmt.
Apotheke: Medikamente erhalten Sie auf Rezept und im freien Verkauf in einer *farmacia* (Apotheke). Gekennzeichnet sind diese mit einem grünen Neon-Kreuz, übliche Öffnungszeiten (mit lokalen Unterschieden) sind Mo 16–20, Di–Sa 8.30–13, 16–20 Uhr. Nacht- oder Sonntagsdienstapotheken findet man im Internet, indem man den Ortsnamen und den Begriff *farmacia di turno* eingibt.
Trinkwasser: Sie können bedenkenlos Wasser aus dem Hahn und aus den vielen öffentlichen Trinkbrunnen trinken; es sei denn, der Wasserspender ist mit dem Hinweis *Acqua non potabile* gekennzeichnet.

In Kontakt bleiben

Post: Hauptpostämter *(ufficio postale)* sind in der Regel Mo–Fr 8.30–19, Sa bis 12.30 Uhr geöffnet. Briefmarken *(francobolli)* gibt es in Postämtern und Tabacchi-Läden, Postkarten und Standardbriefe innerhalb Europas kosten 1,10 €. Finger weg vom gelben Zusteller globalpostservice: Er kostet das Doppelte, und die Post kommt nicht immer an!
WLAN und Internet: Alle besseren Hotels verfügen über Breitbandanschlüsse auf dem Zimmer oder in der Lobby. Auch in etlichen Bars, Cafés und Restaurants kann man kostenlos surfen.
Mobiltelefon *(cellulare* oder *telefonino)***:** Innerhalb der EU sind die Roaming-Gebühren abgeschafft; es gelten die Tarife im Heimatland.

Internationale Vorwahlen:
Deutschland: ☎ +49
Österreich: ☎ +43
Schweiz: ☎ +41
Italien: ☎ +39

Italienische Vorwahlen: Wenn Sie aus dem Ausland oder mit dem Handy eine italienische Festnetznummer anrufen, müssen Sie die Null der Ortsvorwahl stets mitwählen, z. B. +39 für Italien und 041 für Venedig. Mobilfunknummern haben keine vorangestellte Null.

Notrufe

EU-Notruf ☎ 112
Polizei *(polizia)* ☎ 113
Feuerwehr *(vigili del fuoco)* ☎ 115
Notarzt/Krankenwagen *(ambulanza)* ☎ 118
ADAC-Notruf ☎ +49 89 22 22 22, 03 92 10 41 (Italien)
Pannenhilfe ACI ☎ 80 31 16, 800 11 68 00 (von ausländischen Handys)

Reisedokumente

Bei der Einreise genügt für EU-Bürger und Schweizer ein Personalausweis oder Reisepass. Kinder benötigen einen eigenen Ausweis. Wer mit dem Auto nach Italien reist, muss den nationalen Führerschein und die Fahrzeugpapiere dabeihaben.

Reisezeit

Italien hat zu jeder Jahreszeit seinen Reiz. In welcher Saison das Land am schönsten ist, hängt ganz von der Art des Urlaubs ab und von der Region, die Sie bereisen möchten. Auf Badetemperaturen erwärmt sich das Meer im Juni, dann bleibt es bis in den September, im Süden bis in den Oktober hinein angenehm warm. Wer es einrichten kann, sollte für einen Urlaub am Meer Vor- oder Nachsaison nutzen. Denn in den südlichen Regionen ist es im Juli und August bisweilen extrem heiß.

Was auch noch gegen einen Badeurlaub im August spricht: In der klassischen Urlaubssaison scheint das halbe Land am Meer zu sein. An vielen Stränden, vor allem wenn sie von einer der Metropolen gut mit dem Auto zu erreichen sind, herrscht dann eine Atmosphäre wie auf dem Rummelplatz. Wer's ruhiger mag und dennoch im **Hochsommer** Badeferien machen möchte, sollte weiter in den Süden fahren und die sehr bekannten Orte meiden.

Eine **gute Alternative** zu den Stränden Liguriens und der Toskana sind die der mittelitalienischen Region Marken, wo die schönen Strände am Fuße des Monte Conero Badefreuden und erholsame Ruhe bieten. Auch im Salento lassen sich noch herrliche Badestrände ohne Touristenmassen finden.

Für **Wander- und Radtouren** sind die Monate April, Mai oder auch die zweite Septemberhälfte sowie der Oktober ideal: Vor allem im Süden des Landes kann man dann auch immer noch getrost Badepausen einlegen. Der Herbst empfiehlt sich zudem als Genießerzeit. Die Ernte ist eingebracht, und nun werden Getreide, Obst und Gemüse allerorten zu lokalen Spezialitäten verarbeitet.

Für einen **Städteurlaub** empfehlen sich Mai und Oktober – da regnet es selten, die Temperaturen liegen meist noch unter 30 Grad. Venedig erlebt die erste Hochsaison des Jahres bereits im Februar, zum Carnevale di Venezia besuchen rund eine Million Gäste die Lagunenstadt. Wer sich ins Getümmel wagen und übernachten möchte, sollte sich allerdings schon ein Jahr im Voraus eine Unterkunft gesichert haben.

Ganz im Süden, in Kalabrien, gibt es **Skigebiete** – im Regionalpark Aspromonte sogar mit Meerblick. Echte Wintersportfans wird es dennoch eher nach Südtirol ziehen, wo Skigebiete bis ins späte Frühjahr hinein mit guten Bedingungen für den Brettsport locken. Besonders reizvoll ist die Übergangszeit: Ende März, Anfang April herrschen in den Hochlagen noch gute Wintersportverhältnisse – unten aber, in den weiten Tälern bei Bozen, blühen schon die Apfelbäume und verwandeln die Landschaft in ein rosa-weißes Blütenmeer.

Sicherheit

Ihre Wertsachen sollten sie wie immer auf Reisen am Körper und gut gesichert tief in der Tasche tragen. Größere Geldbeträge,

Kreditkarten, Schmuck bleiben besser im Hotelsafe. Für den Fall der Fälle nehmen Sie Fotokopien wichtiger Dokumente mit auf die Reise. Oder Sie fotografieren diese und sichern sie auf Ihrem Handy oder in der Cloud. Der beste Platz fürs Auto ist eine bewachte Garage. Unwetter- und andere Warnungen für das Reisegebiet erfährt man über den weltweit agierenden Dienst www.global-monitoring.com.

Zollbestimmungen
Innerhalb der Europäischen Union (EU) ist der Warenverkehr für private Zwecke weitgehend zollfrei; wer mit auffällig großen Mengen unterwegs ist, muss allerdings bei Zollkontrollen nachweisen bzw. glaubhaft machen, dass die Waren nicht kommerziell vertrieben werden sollen. Zollfrei bei der Wiedereinreise in die Schweiz sind für Personen ab 17 J. z.B. 250 Zigaretten, 5 l Wein, 1 l Spirituosen sowie weitere Reisemitbringsel im Wert von bis zu 300 CHF (aktuelle Infos unter www.zoll.de und www.ezv.admin.ch). Bargeldbeträge ab einer Höhe von 10 000 € müssen grundsätzlich beim Zoll angezeigt werden.

ANREISE

Italiens wichtigste internationale Flughäfen sind Rom-Fiumicino und Milano-Malpensa, zudem gibt es direkte nationale und europäische Flüge zu größeren Städten wie Florenz, Mailand oder Neapel. Fährverbindungen nach Griechenland bestehen von Venedig, Ancona und Bari.

Ankunft in Rom

… mit dem Flugzeug
Roms wichtigster **Flughafen Leonardo da Vinci** oder Fiumicino (www.adr.it) liegt 36 km westlich des Stadtzentrums und verfügt über drei Terminals: T1 (Inlandsflüge), T2 (Charter Inland/International) und T3 (International). Ein Taxi ins Zentrum kostet etwa 45 € (Fahrzeit gut 30–40 Min.). Legale Taxis haben ein entsprechendes Schild auf dem Dach, eine Lizenznummer sowie die Aufschrift »Roma Capitale« auf der Tür. Es fahren Züge, Busse und Shuttles in die Stadt; Infos online.

… mit dem Zug
Die meisten nationalen und internationalen Züge nach Rom enden in der **Stazione Centrale Roma Termini** (www.trenitalia.com) am Ostrand des Zentrums. Dorthin gelangt man mit den Metro-Linien A und B, auch der ZOB ist nebenan. Taxistand vor dem Haupteingang. Manche Fern- und Nachtzüge enden in Ostiense oder Tiburtina (südlich/nordöstlich des Zentrums) an der Metro-Linie B (Stationen Tiburtina bzw. Piramide für Ostiense) – ein Taxi in die Innenstadt ist von dort aber auch nicht teuer.

Ankunft in Mailand

… mit dem Flugzeug
Der **Flughafen Malpensa** (www.airportmalpensa.com) liegt 50 km nordwestlich der Stadt. Ein Taxi nach Mailand kostet rund 85 €, Fahrzeit je nach Verkehr 35 bis 60 Min. Direktverbindung per Zug mit dem Malpensa Express (www.malpensaexpress.it) oder per Bus (www.malpensashuttle.it).

Ankunft in Venedig

… mit dem Flugzeug
Der **Aeroporto Marco Polo** (www.veniceairport.it) am Nordende der Lagune ist 7 km per Schiff und 12 km auf der Straße von der Stadt entfernt. Ein Taxi zum Piazzale Roma (auf dem Festland, nicht in Venedig selbst) kostet um die 60 € (Fahrzeit 15–25 Min.), eine Fahrt per Wassertaxi (*taxi d'acqua*) nach Venedig ab 110 € (Fahrzeit 20–35 Min.) vom Consorzio Motoscafi www.motoscafivenezia.it/de. Die Linienschiffe von Venicelink (www.venicelink.com) verkehren auf drei Routen ins Zentrum.

Ankunft in Pisa/Florenz

… mit dem Flugzeug
Wichtigster Flughafen der Toskana ist Pisas **Aeroporto Galileo Galilei** (www.pisa-airport.com), 91 km westlich von Florenz. Ein Taxi ins Zentrum von Pisa kostet 12 € (nachts und an Feiertagen ein Zuschlag von 2,60 €, pro Koffer 0,65 €). Florenz ist vom Flughafen Pisa gut erreichbar mit regelmäßig verkehrenden

Zügen mit Umstieg in Pisa Centrale (Dauer: ca. 80 Min., Kosten: 13,90 €),

Ankunft in Neapel

... mit dem Flugzeug
Der **Aeroporto Capodichino** mit seinen zwei Terminals (www.gesac.it; www.naples-airport.info) liegt 6 km nordöstlich der Stadt. Ein Taxi ins Zentrum kostet etwa 25 € (Fahrzeit 20–30 Min.). Außerdem verkehren Linienbusse der CLP (www.clpbus.it) zur Stazione Centrale und Piazza Municipio.

UNTERWEGS IN ITALIEN

Mit dem Zug
Eisenbahnverbindungen werden (bis auf wenige Privatbahnen) unterhalten von der staatlichen Gesellschaft **Trenitalia,** einer Tochtergesellschaft der Ferrovie dello Stato Italiane (www.trenitalia.com).

Vor allem zwischen Mailand und Rom, aber auch nach Venedig verkehren die **Hochgeschwindigkeitszüge** Frecciarossa und die fast ebenso schnellen Frecciargento – Reservierung bei beiden erforderlich. Beinahe hundert italienische Städte sind zudem verbunden durch das komfortable Netz der **Frecciabianca- und InterCity-Schnellzüge** (Reservierung empfohlen). Oft recht langsam – dafür sehr preisgünstig – sind die **Regionali** (R), die fast an jeder Station halten. Die **Nachtzüge** Inter City-notte (ICN) fahren lange Distanzen und bieten mehrere Wagenklassen, darunter Schlaf- und Liegewagen *(cuccette)*. Reservierung obligatorisch (Aufschlag für Schlafwagen 20–50 €).

Fahrkarten sind erhältlich an Bahnhöfen, Verkaufsstellen von Trenitalia oder online unter www.trenitalia.com. Vor Fahrtantritt muss die Fahrkarte in den gelben Stempelmaschinen am Bahnsteig entwertet werden.

Mit dem Bus
Überlandbusse kleinerer Gesellschaften halten gewöhnlich in Bahnhofsnähe oder auf dem Hauptplatz einer Stadt. Fahrkarten sind erhältlich am örtlichen Schalter des Unternehmens oder im Bus, Platz-Reservierungen nicht immer möglich. Regionalbusse verbinden kleinere Orte, ihr Fahrplan ist in der Regel abgestimmt auf Schul- und Arbeitszeiten der Einwohner (weshalb sie am Wochenende oder in der Ferienzeit zuweilen weniger häufig verkehren).

Schiffsverkehr im Inland
Fährverbindungen zu den Inseln bestehen außer nach Sizilien und Sardinien auch nach Capri und Ischia (von Neapel und Sorrent, im Hochsommer auch Tragflächenboote) oder Elba (Information und Vorbuchung unter www.traghetti.com).

Örtlichen Linienschiffsverkehr gibt es auch auf den großen Oberitalienischen Seen (Lago di Garda, di Como und Maggiore).

Mit dem Auto
Italien verfügt über exzellente **Autobahnen** (*autostrade*, markiert mit A auf Schildern und Karten), als wichtigste die Nord-Süd-Verbindung A1/A3 von Mailand über Bologna, Florenz, Rom und Neapel bis Messina. Viel befahren sind auch im Osten die A14 von Bologna nach Tarent sowie die West-Ost-Magistrale A4 von Turin über Venedig nach Triest.

Die Auffahrten der italienischen Autobahnen sind meist kurz, je nach Verkehr muss man oft warten. Fast alle Autostrade sind **mautpflichtig** – Schein ziehen bei der Auffahrt, zahlen bei Verlassen der Autobahn. Außer bar oder mit Kreditkarte können Sie auch mit der **Viacard** zahlen, die man u. a. an den Grenzübergängen sowie an Tankstellen bekommt.

Benzin gibt es in den Versionen (*super*) bleifrei *(senza piombo)*, Diesel *(gasolio)* sowie LPG-Flüssiggas. An Selbstbedienungs-Tankstellen, die rund um die Uhr geöffnet haben (24 ore), kann man am Automaten mit 5-, 10- und 20-€-Noten zahlen.

Straßenverkehrsordnung
Als **Geschwindigkeitsbegrenzung** gelten 50 km/h innerhalb geschlossener Ortschaften, außerorts 90 km/h, 110 km/h auf Schnellstraßen und zwischen 110 und 130 km/h auf den Autostrade. Außerhalb

von Ortschaften auch tagsüber mit **Abblendlicht** fahren, ebenso in Tunnels, auch wenn sie hell erleuchtet sind. Die **Alkohol-Grenze** am Steuer liegt bei 0,5 Promille – bei höheren Werten wird der Führerschein für zwei Wochen bis drei Monate konfisziert.

Autoverleih
Wenn Sie in Italien ein Auto mieten wollen, reservieren Sie am besten schon vor der Abreise. Eine Übersicht über die Angebote internationaler und lokaler Anbieter bietet das Portal www.billigermietwagen.de. Auf einen Blick können Sie dort auch die Vertragsbedingungen (Kilometerobergrenze, Kostenbeteiligung im Schadensfall etc.) vergleichen.

ÜBERNACHTEN

Vor allem in Nord- und Mittelitalien erwartet den Besucher eine Vielzahl an Übernachtungsmöglichkeiten, wobei auch internationale Hotelketten wie Best Western und Hilton vertreten sind, zudem italienische wie Starhotels und Boscolo. Neben Luxushotels in alten Palazzi gibt es gediegene kleinere Adressen, und wer das Land ganz authentisch erleben möchte, der mietet sich in Familienpensionen und Unterkünften des Agriturismo ein oder lässt sich in einer Privatvilla, Ferienwohnung oder einem Bauernhaus nieder.

Preis für eine Übernachtung im Doppelzimmer:

€	unter 200 Euro
€€	200 bis 350 Euro
€€€	über 350 Euro

Zimmersuche
Bei Reisen in einen beliebten Urlaubsort Italiens empfiehlt sich rechtzeitige **Reservierung** (die man sich immer bestätigen lassen sollte). Ruhiger zu geht es gewöhnlich außerhalb der Saison im November und Januar/Februar. Stets beachten sollten Sie aber auch lokale Festivitäten wie die Modemessen in Mailand, in denen Hotels oft ausgebucht und Zimmerpreise auf Höchstniveau sind. Saisonbedingt schwanken die Zimmerpreise bis zu 30 Prozent: Während viele Hotels zwischen Vorsaison *(bassa stagione)* und Hauptsaison *(alta stagione)* unterscheiden, verlangen andere das ganze Jahr über *(tutto l'anno)* feste Preise. Oft gibt es Ermäßigungen bei Onlinebuchung. Im Zimmer und an der Rezeption müssen die Preise gut sichtbar angeschlagen sein. Steuern sind gewöhnlich im Preis inbegriffen.

Das **Frühstück** ist häufig nicht im Übernachtungspreis enthalten – wenn ein üppiger Zuschlag verlangt wird und Ihnen morgens eine Kleinigkeit genügt, sind Sie mit Cappuccino und Sandwich in einer Bar um die Ecke besser bedient.

Eine **Auswahl** empfehlenswerter Adressen finden Sie in diesem Buch auf den »Wohin zum ...«-Seiten. Weitere Infos bieten die örtlichen Tourist-Informationen sowie Websites wie www.booking.com, www.agriturismo.net, www.agriturismo.it, www.fewo-direkt.de, www.homelidays.com.

ESSEN UND TRINKEN

Essen als sinnlicher Genuss ist für Italiener unentbehrlich – wo man auch hinkommt, man schmeckt die typischen Ingredienzien der Region und Saison. Schon der Einkauf von Köstlichkeiten, auf dem Markt oder in kleinen Läden, ist ein Vergnügen für sich – und solche Entdeckungstouren gehören oft zum Schönsten eines Italien-Urlaubs.

Preise für Vor und Hauptspeise:

€	unter 30 Euro
€€	30 bis 60 Euro
€€€	über 60 Euro

Italiener beginnen Ihren Tag gern in der Bar – mit einem **Frühstück** *(prima colazione)* im Stehen, ab 7 Uhr bekommt man Espresso, Cappuccino, belegte Brötchen *(panini)* und die beliebten süßen Hefeteilchen *(cornetti)*. **Mittagessen** *(pranzo)* wird gewöhnlich zwischen 12.30 und 14/15 Uhr serviert, das opulentere **Abendessen** *(cena)* ab halb acht, wobei Italiener häufig auch erst viel später essen gehen.

Ein **vollständiges Menü** umfasst kalte und warme Vorspeisen *(antipasti)*, ersten Gang *(primo piatto)* mit Suppe, Pasta oder

Risotto und Hauptgang *(secondo piatto)* mit Fisch oder Fleisch. Beilagen *(contorni)* und Salat *(insalata)* muss man oft separat ordern. Abgerundet wird die Mahlzeit mit Dessert *(dolce)* oder Käse *(formaggio)*. Allerdings gönnen sich auch die meisten Italiener die komplette Abfolge nur zu besonderen Anlässen. Es ist also kein Problem, wenn Sie nur Antipasti und den ersten Gang, oder Hauptgericht und Beilage bestellen und statt Dolce nur einen Espresso ordern.

Allerdings wird es nicht gern gesehen, wenn man sich mit einer Winzigkeit allzu lange plaudernd am Tisch aufhält, während andere Gäste auf einen Tisch warten.

Typologie der Lokale
Ristorante bezeichnen sich die feineren Speiselokale, die teilweise nur am Abend ihre Türen öffnen. Osteria nannten sich früher die einfachen Gasthöfe, heute kokettieren gerade schicke Lokale mit diesem Understatement-Titel. Einfache – und meist herrlich bodenständige – Küche erwartet einen in der Trattoria, wo *alla casalinga* (nach Hausfrauenart) gekocht wird. Manchmal gibt es keine Karte – nur eine Tafel, auf der die Tagesgerichte angeschrieben sind. Wer kein Italienisch spricht, hat vor allem in ländlichen Gegenden am besten Wörterbuch oder eine Translater-App dabei.

EINKAUFEN

Italien ist ein Dorado für erstklassige Textilien. Suchen Sie modische Kreationen mit Designerlabel, sind Sie in den Edel-Boutiquen von Armani, Versace, Gucci & Co an der richtigen Adresse, die standesgemäß an den Prachtstraßen der großen Städte anzutreffen sind. Vielerorts bieten Ateliers auch Maßgeschneidertes an. Sollten Sie länger an einem Ort verweilen und Zeit für die Anproben haben, ist das die Chance auf ein perfektes Outfit, das lange Freude macht. Günstige und oft erstaunlich gute Textilien und Lederwaren kann man selbst in kleineren Orten gelegentlich auf dem Wochenmarkt finden – auf denen Schuhe, Gürtel und Dessous mit der gleichen Leidenschaft angeboten werden wie Salami und Oliven.

In der Umgebung der Modemetropole Mailand gibt es Outletcenter mit **Designermode** zum Schnäppchenpreis. Mit etwas Glück kann man hier tatsächlich ein paar Perlen aus der Angebotsflut fischen. Aber prüfen Sie mit kritischen Auge, wenn Ihnen etwas gefällt: So manches Stück, das hier verramscht wird, ist nicht ohne Grund (sondern wegen Qualitätsmängeln) in den Sonderverkauf gekommen.

Jede Region Italiens hat ihre besonderen Produkte und pflegt ihre **Kunsthandwerkstraditionen** – Como ist die Stadt der Seide (fantastische Dessous, Krawatten, Tücher!), Venedig hat sein weltberühmtes Murano-Glas, Florenz sein handgeschöpftes Buntpapier, Apulien steht für Töpferwaren, in Umbrien wird Schönes aus Olivenholz gemacht.

Die **kulinarische Vielfalt** des Landes ist schlicht unschlagbar, und viele regionale Spezialitäten eignen sich hervorragend als Mitbringsel – Olivenöl aus Umbrien oder Apulien, Limoncello, der erfrischende Zitronenlikör von der Amalfiküste, feinste Haselnusscreme aus dem Piemont, getrocknete Tomaten, scharfe Peperoncini-Schoten des höchsten Schärfegrades aus Sizilien. Auch Käse und Schinken, vakuumverpackt, halten ein paar Reisetage durch und bringen zu Hause Urlaubsaroma auf den Tisch.

AUSGEHEN

Ein Abend auf dem Sofa, das ist für Italiener – zumal für die jungen – in der Regel keine Option. Ein großes Programm für den Abend braucht es dabei nicht, man putzt sich raus, trifft sich mit Freunden auf der Piazza, geht eine Pizza essen und macht eine Passeggiata, einen Spaziergang, der fast immer auch zu einer Eisdiele führt. In den größeren Städten bietet sich natürlich auch kulturelle Vielfalt für den Abend an – Oper, Konzerte, Drama oder Ballett.

Weltruf genießt die Mailänder Scala, Florenz hat mit seinem Teatro del Maggio Fiorentino ein **Opernhaus** mit erstklassiger Akustik. In der antiken Arena von Verona sorgt allein schon die 2000 Jahre alte Kulisse für Gänsehaut. Einen Jazz-Club hat jede kleinere Stadt, die auf sich hält – zumindest, wenn es eine Universität und damit nachtaktives Publikum gibt. Im Sommer locken im ganzen Land **Musikfestivals** – Klassik, Jazz und Rock, Apulien heizt bei seinem populäre Tarantella-Tanz-Festival ein. Mittelalterliche Plätze verleihen den Veranstaltungen einen unnachahmlichen atmosphärischen Rahmen. Einen **Überblick über Orte und Termine** gibt die Website www.italia.it/de/reisetipps/kultur-und-veranstaltungen/musikfestivals-in-italien.html

Feste/Veranstaltungen

Januar: Am Neujahrstag findet in Florenz die Regata dei Canottieri statt, eine historische Ruderregatta auf dem Arno. Neapel feiert am 17. Januar einen beliebten Schutzpatron – Sant'Antonio – mit Freudenfeuern in den Altstadtvierteln, zudem werden Haustiere aller Art zur Segnung in die Kirchen gebracht.

Februar/März: Der Karneval von Venedig ist weltberühmt, so zauberhaft wie in der Lagunenstadt wird er nirgendwo sonst gefeiert. Einen ganz anderen Charakter haben die Festivitäten in Italiens zweiter Karnevalshochburg, Viareggio, wo mit parodistischen Wagen beim großen Umzug Politiker auf die Schippe genommen werden.

März: Wenn Siziliens Mandelbäume blühen, feiert Agrigent die Sagra del Mandorlo in Fiore mit Musik, Gesang, Folkloretanz und Feuerwerk (http://sagradelmandorloinfiore.com).

März/April: Die Karwoche wird vielerorts in Italien – vor allem aber in Apulien – mit beeindruckenden Prozessionen gefeiert, z. B. in Bari, Bitonto und Gallipoli. Zu den spektakulärsten ihrer Art zählt die Karfreitagsprozession in Taranto.

Mai: Mittelalterliche Riten inspirieren die traditionelle dreitägige Frühlingsfeier, die man in Assisi (Umbrien) Anfang Mai feiert (www.calendimaggiodiassisi.com). Cagliari auf Sardinien zieht vom 1. bis zum 4. Mai Schaulustige von nah und fern in seinen Bann, wenn der heilige Efisio mit einer farbenprächtigen Prozession geehrt wird. In der ersten Maiwoche feiert Bari seinen Schutzpatron Nikolaus, dessen Gebeine der Legende nach einst übers Mittelmeer nach Bari gelangt sein sollen, mit historischen Umzügen, Konzerten und Theateraufführungen.

Mai bis Juli: Von Anfang Mai bis in den Juli hinein lädt Florenz zum Maggio Musicale Fiorentino (www.maggiofiorentino.com), einem der renommiertesten europäischen Klassik-Musikfestivals mit klassischen Konzerten und Opernaufführungen (http://operadifirenze.it).

Mai bis November: Auf der Biennale di Venezia (alle zwei Jahre, wieder 2023, 2025) kann man sich einen Überblick über Themen und Trends der internationalen Kunstszene verschaffen, in geraden Jahren findet am selben Standort die internationale Architekturbiennale statt.

Juni bis September: Bari lockt mit Jazz.

Mitte Juni bis Mitte September: Beim Lake Como Festival spielen Orchester und Solisten Klassik in Belaggio und anderen Orten am Ufer des Comer Sees.
Juli: Am 2. Juli wird der Palio di Siena ausgetragen, das weltberühmte mittelalterliche Reiterturnier im Herzen der Toskanastadt (2. Termin ist der 16. Aug.). Ebenfalls im Juli macht das Puccini-Festival den kleinen Ort Torre del Lago (Toskana) alljährlich zum Mekka für Klassikfans. Mit Umbria Jazz lockt das renommierteste italienische Jazzfestival nach Perugia. Beim Festival Tener-a-Mente wird das herrlich gelegene Anfiteatro del Vittoriale in Gardone am westlichen Ufer des Gardasees zur Bühne für internationale Stars (www.anfiteatrodelvittoriale.it).

August: Das Gipsyrock-Festival auf Sizilien (1./2. Woche) ist ein noch relativ junges Event, bei dem internationale Indie-Bands vor der mittelalterlichen Kulisse des kleinen Orts Castelbuono auftreten.

Ende August/September: Am Lido di Venezia finden die Internationalen Filmfestspiele von Venedig statt – für Cineasten ein Muss.

Ende September/Oktober: Beim Verdi-Festival in Parma (Emilia Romagna) werden zu Ehren des Komponisten Opern und Konzerte in Theatern und Palazzi aufgeführt, Ausstellungen und Lesungen bereichern das Festivalprogramm (www.teatroregioparma.it/en).

September bis November: Nach der Ernte feiert man im ganzen Land, vor allem in kleinen ländlichen Orten, kulinarische Spezialitäten mit Naschmärkten. Zu den Höhepunkten gehören das Esskastanienfest (Ende Okt.) im sizilianischen Tusa, die Trüffelfeste Mitte November (z. B. in Alba im Piemont und in Gubbio in der Toskana) sowie die Tage der offenen Ölmühlen in Umbrien entlang der Strade dell'Olio dell'Umbria oder auch das Polentafest in Vigasio in Venetien.

Dezember: Weihnachtsmärkte mit unwiderstehlichen Leckereien locken in kleineren und größeren Städten, mit grandioser Kulisse beispielsweise in Rom auf der Piazza Navona. An Silvester trifft man sich auf der zentralen Piazza zu Feuerwerk und Spumante.

SPRACHFÜHRER

Immer zu gebrauchen

ja/nein	**sì/no**
bitte	**per favore**
danke	**grazie**
keine Ursache/bitte	**di niente/prego**
Entschuldigung.	**Mi dispiace.**
Auf Wiedersehen!	**Arrivederci!**
Guten Morgen!	**Buongiorno!**
Gute Nacht!	**Buona notte!**
Wie geht es Ihnen?	**Come sta?**
Wie viel kostet das?	**Quanto costa?**
Ich hätte gern ...	**Vorrei ...**
offen	**aperto**
geschlossen	**chiuso**
heute	**oggi**
morgen	**domani**
Montag	**lunedì**
Dienstag	**martedì**
Mittwoch	**mercoledì**
Donnerstag	**giovedì**
Freitag	**venerdì**
Samstag	**sabato**
Sonntag	**domenica**

Nach dem Weg fragen

Ich habe mich verlaufen.	**Mi sono perso/a.**
Wo ist ...?	**Dove si trova ...?**
... der Bahnhof	**... la stazione**
... die Bushaltestelle	**... la fermata del bus**
... die Bank	**... la banca**
... die Toilette	**... il gabinetto, il bagno**
Biegen Sie links ab.	**volti a sinistra**
Biegen Sie rechts ab.	**volti a destra**
Gehen Sie geradeaus.	**vada dritto**
an der Ecke	**all'angolo**
die Straße	**la strada**
das Gebäude	**l'edificio**
die Ampel	**il semaforo**
die Kreuzung	**l'incrocio**
die Seitenstraße	**la strada laterale**
der Wegweiser nach ...	**l'indicazione per ...**

Im Notfall

Hilfe!	**Aiuto!**
Könnten Sie mir bitte helfen?	**Mi potrebbe aiutare?**
Sprechen Sie Englisch/Deutsch?	**Parla inglese/tedesco?**
Ich verstehe nicht.	**Non capisco.**
Rufen Sie mir bitte schnell einen Arzt.	**Mi chiami presto un medico, per favore.**

Im Restaurant

Ich möchte einen Tisch reservieren.	**Vorrei prenotare un tavolo.**
Einen Tisch für zwei Personen, bitte.	**Un tavolo per due persone, per favore.**
Bringen Sie uns bitte die Speisekarte.	**Ci porta la lista, per favore.**
Was ist das?	**Cosa è questo?**
Eine Flasche/ein Glas ...	**una bottiglia di/un bicchiere di ...**
Die Rechnung, bitte.	**Il conto, per favore.**

Übernachten

Haben Sie ein Einzel-/Doppelzimmer?	**Ha una camera singola/doppia?**
mit/ohne Badewanne/Toilette/Dusche	**con/senza vasca/gabinetto/doccia**

Ist das Frühstück im Preis enthalten?	**È inclusa la prima-colazione?**
Ist das Abendessen im Preis enthalten?	**È inclusa la cena?**
Gibt es einen Zimmerservice?	**C'è il servizio in camera?**
Kann man das Zimmer sehen?	**È possibile vedere la camera?**
Ich nehme dieses	**Prendo questa**
Danke für Ihre Gastfreundschaft.	**Grazie per l'ospitalità.**

Zahlen

0	**zero**
1	**uno**
2	**due**
3	**tre**
4	**quattro**
5	**cinque**
6	**sei**
7	**sette**
8	**otto**
9	**nove**
10	**dieci**
11	**undici**
12	**dodici**
13	**tredici**
14	**quattordici**
15	**quindici**
16	**sedici**
17	**diciassette**
18	**diciotto**
19	**diciannove**
20	**venti**
21	**ventuno**
22	**ventidue**
30	**trenta**
40	**quaranta**
50	**cinquanta**
60	**sessanta**
70	**settanta**
80	**ottanta**
90	**novanta**
100	**cento**
101	**cento uno**
200	**duecento**
300	**trecento**
1000	**mille**
2000	**duemila**
10 000	**diecimila**
1 Million	**un milione**

Speisekarte A–Z

acciughe	Sardellen
acqua	Wasser
affettati	geräucherte Wurstscheiben
affumicato	geräuchert
aglio	Knoblauch
agnello	Lamm
anatra	Ente
antipasti	Vorspeisen
arista	Schweinebraten
arrosto	Braten
asparago	Spargel
birra	Bier
bistecca	Steak
bollito	Suppenfleisch
braciola	Schnitzel, Steak
brasato	geschmort
brodo	Brühe
bruschetta	geröstetes Knoblauchbrot (oft mit Tomaten)
budino	Pudding
burro	Butter
cacciagione	Wildbret
cacciatora, alla	nach Jägerart
caffè corretto	Espresso mit Likör
caffè freddo	Eiskaffee
caffè latte	Milchkaffee
caffè lungo	schwacher Kaffee
caffè macchiato	Espresso mit Milch
caffè ristretto	starker Kaffee
calamari	Tintenfisch
capperi	Kapern
carciofo	Artischocke
carne	Fleisch
carota	Möhre, Karotte
carpa	Karpfen
casalingo	hausgemacht
cassata	sizilianische Eisbombe mit Fruchtstückchen
cavolfiore	Blumenkohl
cavolo	Kohl
ceci	Kichererbsen
cervello	Hirn
cervo	Hirsch
cetriolino	Essiggurke
cetriolo	Gurke
cicoria	Chicorée
cinghiale	Wildschwein
cipolla	Zwiebel
coda di bue	Ochsenschwanz

contorni	Beilagen, Gemüse
coperto	Gedeck
cornetto	Hörnchen, Croissant
coscia	Schenkel, Keule
cotoletta	Kotelett, Schnitzel
cozze	Miesmuscheln
crema	Sahne, Creme, Cremesuppe
crostini	geröstete Weißbrotscheiben mit Belag
crudo	roh
digestivo	Digestif
dolci	Kuchen, Süßspeisen
erbe aromatiche	Gewürzkräuter
fagioli	Bohnen
fagiolini	kleine grüne Bohnen
faraona	Perlhuhn
farcito	gefüllt
fegato	Leber
finocchio	Fenchel
formaggio	Käse
forno, al	überbacken, gebacken
frittata	Omelett
fritto	frittiert, gebacken
frizzante	kohlensäurehaltig
frullato	geschlagen, gequirlt
frutta	Obst
frutti di mare	Meeresfrüchte
funghi	Pilze
gamberetti	Shrimps, Garnelen
gelato	Eiscreme, Speiseeis
ghiaccio	Eis (gefrorenes Wasser)
gnocchi	Kartoffel-/Teigklößchen
granchio	Krabbe
gran(o)turco	Mais
griglia, alla	gegrillt
imbottito	gefüllt
insalata	Salat
IVA	Mehrwertsteuer
latte	Milch
lepre	Hase
lumache	Schnecken
manzo	Rindfleisch
merluzzo	Kabeljau
miele	Honig
minestra	Suppe
molluschi	Weichtiere
olio	Öl
ostrica	Auster
pancetta	Bauchspeck
pane	Brot
panna	Sahne, Rahm
parmigiano	Parmesankäse
passata	Püree, Mus
pastasciutta	Nudelgerichte
patate fritte	Pommes frites, Röstkartoffeln
patatine fritte	Pommes frites
pecora	Schaf
pecorino	Schafskäse
peperoncino	Chilischote, Peperoni
peperone	Paprikaschote
pesce	Fisch
petto	Brust
piccione	Taube
piselli	Erbsen
pollame	Geflügel
pollo	Hähnchen, Huhn
prosciutto	Schinken
ragù	Fleischsauce, Ragout
ripieno	gefüllt, Füllung
riso	Reis
salsa	Sauce
salsiccia	Wurst
saltimbocca	Kalbsschnitzel mit Schinken, Salbei
secco	trocken
secondo piatto	Hauptgericht
senape	Senf
servizio compreso	Bedienung im Preis enthalten
sogliola	Seezunge
spuntini	Snacks
succo di frutta	Fruchtsaft
sugo	Sauce
tonno	Thunfisch
uovo alla coque	weich gekochtes Ei
uovo al tegame/fritto	Spiegelei
uovo sodo	hart gekochtes Ei
uova strapazzate	Rührei
verdura	Gemüse
vino bianco	Weißwein
vino rosato	Roséwein
vino rosso	Rotwein
vitello	Kalbfleisch
zucchero	Zucker
zucchini	Zucchini
zuppa	Suppe

Reiseatlas

220/221
SWITZERLAND
AUSTRIA
HUNGARY
Alto Adige
Bolzano/
Bozen
Mont Blanc
4807 m
Trento
SLOVENIA
Milano
Verona
Trieste
CROATIA
Torino
Padua
Venezia
Piemont
Parma
222/223
BOSNIA &
HERZEGOVINA
Genova
Bologna
La Spezia
Rimini
218/219
Firenze
SAN MARINO
Pisa
Toscana
Ancona
Livorno
FRANCE
Siena
Perugia
Elba
Gran Sasso d'Italia
2914 m
Pescara
Mare Adriatico
228/229
Roma
Foggia
224/225
Bari
Sassari
Olbia
Monte Vesuvio
1277 m
Napoli
Taranto
Salerno
Lecce
Sardegna
226/227
Mar
Tirreno
Cagliari
Catanzaro
231
232/233
Messina
Reggio di
Calabria
Mar
Mediterraneo
Palermo
Monte Etna
3340 m
230
Catania
Agrigento
Siracusa
Sicilia
TUNISIA

A
B
C
5
4
3
2
1
Roma
300 m
300 yd
CITTÀ DEL VATICANO
Musei Vaticani
3
Basilica di San Pietro
2
Castel Sant' Angelo
14
Cappella Sistina
Pinacoteca Vaticana
Accademia delle Scienze
Giardini Vaticani
Collegio Etiopico
Governatorato
Radio Vaticana
Piazza S. Marta
Palazzo del Sant' Uffizio
Aula delle Udienze Pontificie
P.za San Pietro
Piazza del Risorgimento
Ottaviano-S. Pietro Musei Vaticani
Lepanto
Cipro
S. Maria d. Grazie
S. Maria Mediatrice
S. Giuseppe
SS. Rosario
S. Maria del Carmine
Palazzo Giraud
S. Maria in Traspontina
S. Spirito in Sassia
S. Michele
P.ta S. Spirito
P.za D. Rovere
Ponte Pr. Amedeo
S. Giovanni d. Fiorentini
Palazzo Sacchetti
S. Onofrio
Museo Tassiano
Stazione San Pietro
S. Maria alle Fornaci
Maria Addolorata
S. Gregorio VII
Monte di Gallo
Villa Lovatti
Torre del Drago
Villa Abamelek
Chiesa Rumena
Faro
P.le Anita Garibaldi
P.le Giuseppe Garibaldi
Villa Corsini
Orto Botanico
Galleria Palazzo Corsini
Palazzo Torlonia
Porta Settimiana
Villa Farnesina
S. Maria d. Scala
Porta S. Pancrazio
Acqua Paola
S. Pietro in Montorio
Mausoleo Garibaldi
Villa Medici
Il Vascello
Casa dei Teatri
Villa Doria Pamphilj
Cappella Pamphilj
I Quattro Venti
P.za S. Pancrazio
TRASTEVERE
Fiume Tevere
Via Aurelia Antica
Via Aurelia
Viale Vaticano
Viale Giulio Cesare
Via Candia
Via Cola di Rienzo
Via Crescenzio
Via della Conciliazione
Borgo Pio
Borgo Sant' Angelo
Via di Porta Cavalleggeri
Via Gregorio VII
Viale delle Mura Aurelie
Via delle Fornaci
Passeggiata del Gianicolo
Via Garibaldi
Lgt. Castello
Lgt. Gianicolense
Lgt. Sangallo
Corso Vittorio Emanuele II
Via della Lungara
Viale Trastevere

D
E
F
15 MAXXI
Galleria e Museo Borghese 16
Fiume Tevere
Lgt. Michelangelo
P.ta del Popolo
P.le Flaminio
Flaminio
P.za del Popolo
S. Maria d. Popolo
P.za del Popolo
Viale Monte Pincio
P.le Napoleone I
Casina Valadier
Villa Borghese
Galoppatoio
Piazzale Brasile
Corso
P.ta Pinciana
Villa Medici
Muro Torto
Ponte Margherita
P.za della Libertà
Via L. di Savoia
Via M. Cristina
Casa di Goethe
Via del Corso
Via del Babuino
Via Margutta
S. Giacomo
Lgt. in Augusta
Lgt. Mellini
Villa Medici
Spagna
SS. Trinità dei Monti
P.za di Spagna 17
Scalinata della Trinità dei Monti
Via Ludovisi
Via Vitt. Veneto
S. Isidoro
Mausoleo di Augusto
Ara Pacis
S. Rocco
S. Carlo al Corso
Chiesa Valdese
P.za Cavour
Ponte Cavour
Via V. Colonna
Ex Palazzo di Giustizia
P.za dei Tribunali
Lgt. Prati
Lgt. Marzio
Madre d. Mutilati
Via Condotti
Via Borgognona
Via Frattina
Via della Vite
Via delle Convertite
S. Andrea d. Fratte
Via Sistina
Barberini
Via Barberini
Via del Tritone
S. Lorenzo in Lucina
P.za del Parlamento
Palazzo Montecitorio
P.za Colonna
Galleria Alberto Sordi
Fontana di Trevi 18
Via del Quirinale
Palazzo del Quirinale
P.za de Quirinale
Via di Nona
S. Salvatore
S. Simeone
Palazzo Taverna
S. Maria d. Anima
S. Luigi d. Francesi
P.za Navona 24
Corso del Rinascimento
Tempio di Adriano
S. Macuto
Via del Seminario
Pantheon 13
S. Maria s. Minerva
Palazzo Odescalchi
Palazzo Doria-Pamphilj
Palazzo Colonna
Villa Colonna
Via XXIV Maggio
Palazzo Consulta
Palazzo Pallavicini Rospigliosi
Palazzo delle Esposizioni
216
Chiesa Nuova
Corso Vittorio
Museo di Roma
Pal. della Cancelleria
Museo Barracco
P.za S. Andrea della Valle
Palazzo Altieri
Palazzo Bonaparte
Via IV Novembre
L.go Magnanapoli
P.za Campo de' Fiori 25
Teatro di Pompeo
V. Emanuele II
V. d. Plebiscito
P.za Venezia
Palazzo Venezia
Chiesa del Gesù
Area Sacra
Col. Traiana
Foro di Traiano
Mercati Traianei
SS. Domenico e Sisto
Via Cavour
Monumento Naz. a Vittorio Emanuele II
Palazzo Farnese
Palazzo Falconieri
Via Giulia
Palazzo Mattei
Crypta Balbi
Via dei Fori Imperiali
Foro di Augusto
Musei Capitolini
Palazzo Senatorio
Palazzo dei Conservatori
M. Capitolino 23
Arco di Settimio Severo
Basilica Aemilia
Basilica Giulia
Basilica di Massenzio
Tempio di Venere e Roma
Antiquarium Forense
Casa d. Vestali
Foro Romano 12
Arco di Tito
Arco di Costantino
Teatro di Marcello
Via del Teatro di Marcello
Ponte Sisto
P.za Trilussa
Lgt. dei Vallati
Lgt. dei Cenci
Ponte Garibaldi
Isola Tiberina
Lgt. del R. Sanzio
Lgt. d. Anguillara
Lgt. d. Pierleoni
S. Bartolomeo all' Isola
Ponte Rotto
Ponte Palatino
Tempio di Portunus
Tempio di Ercole Vincitore
Arco di Giano
P.za Bocca d. Verità
S. Maria in Cosmedin
S. Anastasia
M. Palatino
Palazzo dei Flavi
Casa di Livia
Domus Augustana
Stadio di Domiziano
S. Bonaventura
Terme Severiane
Circo Massimo
Via di S. Gregorio
215
S. Maria in Trastevere
S. Calisto
Trastevere 26
Viale di Trastevere
S. Cecilia
Lgt. Ripa
S. Vincenzo de Paoli
Parco S. Alessio
S. Francesco d'Assisi

Galleria e Museo Borghese 16
Villa Borghese
Galoppatoio
Piazzale Brasile
Villa Medici
P.za di Spagna 17
Scalinata della Trinità dei Monti
SS. Trinità dei Monti
S. Isidoro
Palazzo Margherita
S. Maria d. Vittoria
Chiostro d. Certosa
Terme di Diocleziano
S. Maria d. Angeli
P.za della Repubblica
Gall. Naz. d' Arte Antica
Palazzo Barberini
Fontana di Trevi 18
Galleria Alberto Sordi
Palazzo del Quirinale
Teatro dell'Opera
19 Palazzo Massimo alle Terme
Stazione Roma Termini
Palazzo delle Esposizioni
San Vitale
S. Maria Maggiore 20
Casa dell'Architettura
Palazzo Odescalchi
Palazzo Doria-Pamphilj
Palazzo Colonna
Palazzo Bonaparte
Palazzo Venezia
Monumento Naz. a Vittorio Emanuele II
Mercati Traianei
SS. Domenico e Sisto
San Lorenzo in Panisperna
S. Prassede
Musei Capitolini
Palazzo dei Conservatori
M. Capitolino 23
Foro Romano 12
Colosseo 11
San Clemente 22
SS. Quattro Coronati
Domus Aurea di Nerone
Terme di Traiano
Colle Oppio
M. Palatino
Palazzo dei Flavi
Casa di Livia
Domus Augustana
Stadio di Domiziano
Terme Severiane
Circo Massimo
Basilica SS. Giovanni e Paolo
Antiquarium
S. Gregorio Magno
S. Maria in Cosmedin
S. Vincenzo de Paoli
216
215

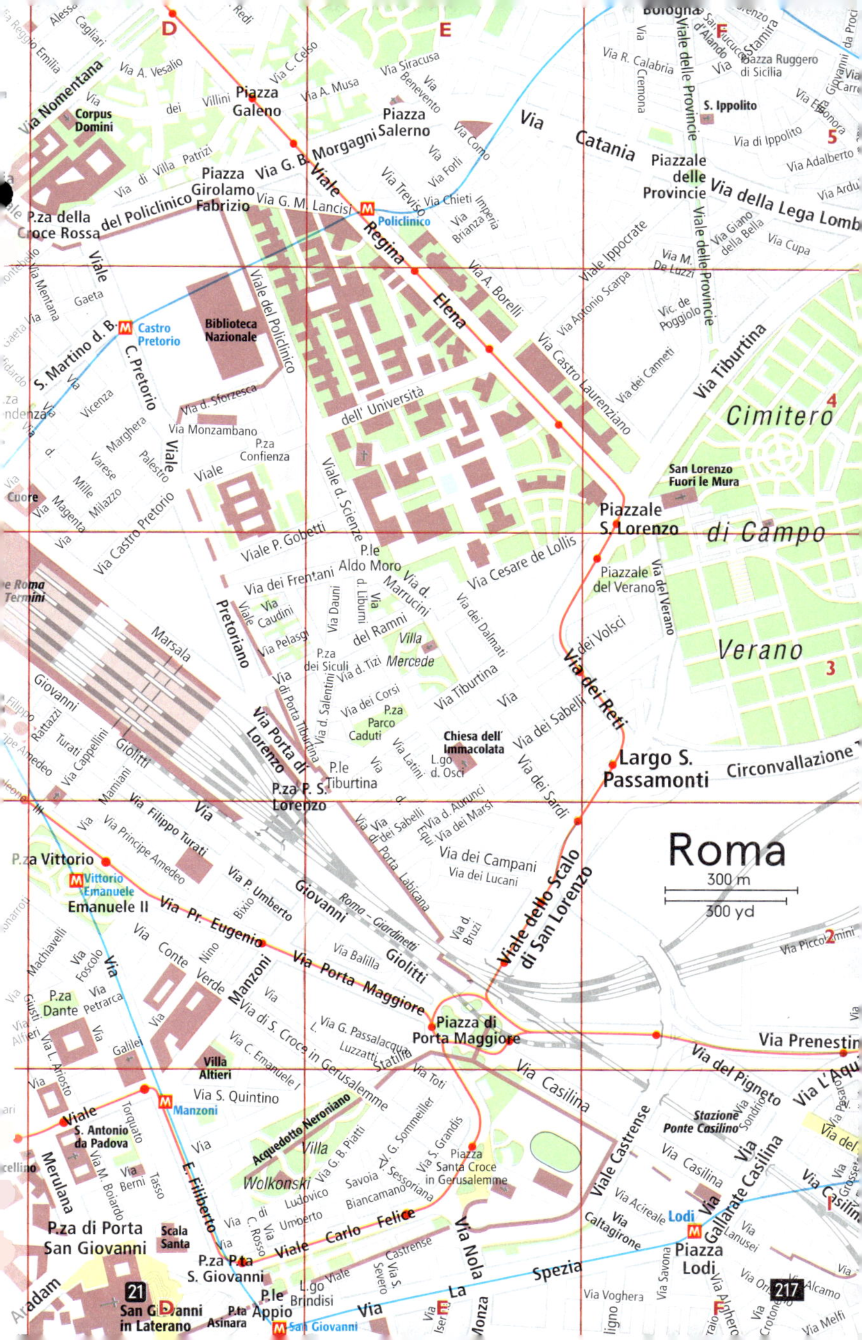

Roma
300 m
300 yd
Piazza Galeno
Piazza Salerno
Piazza Girolamo Fabrizio
Policlinico
Castro Pretorio
Biblioteca Nazionale
Corpus Domini
S. Ippolito
Piazzale delle Provincie
Cimitero di Campo Verano
San Lorenzo Fuori le Mura
Piazzale S. Lorenzo
Piazzale del Verano
Largo S. Passamonti
Chiesa dell' Immacolata
Villa Mercede
P.le Aldo Moro
P.le Tiburtina
P.za P. S. Lorenzo
P.za Vittorio Emanuele II
Vittorio Emanuele
Piazza di Porta Maggiore
Villa Altieri
Manzoni
Villa Wolkonski
Acquedotto Neroniano
Piazza Santa Croce in Gerusalemme
Stazione Ponte Casilino
Lodi
Piazza Lodi
P.za di Porta San Giovanni
Scala Santa
San Giovanni in Laterano
San Giovanni
P.za P.ta S. Giovanni
Via Nomentana
Via Catania
Via Tiburtina
Via dei Reti
Viale dello Scalo di San Lorenzo
Via Prenestina
Via Casilina
Via Porta Maggiore
Via Merulana
Viale Regina Elena
Circonvallazione
21
217

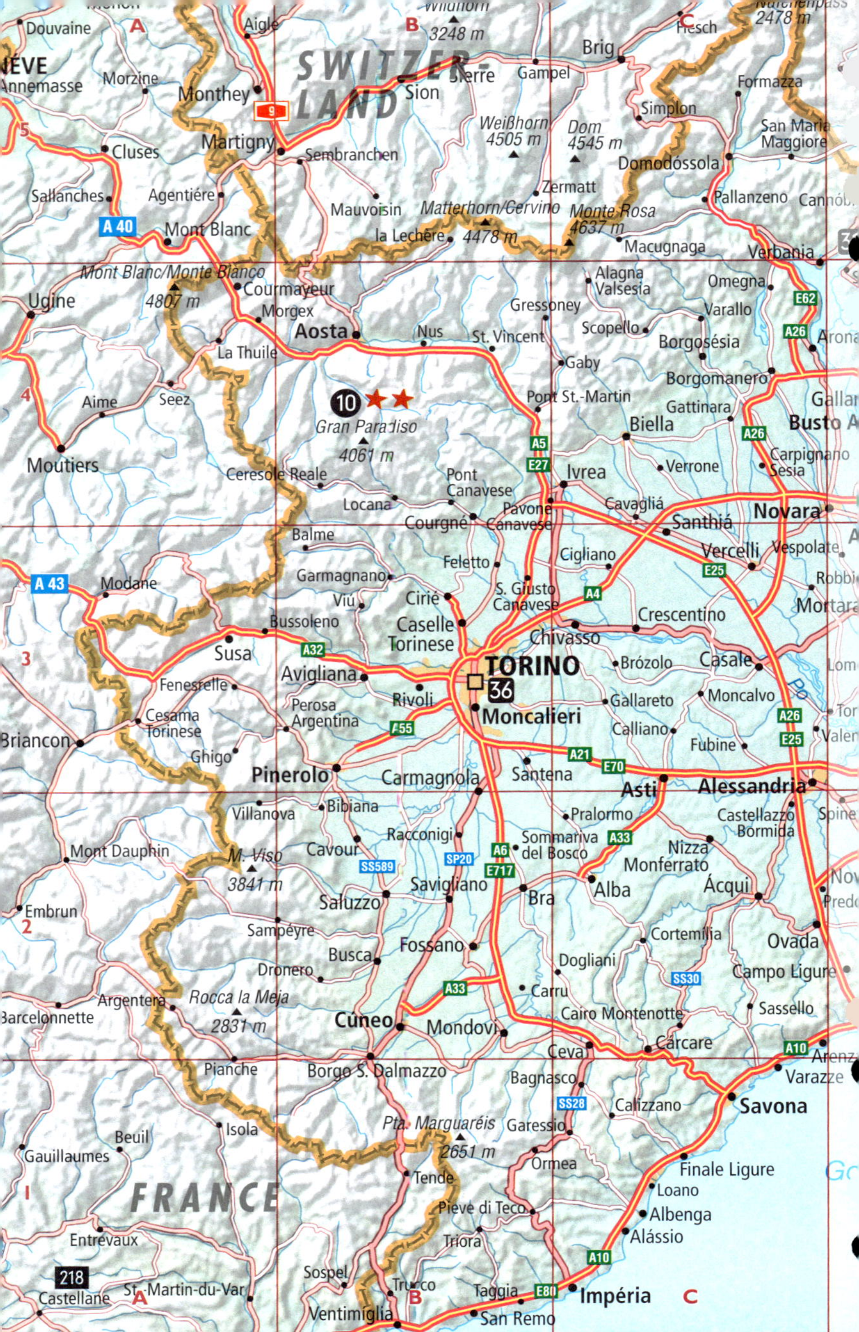

Douvaine
A
Aigle
B
3248 m
C
Fiesch
2478 m
Annemasse
Morzine
Monthey
SWITZER-
LAND
Sierre
Sion
Gampel
Brig
9
Formazza
Simplon
Weißhorn
4505 m
Dom
4545 m
San Maria
Maggiore
5
Cluses
Martigny
Sembranchen
Domodòssola
Sallanches
Agentiére
Zermatt
Mauvoisin
Matterhorn/Cervino
Monte Rosa
4637 m
Pallanzeno
A 40
Mont Blanc
la Lechère
4478 m
Macugnaga
Verbania
Mont Blanc/Monte Bianco
4807 m
Courmayeur
Alagna
Valsesia
Omegna
Ugine
Morgex
Gressoney
Varallo
E62
Aosta
Nus
St. Vincent
Scopello
A26
Arona
La Thuile
Borgosésia
Gaby
4
Seez
Borgomanero
Aime
10
Gran Paradiso
4061 m
Pont St.-Martin
Gattinara
Biella
Busto
Moutiers
A5
A26
Carpignano
Sesia
E27
Ceresole Reale
Pont
Canavese
Ivrea
Verrone
Locana
Cavagliá
Pavone
Canavese
Novara
Courgné
Santhiá
Balme
Cigliano
Vercelli
Vespolate
Feletto
E25
Garmagnano
A 43
Modane
S. Giusto
Canavese
A4
Ciriè
Viù
Mortara
Caselle
Torinese
Crescentino
Bussoleno
Chivasso
3
Susa
A32
TORINO
36
Casale
Avigliana
Brózolo
Fenestrelle
Moncalvo
Po
Perosa
Argentina
Rivoli
Moncalieri
Gallareto
Cesana
Torinese
A55
Calliano
A26
Briancon
Fubine
E25
Ghigo
A21
E70
Pinerolo
Carmagnola
Santena
Asti
Alessandria
Villanova
Bibiana
Pralormo
Castellazzo
Bormida
Racconigi
Sommariva
del Bosco
A33
Mont Dauphin
M. Viso
3841 m
Cavour
SP20
A6
Nizza
Monferrato
SS589
E717
Savigliano
Bra
Alba
Ácqui
Embrun
Saluzzo
2
Sampéyre
Cortemilia
Ovada
Fossano
Busca
Dogliani
Campo Ligure
Dronero
SS30
A33
Carru
Argentera
Rocca la Meja
2831 m
Sassello
Barcelonnette
Cairo Montenotte
Cúneo
Mondovì
Cárcare
Ceva
A10
Pianche
Borgo S. Dalmazzo
Bagnasco
Varazze
SS28
Calizzano
Savona
Pta. Marguaréis
2651 m
Garessio
Isola
Beuil
Gauillaumes
Ormea
Finale Ligure
Tende
Loano
1
FRANCE
Pieve di Teco
Albenga
Entrevaux
Triora
Alássio
A10
218
Sospel
Castellane
St.-Martin-du-Var
A
Trucco
B
Taggia
E80
Impéria
C
Ventimíglia
San Remo

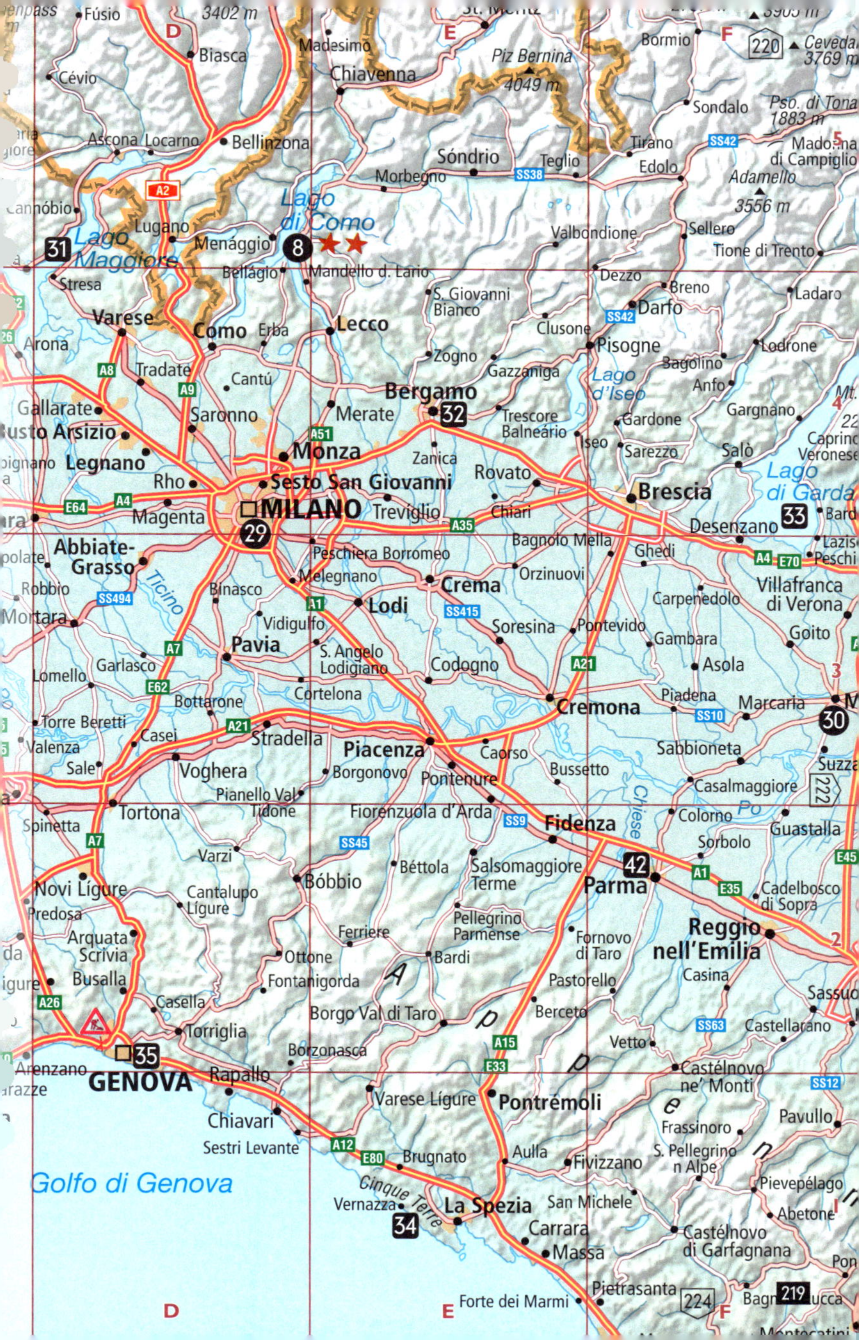

MILANO
GENOVA
Lago di Como
Lago Maggiore
Lago d'Iseo
Lago di Garda
Golfo di Genova
Bergamo
Brescia
Monza
Sesto San Giovanni
Pavia
Lodi
Crema
Cremona
Piacenza
Parma
Reggio nell'Emilia
Fidenza
La Spezia
Pontrémoli
Como
Lecco
Varese
Lugano
Bellinzona
Chiavenna
Sóndrio
Piz Bernina 4049 m
Cinque Terre

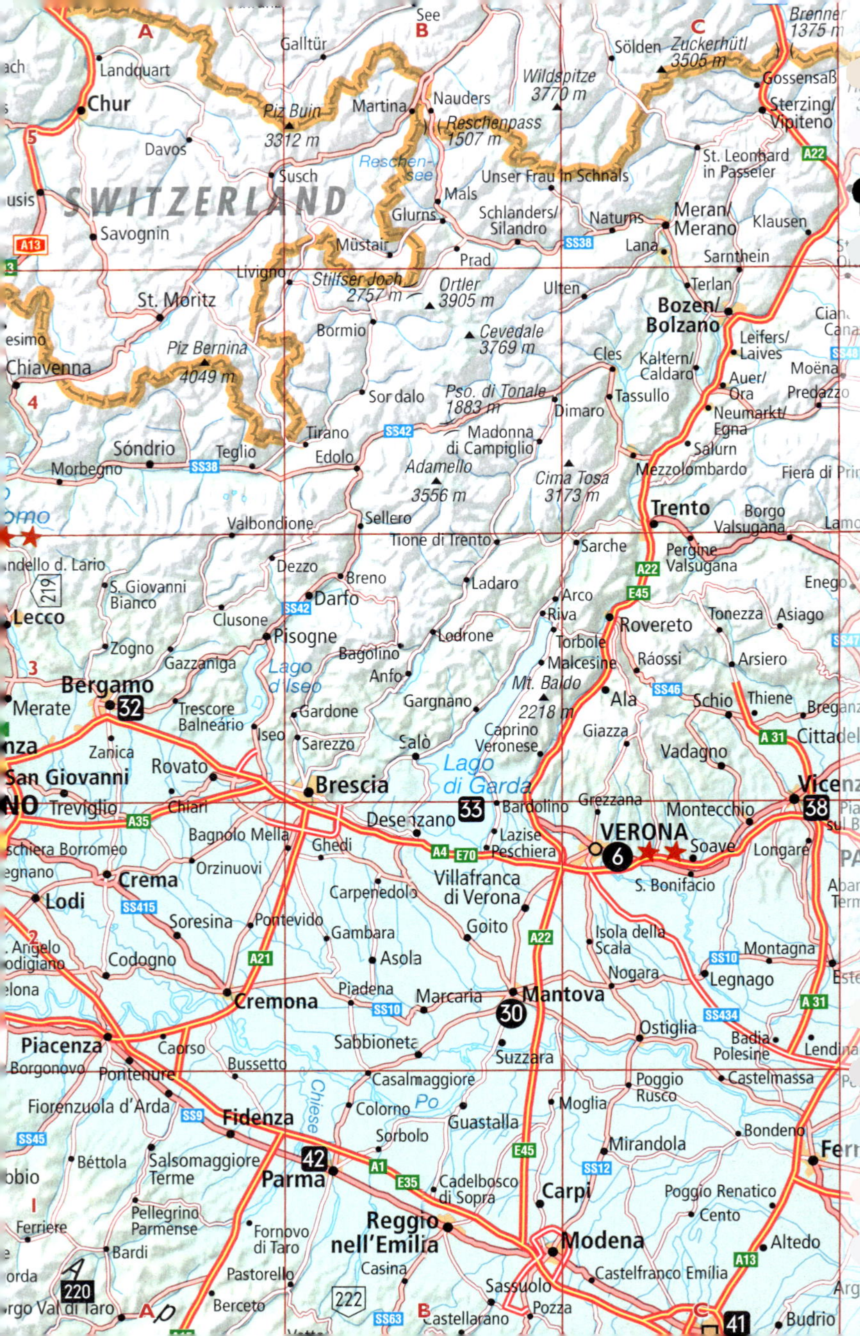

A
B
C
SWITZERLAND
Chur
Landquart
Davos
Galltür
Piz Buin 3312 m
Martina
Nauders
Reschenpass 1507 m
Reschensee
Wildspitze 3770 m
Sölden
Zuckerhütl 3505 m
Brenner 1375 m
Gossensaß
Sterzing/ Vipiteno
St. Leonhard in Passeier
Unser Frau in Schnals
Susch
Mals
Glurns
Müstair
Schlanders/ Silandro
Naturns
Meran/ Merano
Klausen
Lana
Sarnthein
Prad
Savognin
Livigno
Stilfser Joch 2757 m
Ortler 3905 m
Ulten
Terlan
Bozen/ Bolzano
St. Moritz
Bormio
Cevedale 3769 m
Leifers/ Laives
Piz Bernina 4049 m
Cles
Kaltern/ Caldaro
Auer/ Ora
Moëna
Chiavenna
Sondalo
Pso. di Tonale 1883 m
Dimaro
Tassullo
Predazzo
Neumarkt/ Egna
Tirano
Madonna di Campiglio
Salurn
Sóndrio
Teglio
Edolo
Morbegno
Adamello 3556 m
Cima Tosa 3173 m
Mezzolombardo
Fiera di Primiero
Trento
Borgo Valsugana
Valbondione
Sellero
Tione di Trento
Sarche
Pergine Valsugana
Dezzo
Breno
Ladaro
Arco
Enego
S. Giovanni Bianco
Darfo
Riva
Clusone
Lecco
Rovereto
Tonezza
Asiago
Pisogne
Ledrone
Torbole
Zogno
Bagolino
Malcesine
Ráossi
Arsiero
Gazzaniga
Lago d'Iseo
Anfo
Mt. Baldo 2218 m
Bergamo
Ala
Schio
Thiene
Merate
Trescore Balneário
Gardone
Gargnano
Iseo
Caprino Veronese
Giazza
Zanica
Sarezzo
Salò
Vadagno
Cittadella
San Giovanni
Rovato
Brescia
Lago di Garda
Vicenza
Treviglio
Chiari
Bardolino
Grezzana
Montecchio
Desenzano
VERONA
Bagnolo Mella
Ghedi
Lazise
Peschiera
Soave
Longare
Orzinuovi
Crema
Villafranca di Verona
S. Bonifacio
Carpenedolo
Lodi
Soresina
Pontevido
Goito
Isola della Scala
Gambara
Montagna
Asola
Codogno
Nogara
Legnago
Este
Piadena
Marcaria
Mantova
Cremona
Ostiglia
Sabbioneta
Badia Polesine
Lendinara
Piacenza
Caorso
Suzzara
Borgonovo
Pontenure
Bussetto
Casalmaggiore
Poggio Rusco
Castelmassa
Fiorenzuola d'Arda
Moglia
Colorno
Po
Fidenza
Chiese
Guastalla
Sorbolo
Mirandola
Bondeno
Béttola
Salsomaggiore Terme
Ferrara
Parma
Cadelbosco di Sopra
Carpi
Poggio Renatico
Pellegrino Parmense
Cento
Ferriere
Reggio nell'Emilia
Fornovo di Taro
Modena
Altedo
Bardi
Casina
Castelfranco Emília
Pastorello
Sassuolo
Borgo Val di Taro
Berceto
Castellarano
Pozza
Budrio
A13
A22
A35
A4
E70
A21
A31
A1
E35
E45
SS38
SS42
SS46
SS47
SS48
SS415
SS10
SS434
SS9
SS45
SS12
SS63
219
220
222
32
33
38
6
30
42
41

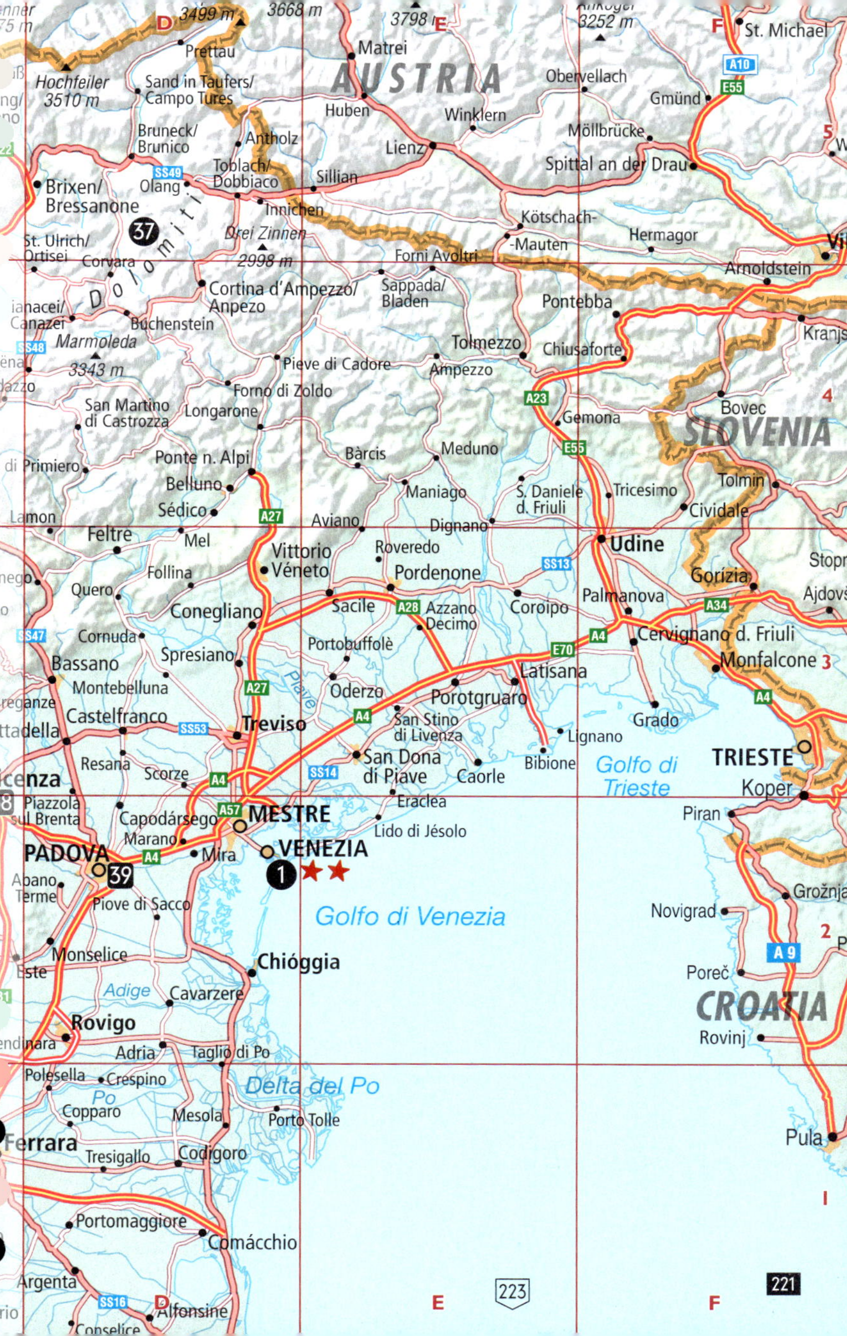

3499 m
3668 m
3798
3252 m
St. Michael
A10
E55
Prettau
Hochfeiler
3510 m
Sand in Taufers/
Campo Tures
Matrei
AUSTRIA
Obervellach
Gmünd
Huben
Winklern
Bruneck/
Brunico
Antholz
Lienz
Möllbrücke
Spittal an der Drau
SS49
Toblach/
Dobbiaco
Sillian
Brixen/
Bressanone
Olang
Innichen
Kötschach-
-Mauten
Hermagor
37
Drei Zinnen
2998 m
St. Ulrich/
Ortisei
Corvara
Dolomiti
Forni Avoltri
Arnoldstein
Cortina d'Ampezzo/
Anpezo
Sappada/
Bladen
Pontebba
Buchenstein
SS48
Marmoleda
3343 m
Tolmezzo
Chiusaforte
Pieve di Cadore
Ampezzo
Forno di Zoldo
A23
San Martino
di Castrozza
Longarone
Gemona
Bovec
SLOVENIA
Bàrcis
Meduno
E55
Ponte n. Alpi
Belluno
Maniago
S. Daniele
d. Friuli
Tricesimo
Tolmin
Sédico
Cividale
Lamon
A27
Aviano
Dignano
Feltre
Mel
Vittorio
Véneto
Roveredo
Udine
Follina
Pordenone
SS13
Quero
Sacile
A28
Azzano
Decimo
Coroipo
Palmanova
Gorizia
Conegliano
A34
Cornuda
Portobuffolè
A4
Cervignano d. Friuli
SS47
E70
Bassano
Spresiano
Latisana
Monfalcone
Montebelluna
Piave
Oderzo
A27
Porotgruaro
A4
Castelfranco
San Stino
di Livenza
Grado
SS53
Treviso
Lignano
Resana
Scorze
San Dona
di Piave
Caorle
Bibione
Golfo di
Trieste
TRIESTE
SS14
A4
Koper
Piazzola
sul Brenta
Eraclea
A57
MESTRE
Piran
Capodársego
Lido di Jésolo
Marano
VENEZIA
PADOVA
A4
Mira
39
1
Abano
Terme
Grožnjan
Piove di Sacco
Novigrad
Golfo di Venezia
A 9
Monselice
Este
Poreč
Chióggia
Adige
Cavarzere
CROATIA
Rovigo
Rovinj
Adria
Taglio di Po
Polesella
Crespino
Delta del Po
Po
Copparo
Mesola
Porto Tolle
Pula
Ferrara
Tresigallo
Codigoro
Portomaggiore
Comácchio
Argenta
SS16
Alfonsine
Conselice
223
D
E
F
1
2
3
4
5

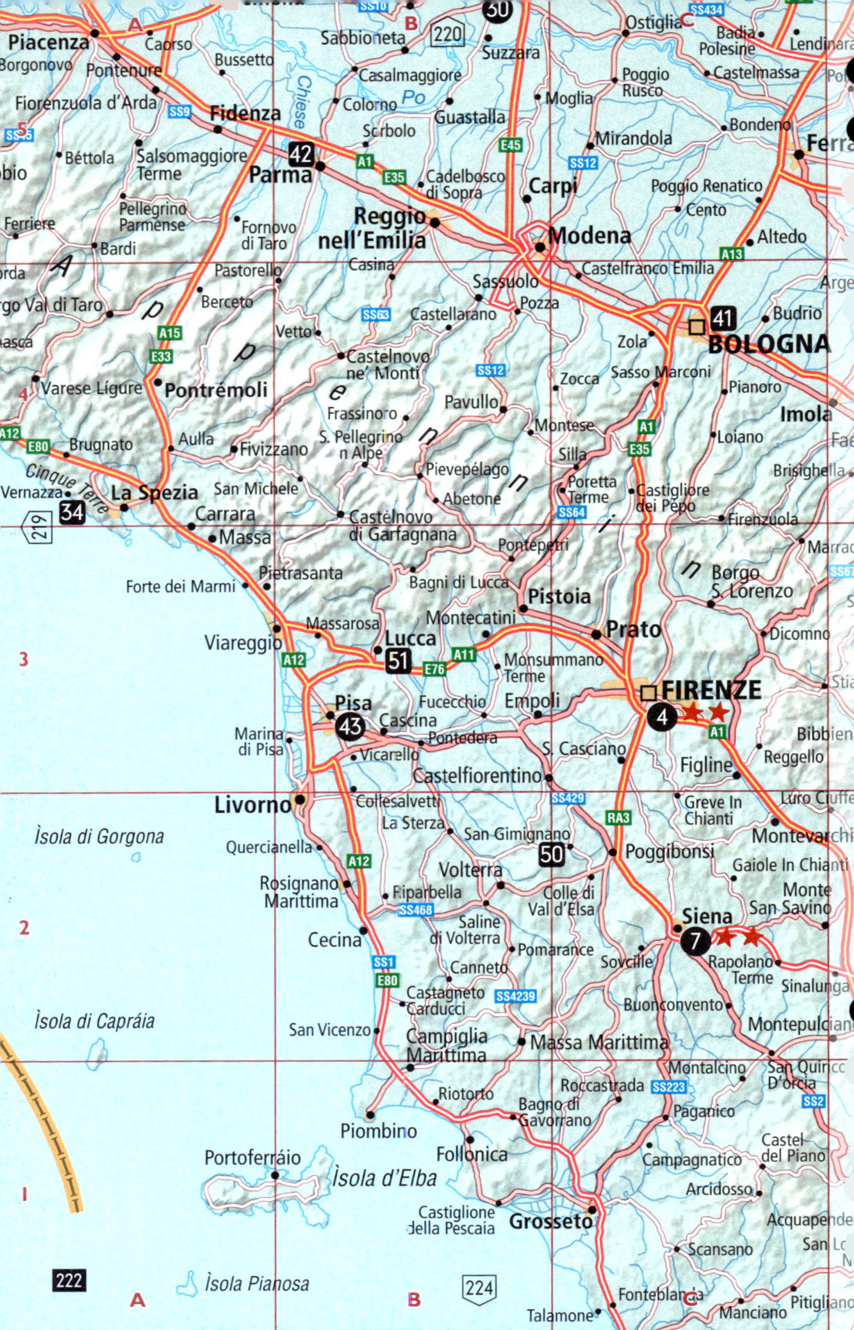
A
B
C
Piacenza
Borgonovo
Caorso
Pontenure
Fiorenzuola d'Arda
Bussetto
Fidenza
Chiese
Sabbioneta
Casalmaggiore
Colorno
Po
Sorbolo
Guastalla
Suzzara
Moglia
Ostiglia
Poggio Rusco
Badia Polesine
Lendinara
Castelmassa
Bondeno
Ferra
Mirandola
Bèttola
Salsomaggiore Terme
Parma
Cadelbosco di Sopra
Carpi
Poggio Renatico
Cento
Ferriere
Pellegrino Parmense
Fornovo di Taro
Bardi
Reggio nell'Emilia
Modena
Altedo
Castelfranco Emilia
Pastorello
Casina
Sassuolo
Berceto
Pozza
Castellarano
Vetto
Budrio
BOLOGNA
Zola
Castelnovo ne' Monti
Sasso Marconi
Pianoro
Zocca
Varese Ligure
Pontrèmoli
Pavullo
Imola
Frassinoro
Montese
Loiano
Aulla
Fivizzano
S. Pellegrino in Alpe
Silla
Brugnato
Pievepélago
Brisighella
Cinque Terre
Vernazza
La Spezia
San Michele
Abetone
Poretta Terme
Castiglione dei Pepo
Carrara
Castelnovo di Garfagnana
Firenzuola
Massa
Pontepetri
Marradi
Pietrasanta
Forte dei Marmi
Bagni di Lucca
Borgo S. Lorenzo
Pistoia
Montecatini
Prato
Massarosa
Viareggio
Lucca
Dicomano
Monsummano Terme
FIRENZE
Pisa
Fucecchio
Empoli
Cascina
Marina di Pisa
Pontedera
Bibbiena
S. Casciano
Reggello
Vicarello
Figline
Castelfiorentino
Livorno
Collesalvetti
Greve In Chianti
La Sterza
Ìsola di Gorgona
San Gimignano
Montevarchi
Quercianella
Poggibonsi
Gaiole In Chianti
Volterra
Rosignano Marittima
Riparbella
Colle di Val d'Elsa
Monte San Savino
Saline di Volterra
Siena
Cecina
Pomarance
Sovcille
Rapolano Terme
Canneto
Sinalunga
Castagneto Carducci
Buonconvento
Ìsola di Capráia
San Vicenzo
Montepulciano
Campiglia Marittima
Massa Marittima
Montalcino
San Quirico D'orcia
Riotorto
Roccastrada
Bagno di Gavorrano
Paganico
Piombino
Castel del Piano
Portoferráio
Follonica
Campagnatico
Ìsola d'Elba
Arcidosso
Castiglione della Pescaia
Grosseto
Acquapendente
Scansano
Ìsola Pianosa
Fonteblanda
Manciano
Pitigliano
Talamone
A1
A11
A12
A13
A15
E33
E35
E45
E76
E80
RA3
SS1
SS2
SS9
SS12
SS63
SS64
SS67
SS223
SS429
SS434
SS468
SS4239
220
219
224
30
34
41
42
43
50
51
4
7
1
2
3
4
5

Rovigo
Lendinara
Adria
Taglio di Po
Polesella
Crespino
Po
Delta del Po
Copparo
Mesola
Porto Tolle
Ferrara
Tresigallo
Codigoro
Portomaggiore
Comácchio
Argenta
SS16
Alfonsine
Conselice
Massa Lombarda
Ravenna
40
Lugo
Russi
Faenza
A14
Cérvia
E45
Cesenático
Forlì
SS9
Bellária
Cesana
Marradi
Rocca S. Casciano
Rimini
SS67
SAN MARINO
Cattólica
S. Sofia
Mercato Saraceno
San Marino
Pesaro
San Piero In Bagno
Montecchio
SS16
Fano
Bagno di Romagna
Casinina
Stia
E78
Senigallia
SS3bis
Urbino
44
Fossombrone
Bibbiena
E45
Badia Tedalda
Falconara Marittima
Ancona
SS71
Urbania
San Michele
Ostra
Subbiano
Sansepolcro
Cagli
Chiaravalle
Pergola
Jesi
Arezzo
Citta di Castello
SP3
Moie
Osimo
Sassoferrato
Cantiano
SS76
A14
Porto Reca
Scheggia
E55
Cortona
Filottrano
Gubbio
45
Umbertide
Macerata
Fabriano
San Severino
Terontola
Ambra
SS77
Gualdo Tadino
Belforte del Chienti
Tolentino
Castiglione
Lago Trasimeno
Magione
Perugia
46
SS3
Camerino
Fermo
Servigliano
A1
Assisi
47
Serravalle di Chienti
Torgiano
E35
Sarnano
Citta della Pieve
SS3bis
Offida
Nocera Umbra
Foligno
Amandola
Piazze
SP209
Bastardo
Monte Vettore 2476 m
Ascoli Piceno
Fabro
Marsciano
Pissignano
Norcia
Triponzo
Todi
SS4
Aquasanta Terme
Civitella del Tronto
Spoleto
Orvieto
48
49
Campli
Accumoli
Acquasparta
SS3
Sambucheto
Bolsena
Amatrice
Teramo
223
Baschi
Lago di Bolsena
Amelia
Terni
Leonessa
A24
Pula
Rovinj
CROATIA
Mar Adriatico
221
226
D
E
F
4
3
2

Lucca
51
A11
A12
E76
219
Monsummano Terme
Pisa
43
Fucecchio
Empoli
FIRENZE
4
Cascina
A1
Marina di Pisa
Pontedera
S. Casciano
Vicarello
5
Castelfiorentino
Livorno
Collesalvetti
SS429
La Sterza
San Gimignano
50
RA3
Quercianella
Volterra
Poggibonsi
Rosignano Marittima
Riparbella
Colle d Val d'Elsa
SS468
Saline di Volterra
Siena
7
Cecina
Pomarance
Sovicille
SS1
222
Canneto
E80
Castagneto Carducci
SS4239
Rapolano Terme
Buonconvento
4
San Vicenzo
Campiglia Marittima
Massa Marittima
Montalcino
Roccastrada
SS223
Riotorto
Bagno di Gavorrano
Paganico
Piombino
Follonica
Campagnatico
Ìsola d'Elba
Arcidosso
Castiglione della Pescaia
Grosseto
Scansano
Ìsola Pianosa
3
Fonteblanda
Talamone
Manciano
Albinia
Fescia Fiorentina
Orebetello
Ìsola di Montecristo
Ìsola del Giglio
2
Mar Tirreno
1
Stia
Bagno di Romagna
Bibbiena
SS3bis
E45
Reggello
Figline
SS71
Luro Ciuffenna
Subbiano
Greve In Chianti
Montevarchi
Arezzo
Gaiole In Chianti
Monte San Savino
Cortona
Terontola
Sinalunga
Montepulciano
Castiglione
Lago Trasimeno
San Quirico D'orcia
A1
E35
SS2
Citta della Pieve
Piazze
Castel del Piano
Fabro
Acquapendente
Orvieto
49
San Lorenzo Nuovo
Bolsena
Lago di Bolsena
Pitigliano
Montefiascone
Marta
Canino
Tuscania
Viterbo
SS675
SS1
Montalto di Castro
Vetralla
Tarquinia
Capranica
Tolfa
Civitavecchia
Manziana
Bracciano
Santa Marinella
A12
E80
Cerveteri
2
3
11-13
Lido di Ostia
A
B
C

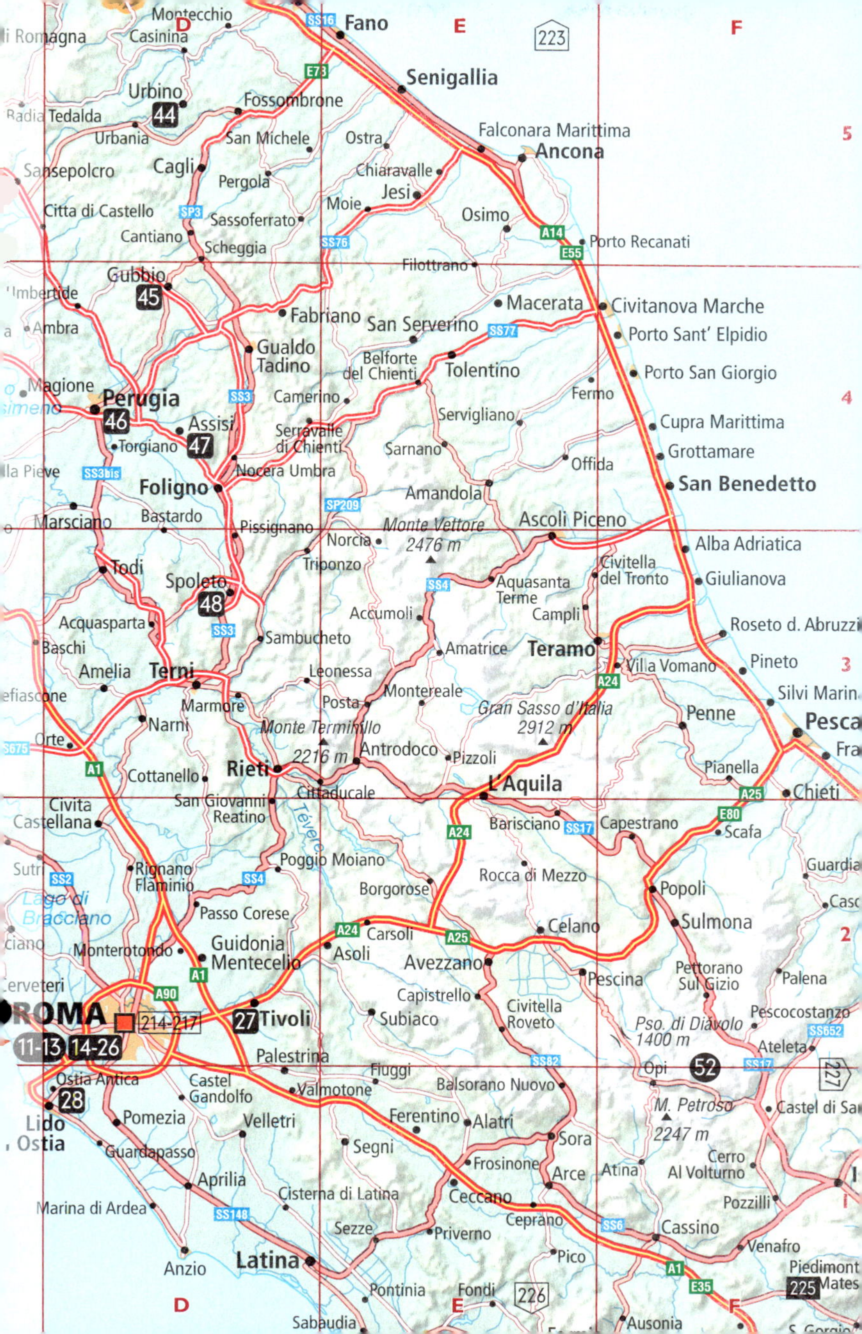

Fano
Senigallia
Ancona
Falconara Marittima
Urbino
Perugia
Assisi
Foligno
Gubbio
Fabriano
Macerata
Civitanova Marche
San Benedetto
Ascoli Piceno
Teramo
Pescara
Chieti
L'Aquila
Rieti
Terni
Spoleto
Todi
Avezzano
Sulmona
Tivoli
ROMA
Latina
Frosinone
Cassino
Monte Vettore 2476 m
Gran Sasso d'Italia 2912 m
Monte Terminillo 2216 m

Montefiascone
Orte
SS675
A1
Narni
Marmore
223
Posta
Montereale
Gran Sasso d'Italia
2912 m
A24
Penne
Monte Terminillo
2216 m
Antrodoco
Pizzoli
Rieti
Cottanello
Cittaducale
L'Aquila
Pianella
A25
Civita Castellana
San Giovanni Reatino
Tevere
Barisciano
SS17
Capestrano
E80
Scafa
Sutri
SS2
Rignano Flaminio
SS4
Poggio Mciano
A24
Rocca di Mezzo
Popoli
Lago di Bracciano
Passo Corese
Borgorose
Sulmona
Celano
Bracciano
Monterotondo
Guidonia Montecelio
A24
Carsoli
A25
Asoli
Avezzano
Pettorano Sul Gizio
Pescina
Cerveteri
A1
A90
Capistrello
ROMA
214-217
27
Tivoli
Civitella Roveto
Subiaco
Pso. di Diavolo
1400 m
Pescocostanzo
11-13
14-26
Palestrina
SS82
Ateleta
Fiuggi
Opi
52
SS17
Ostia Antica
Castel Gandolfo
Valmontone
Balsorano Nuovo
28
M. Petroso
2247 m
Lido di Ostia
Pomezia
Velletri
Ferentino
Alatri
Sora
Segni
Guardapasso
Frosinone
Arce
Atina
Cerro Al Volturno
Aprilia
Cisterna di Latina
Ceccano
Pozzilli
224
Marina di Ardea
SS148
Ceprano
SS6
Cassino
Sezze
Priverno
Venafro
Anzio
Latina
Pico
A1
E35
Pontinia
Fondi
Sabaudia
Ausonia
Formia
Montano
Terracina
SS213
Scauri
Sessa Aurunca
Gaeta
Mondragone
Capua
Golfo di Gaeta
Castel Volturno
Giugliano in Campania
Casoria
Ìsola di Ponza
Pozzuoli
A56
Procida
Ìsola d'Ischia
Capri
Mar Tirreno
A
B
C
5
4
3
2
1

D
E
F
5
4
3
2
Mar Adriatico
Silvi Marina
Pescara
Francavilla al Mare
Chieti
Ortona
San Vito Chietino
Guardiagrele
Casoli
Vasto
Isole Tremiti
Bomba
S. Salvo
San Salvo Marina
Palena
Carunchio
Termoli
Campomarino
Rodi Garganico
Peschici
Vieste
Guglionesi
SS652
Ateleta
Agnone
Trigno
Trivento
Biferno
Serracapriola
A14
Lesina
SS89
Lago di Varano
60
Gargano
Apricena
San Giovanni
Monte Sant' Angelo
Guardialfiera
Larino
Rotello
San Marco
Castel di Sangro
Lucito
Casacalenda
San Severo
Candelaro
SS650
Castropignano
Manfredonia
Isernia
Campobasso
Pietramontecorvino
SS89
Golfo di
Lucera
SS17
Foggia
Zapponeta
Bojano
Jelsi
SS16
Margherita
Piedimonte Matese
San Bartolomeo
A14
Sepino
Carapelle
Morcone
Troia
SS90
Orta Nova
E55
SP13
S. Gorgio
Pontelandolfo
San Ferdinando di Puglia
San Marco
Orsara di Puglia
Cerignola
SS87
Paduli
Ascoli Satriano
Canosa di Puglia
Caiazzo
Telese Terme
Benevento
Ariano Irpino
A16
Candela
Minervino Murge
Caserta
Lavello
SS7
E842
Melfi
Grottaminarda
Maddaloni
Montemiletto
Vallata
SS655
Monteverde
A1
Rionero in Vulture
Avellino
Calitri
A16
NAPOLI
Lioni
Genzano di Lucania
SS93
A56
53
Mt. Vesuvio 1281 m
E841
Solofra
A30
Muro Lucano
SS96
9
Pompei
Pietragalla
Potenza
54
A2
Salerno
Golfo di Napoli
55
Ravello
Contursi Terme
228
Eboli
Buccino
Sorrento
5
Amalfitana
Battipaglia
Anzi
E847
Punta Campanella
61
Brienza
Corleto Perticara
Golfo di Salerno
Roccadaspide
Marsico Nuovo
56
Paestum
Agropoli
Sala Consilina
Viggiano
SS18
S. Arcangelo
Vallo d. Lucania
A2
Montesano sulla Marcellana
E90
Alfano
Acciaroli
Ascea
Episcopia
Sapri
Pisciotta
230
Lagonegro
227
Capo Palinuro

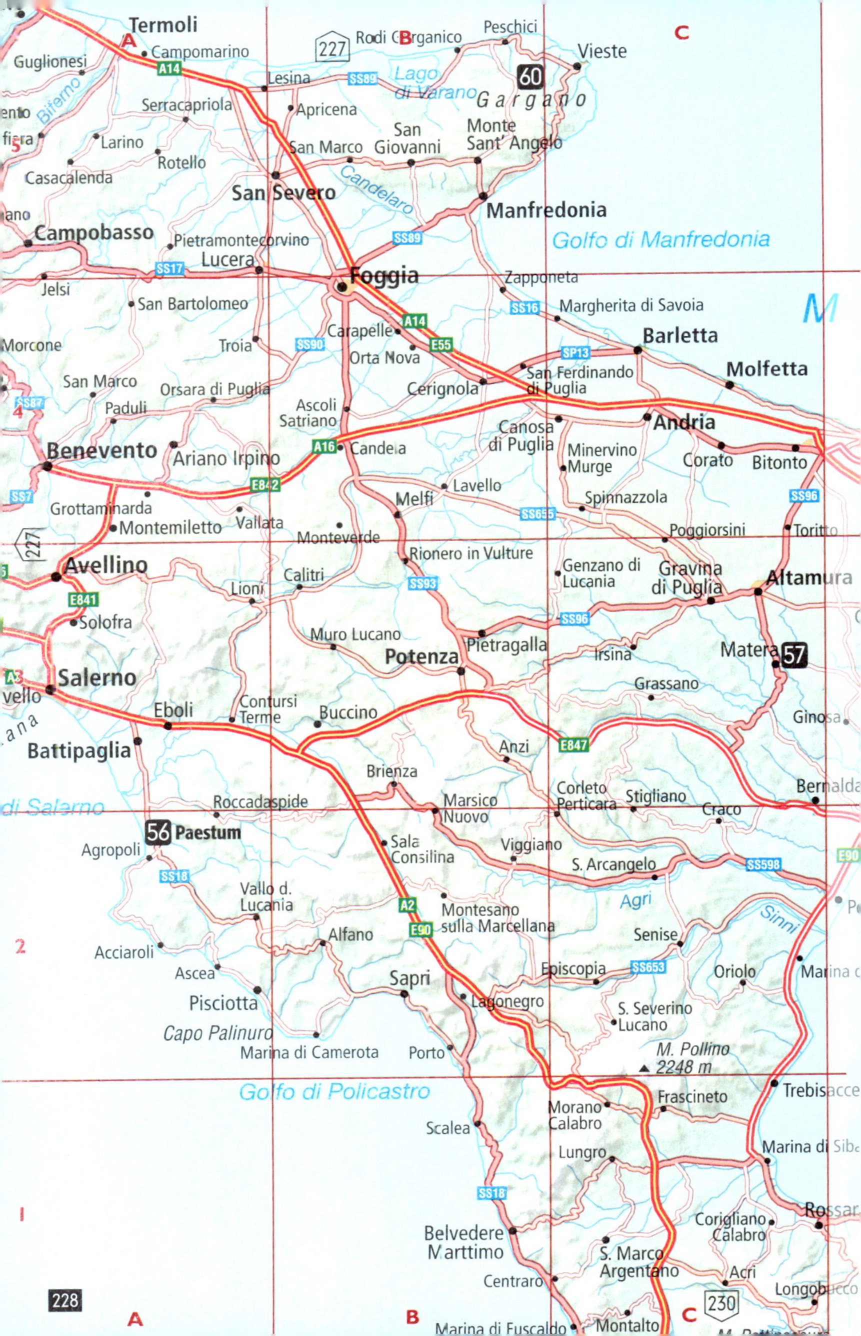

Termoli
Campomarino
Guglionesi
Biferno
A14
227
Rodi Garganico
Peschici
Vieste
60
Lesina
SS89
Lago di Varano
Gargano
Serracapriola
Apricena
Larino
Rotello
San Marco
San Giovanni
Monte Sant' Angelo
Casacalenda
San Severo
Candelaro
Manfredonia
Campobasso
Pietramontecorvino
SS89
Golfo di Manfredonia
Lucera
SS17
Foggia
Zapponeta
Jelsi
San Bartolomeo
SS16
Margherita di Savoia
M
A14
Carapelle
Morcone
Troia
SS90
E55
Barletta
Orta Nova
SP13
Molfetta
San Marco
Orsara di Puglia
Cerignola
San Ferdinando di Puglia
SS87
Paduli
Ascoli Satriano
Canosa di Puglia
Andria
Benevento
Ariano Irpino
A16
Candela
Minervino Murge
Corato
Bitonto
SS7
E842
Lavello
Grottaminarda
Melfi
Spinnazzola
SS96
Montemiletto
Vallata
SS655
Poggiorsini
227
Monteverde
Rionero in Vulture
Avellino
Calitri
Genzano di Lucania
Gravina di Puglia
Altamura
Lioni
SS93
E841
SS96
Solofra
Muro Lucano
Pietragalla
Irsina
Matera
57
Potenza
Salerno
Grassano
Contursi Terme
Eboli
Buccino
Battipaglia
Anzi
E847
Brienza
Corleto Perticara
Stigliano
di Salerno
Roccadaspide
Marsico Nuovo
Craco
56 Paestum
Agropoli
Sala Consilina
Viggiano
S. Arcangelo
SS598
SS18
E90
Vallo d. Lucania
Agri
Montesano sulla Marcellana
A2
Sinni
Alfano
E90
Senise
Acciaroli
Episcopia
SS653
Oriolo
Ascea
Sapri
Lagonegro
Pisciotta
S. Severino Lucano
Capo Palinuro
Marina di Camerota
Porto
M. Pollino 2248 m
Golfo di Policastro
Trebisacce
Frascineto
Morano Calabro
Scalea
Lungro
SS18
Corigliano Calabro
Belvedere Marttimo
S. Marco Argentano
Centraro
Acri
230
Marina di Fuscaldo
Montalto
A
B
C
A
B
C
5
4
2
1

D
E
F
5
Mar Adriatico
ta
4
BARI
to
E55
Mola die Bari
SS96
Casamassima
Monopoli
Toritto
A14
E843
Putignano
Fasano
amura
Alberobello
SS379
59
Gioia del Colle
Ostuni
Martina Franca
Brindisi
3
Mottola
Mesagne
Massafra
Castellaneta
Ginosa
E90
S. Pietro Vernotico
Francavilla Fontana
Taranto
SS16
Guagnano
San Cataldo
Bernalda
Saturo
Manduria
Lecce
58
Leverano
Librari
E90
Porto Cesareo
Nardo
Galatina
Otranto
Policoro
Golfo di Taranto
SS101
Máglie
2
Gallipolli
Marina di Nova Siri
Taurisano
Alessano
Torre San Giovanni
Marina di Leuca
rebisacce
Capo S. Maria di Léuca
na di Sibari
1
Rossano
Cariati
ngobucco
Campar
Ciro Marina

A
B
C
Sapri
Lagonegro
Episcopia
SS653
Oriolo
228
Marina di Nova Siri
S. Severino
Lucano
di Camerota
Porto
M. Pollino
2248 m
5
di Policastro
Trebisacce
Morano
Calabro
Frascineto
Scalea
Lungro
Marina di Sibari
SS18
Rossano
Belvedere
Marttimo
Corigliano
Calabro
S. Marco
Argentano
Cariati
Centraro
Acri
Longobucco
Campana
Marina di Fuscaldo
Montalto
Uffugo
Ciro Marina
4
M. Pettinascura
1708 m
Savelli
SS106
Verzino
E90
Paola
Cosenza
Lorica
S. Giovanni
in Fiore
Fasana
SS107
Rogliano
Amantea
Petilia
Policastro
Crotone
Cutro
Taverna
Sersale
Falerna Marina
SS19
Nicastro
Isola di
Capo Rizzuto
Catanzaro
3
Capo Rizzuto
Golfo di S. Eufemia
A2
Catanzaro Marina
E90
Chiaravalle
Centrale
Vibo Valentia
Soverato
Golfo di Squillace
Tropea
SS110
S. Angelo
Mileto
Serra
S. Bruno
Rosarno
Paradiso
Monasterace Marina
Gioia Tauro
Cinquefrondi
SS106
2
Sparta
Palmi
Taurianova
SS281
E90
Marina di Gioiosa Jonica
Plati
Locri
MESSINA
Montalto
1955 m
233
Bianco
Reggio
Calabria
Sicilia
Bagaladi
A18
Bocale
E45
Galati
Taormina
Melito di
Porto Salvo
63
1
230
A
B
C

D
E
F
224
5
4
3
2
I
Ìsola Maddalena
Ìsola Caprera
S. Teresa Gallura
Palau
Vignola Mare
Ìsola Asinara
Arzachena
Isola Rossa
Luogosanto
Golfo dell' Asinara
Golfo Aranci
Stintino
Castelsardo
SS200
Tempio Pausania
Olbia
Porto Torres
Perfugas
SS127
Monte Petrosu
Palmadula
Sassari
SS199
Monti
SS389
Chiaramonti
Oschiri
Ittiri
Alghero
Ozieri
Budduso
Mores
Siniscola
Villanova Monteleone
Bultei
Bitti
Pozzomaggiore
M. Iameddari 1118 m
SS125
SS131
E25
Orosei
Bosa
SS129
Nuoro
Macomer
Dorgali
Ottana
Serule
SS389
Golfo di Orosei
S. Caterina di Pittinuri
Genna Silana 1017 m
Fonni
P. La Mármora 1834 m
Baunei
Fordongianus
Atzara
Oristano
Arbatax
Lanusei
Laconi
Golfo di Oristano
Seui
Ales
Serri
Escalaplano
Terralba
Tertenia
SS131
SS128
Guspini
Sanluri
Ballao
Senorbi
SS125
Sardegna
65
Villacidro
E25
SS126
Muravera
Villasor
Iglesias
SS130
Siliqua
Ìsola di San Pietro
Portoscuso
Cágliari
Quartu Sant'Elena
Carbonia
Acquacadda
Villasimius
Golfo di Cágliari
Sant' Antioco
Giba
Capo Carbonara
SS195
Teulada
Pula
Ìsola di Sant' Antioco
Capo Teulada

A
B
C
5
4
3
2
1
Ìsola di Ùstica
Capo San Vito
S. Vito lo Capo
Terrasini
Partanna Mondello
PALERMO
67
Bagheria
Balestrate
Ìsola di Levanzo
Ìsola di Marèttimo
Trápani
Álcamo
Partinico
68
Monreale
Misilmeri
Caccamo
A19
E90
A29
Ìsola di Favignana
Salemi
SS624
Corleone
Marsala
SS115
Partanna
Sambuca di Sicilia
Prizzi
Lercara Friddi
Castelvetrano
Mazara del Vallo
SS189
Riberia
Casteltermini
Sciacca
E931
Sicília
Agrigento
64
Marina di Palma
Ìsola di Pantelleria
A
B
C

D
E
F
Ìsola Strómboli
Strómboli
924 m
5
Ìsola Filicudi
Ìsola Salina
Ìsola Panarea
Ìsola Alicudi
Ìsola Lípari
Ìsola Vulcano
Sparta
230
Milazzo
4
Barcelona
Pozzo di Gotta
MESSINA
Capo d' Orlando
Sant' Ágata
di Militello
S. Stefano
d. Camastra
Cefalù
66
A20
E90
S. Fratello
Floresta
Novara di Sicilia
Reggio
Calabria
Termini
Imerese
A18
E45
Bocale
Mistretta
Mt. Soro
1847 m
Taormina
63
Caccamo
Castelbuono
Randazzo
Linguaglossa
SS116
A19
Gangi
Troina
63
E932
Bronte
Monte Etna
3323 m
Nicosia
Riposto
3
Vallelunga
Pratameno
Adrano
Leonforte
Regalbuto
Acireale
Dittaino
Paterno
Enna
Caltanissetta
Valguarnera
Caropepe
CATANIA
SS640
Pietraperzia
Piazza Armerina
69
Canicatti
SS417
Lentini
Ravanusa
Mazzarino
Augusta
SS194
Caltagirone
2
Priolo Gargallo
Siracusa
62
Palazzolo Acreide
Licata
Gela
SS115
E45
Cómiso
Vittoria
Ragusa
Noto
Àvola
A18
Modica
S. Croce Camerina
Ispica
Pacchino
1
Capo delle Correnti
D
E
F

Register

AA: A Mockford & N Bonetti 44, 55, 74 l.; M Jourdan 16, 24; S McBride 6 (3)

dpa: KPA/TopFoto 80

DuMont Bildarchiv, Ostfildern: Anzenberger 5 u., 6 (6) u. 107, 6 (7) und 130, 8, 11 o., 12/13, 17 u. r., 21 l. o., 25 l., 84, 91, 106, 123, 126, 128, 131, 132, 134, 137, 138, 140, 144/145, 160, 162 u., 163, 164, 170/171, 185 o, 185 u. l./r., 188, 190, 192/193, 195, 197, 198, 200/201; Heuer: 6 (2) u. 38, 11 u., 17 o. l./r., 17 u. l., 25 r., 26/27, 28, 35 o./u., 36, 37 l./r., 40, 42, 43, 45, 48, 49, 39, 57, 63, 108/109; Kiedrowski: 6 (9) u. 155 r., 77, 162 o., 165; Lubenow: 6 (1) und 102, 19, 29, 92/93, 97 o./u., 101 o., 101 u. l./r., 110, 111, 116, 175 o./u., 176, 177 l., 178, 179, 181, 182, 186, 187; Mosler: 83; Weimar: 21 l. u., 69 r., 70 l., 70 r.o./u., 71, 73 u. und 6 (8), 74, 79 u. r., Werner: 64/67; Wrba: 73 o., 112

Getty Images, München: Mazzatenta: 155 l

Huber-Images, Garmisch-Partenkirchen: Baviera: 81; Cogoli 151 l.; Cozzi: 124 und 6 (4); Cropp: 21 r.; Gräfenhain: 5 o., Huber: 75; Kremer: 150, 159; Lukasseck: 20; Ripani: 125 l.; Russo: 85; Sciosia: 183; Vaccarella: 14/15, 30/31, 127; Wasek: 50

laif, Köln: Celentano 69 l.; Dave Yoder/Aurora 78; Jochen Eckel/SZ Photo 52; Mauthe 157; Pascal SITTLER/REA 118/119

Lookphotos, München: Strauß 6 (10) u. 76

Mauritius Images, Mittenwald: Alamy 149 o./u., 151 r. u.; Harding 151 r. o.; Travel Collection: 177 r.

Shutterstock, Amsterdam (NL): Balate Dorin 153 u. l.; canadastock 161; Claudio Divizia 79 u. l.; letchik-34 154; proslgn 6 (5) und 153 o.; ShustrikS 79 o.; Valerio Mei 153 u. r.

Titelbild oben: DuMont Bildarchiv/Christina Anzenberger-Fink, Toni Anzenberger
Titelbild unten: DuMont Bildarchiv/Toni Anzenberger
Umschlag hinten: DuMont Bildarchiv/Sabine Lubenow

IMPRESSUM

3., aktualisierte Auflage 2023

Text: Susanne Kilimann, Teresa Fisher, Rebecca Ford, Tim Jepson, Sally Roy, Tristan Rutherford, Kathryn Tomasetti, Dagmar Lutz
Übersetzung: Joachim Nagel
Redaktion & Gestaltung: Robert Fischer (www.vrb-muenchen.de); Eszter Kalmár (3. Aufl.)

Kartografie: © MAIRDUMONT, Ostfildern
3D-Illustrationen: jangled nerves, Stuttgart
Visuelle Konzeption: Neue Gestaltung, Berlin

Printed in China

Trotz aller Sorgfalt von Autoren, Autorinnen und Redaktion sind Fehler und Änderungen nach Drucklegung leider nicht auszuschließen. Dafür kann der Verlag keine Haftung übernehmen. Berichtigungen, Kritik und Verbesserungsvorschläge sind uns jederzeit willkommen, bitte informieren Sie uns unter:

Baedeker Redaktion
Postfach 3162
D-73751 Ostfildern
Tel. 0711 45 02-262
smart@baedeker.com
www.baedeker.com

Meine Notizen